Le monde hellénistique

de la mort d'Alexandre
à la paix d'Apamée

323-188

Du même auteur

L'Épire, de la mort de Pyrrhos
à la conquête romaine (272-167)
Annales littéraires de l'Université de Besançon, 186
Les Belles Lettres, 1976

L'Illyrie méridionale et l'Épire dans l'Antiquité
Actes du Colloque international de Clermont-Ferrand
Clermont-Ferrand, Adosa, 1988

Les Illyriens, de Bardylis à Genthios
IVe-IIe siècle av. J.-C.
SEDES, 1988

Introduction à l'histoire de l'Antiquité
Armand Colin, 2e éd. 1995

L'Illyrie méridionale et l'Épire dans l'Antiquité, II
Actes du 2e Colloque international de Clermont-Ferrand
De Boccard, 1993

Grecs et Illyriens dans les inscriptions en langue grecque
d'Épidamne-Dyrrhachion et d'Apollonia d'Illyrie
Actes de la Table ronde
ERC, 1993

L'Albanie, le pays des aigles
photographies de Paul Lutz
Aix-en-Provence, Édisud, 1994

Corpus des inscriptions grecques d'Épire
et d'Illyrie méridionale
t. I A, Les Inscriptions d'Épidamne-Dyrrhachion
De Boccard, 1995

Pierre Cabanes

Nouvelle histoire
de l'Antiquité

4

Le monde hellénistique

de la mort d'Alexandre
à la paix d'Apamée
323-188

Éditions du Seuil

ISBN 2-02-013130-7

à Édouard Will

Introduction

Comme Athéna, l'époque dite hellénistique a surgi tout armée de l'imagination d'un homme, Johann Gustav Droysen, qui voyait dans l'empire d'Alexandre une unité et une cohérence que l'historiographie moderne ne lui reconnaît plus[1]. Pour cet historien hégélien, favorable à l'unification d'un État national allemand sous le contrôle de la Prusse, l'épopée de Philippe et d'Alexandre n'était pas l'histoire de la liberté des cités saccagée par les rois de Macédoine, mais celle, glorieuse, d'une civilisation à son apogée. Pour lui, pour ses contemporains, l'histoire du monde grec s'arrêtait de ce fait à la mort du Conquérant, en 323, au moment même où s'ouvrait à l'inverse l'histoire du monde romain, dont les débuts étaient à peu près négligés. En un mot, de 323 à 188, depuis la disparition du souverain argéade jusqu'à la première intervention romaine en Asie, il n'y avait plus de place que pour une longue décadence.

Le thème de l'épuisement de la vie publique à la fin du IVe siècle et au IIIe siècle est apparu malheureusement depuis lors sous les meilleures plumes : dans *L'Invention de la politique*, M.I. Finley qualifie de « postpolitique » la période hellénistique qui correspond, selon lui, à un monde « où la vraie politique disparut dans les cités grecques ». Ce à quoi réagit Philippe Gauthier lorsqu'il invite plutôt à réfléchir sur les nouvelles modalités de la vie politique après Alexandre, en élaborant un autre modèle que celui de l'Athènes classique pour l'essentiel du tissu politique du monde grec, fait de médiocres ou petites cités[2].

---

1. Voir, à ce sujet, R. Bichler, « *Hellenismus* ». *Geschichte und Problematik eines Epochenbegriffs*, Darmstadt, Wissenschaftliche Buchgesellschaft, 1983.
2. Ph. Gauthier, « Grandes et petites cités : hégémonie et autarcie », *Opus*, VI-VIII (1987-1989), p. 187-202.

En effet, proposer une autre interprétation du IIIe siècle
revient d'abord à se désolidariser de l'idéaltype de Max
Weber[3], comme le fit d'ailleurs M.I. Finley lui-même, en
reconnaissant le caractère exceptionnel de la cité athénienne
qui interdit toute généralisation. « Une trop parfaite statue
taillée dans un marbre trop blanc », avait écrit Marguerite
Yourcenar. Encore faut-il s'en désolidariser tout à fait, et ne
pas extrapoler à partir du destin d'Athènes, qui perd son
indépendance en 322. Non, la période qui s'étend de 323 à
188 n'est pas celle d'une décadence ou d'une défaite annoncées. Et les deux dates qui l'encadrent n'ont jamais été per-
çues par les hommes de ce temps comme des moments déci-
sifs où tout bascule, où un monde nouveau apparaît.

La mort d'Alexandre à Babylone en juin 323 met un point
final précoce à un règne qui a changé le monde grec en pro-
fondeur, notamment par l'extension territoriale de l'hellénisme. Mais nombreux sont ceux qui attendent la possibilité
d'un retour à la situation antérieure, facilité par l'affaiblissement de la monarchie macédonienne qui entre dans une
phase de minorité dynastique et de régence indispensable :
à Athènes, dans beaucoup d'États grecs aussi, les opinions
publiques espèrent une revanche de Chéronée (338), et un
renouveau de la puissance des États de Grèce européenne.

En 189, l'intervention romaine en Asie n'est pas non plus
un événement de première grandeur. Depuis 230 au moins,
les Romains sont fréquemment présents dans les affaires
grecques. Souvent les légions ont traversé la mer Adriatique
pour débarquer à Apollonia d'Illyrie, à Orikos, à Corcyre.
Souvent elles ont lutté contre les Illyriens, les Macédoniens
et leurs alliés grecs. A chaque fois les Grecs sont habitués à
les voir repartir, lorsque les opérations militaires sont achevées.
Les marchands italiens, quant à eux, circulent dans la Méditerranée orientale et en mer Égée pour faire du commerce,

---

3. « Le travail historique aura pour objectif de déterminer dans chaque
cas particulier combien la réalité se rapproche ou s'écarte de ce tableau
idéal, dans quelle mesure il faut par exemple attribuer, au sens conceptuel,
la qualité d'"économie urbaine" aux conditions économiques d'une cité
déterminée » (M. Weber, *Gesammelte Aufsätze zur Wissenschaftslehre*,
5e éd. Tübingen, J.C.B. Mohr, 1988, cité par M.I. Finley, *Sur l'histoire
ancienne*, Paris, La Découverte, 1987, p. 117). Sur la notion d'idéaltype, il
faut lire désormais Éd. Will, « Weberiana. En marge d'un livre récent »,
Topoi, III/1 (1993), p. 23-38.

ils fréquentent les ports de Rhodes, de Délos, ceux de la côte égyptienne, ceux d'Antioche, de Phoiniké, d'Issa ou de Corcyre. En 192, il est vrai, l'intervention séleucide en Grèce d'Europe a entraîné l'armée romaine à poursuivre la guerre jusqu'à Magnésie du Sipyle, et Rome songe dès lors à protéger la souveraineté lagide, comme elle avait déjà tenté de le faire comprendre à Antiochos III à Lysimacheia en 196, sans grand succès. Mais ce n'est qu'un pas de plus dans une démarche déjà ancienne. De ce fait, comment marquer clairement la naissance de l'impérialisme romain? Gaston Colin, Maurice Holleaux et tant d'autres s'y sont essayé. Édouard Will a bien montré par exemple comme il est délicat de définir les seules causes de la deuxième guerre de Macédoine. Pourquoi les Romains, qui sortent à peine de la terrible deuxième guerre punique grâce à leur victoire de Zama en 202, se lancent-ils dans un nouveau conflit dans la péninsule balkanique? Leurs motivations sont sans doute multiples, et on peut privilégier les unes ou les autres sans convaincre absolument.

Notre projet est donc d'essayer une histoire globale du IIIᵉ siècle, qui saurait décrire et expliquer la diversité du monde touché par l'hellénisation. Cela passe bien sûr par une valorisation des sources archéologiques et épigraphiques, qui permettent de pallier le vide laissé entre la fin du livre XIX de Diodore et le début de l'œuvre de Polybe. On doit aussi parfois, afin de sortir de leur silence des pans entiers de l'empire d'Alexandre, utiliser par analogie la littérature sociologique et ethnologique, tenter cette « anthropologie coloniale » du monde hellénistique, à laquelle appelait Édouard Will, dans un article d'il y a dix ans.

En outre, ce livre voudrait suggérer que le IIIᵉ siècle n'est pas seulement le temps où, dans les métropoles, sur les routes du commerce, comme l'a écrit à juste titre Arnaldo Momigliano, « cinq civilisations se rencontrent pour la première fois ». Au-delà du dynamisme incontestable né du contact entre la sagesse grecque et les « sagesses barbares », c'est aussi le temps où la Grèce du Nord et celle du Nord-Ouest, ce monde de l'*ethnos* et de la transhumance, connaissent leur apogée politique et commercial.

L'essor des régions septentrionales de la Grèce, si souvent négligé en regard des contacts entre l'Orient et l'Occident,

est cependant essentiel, à nos yeux, pour comprendre le
IIIᵉ siècle : les armées lancées avec Alexandre ou Pyrrhos en
Asie Mineure, en Sicile ou en Grande-Grèce puisent dans
leur vaste réservoir d'hommes ; les idéologies royales développées par les diadoques et leurs successeurs s'inspirent largement des modèles de la Grèce du Nord ; enfin le dynamisme économique de ces régions renforce le commerce
international entre les deux rives de l'Adriatique, et ouvre la
porte à la pénétration romaine. Or ce souhait de revaloriser la
Grèce septentrionale ne vient pas seulement de la faiblesse
qu'un spécialiste de l'Épire et de l'Illyrie pourrait éprouver
pour des territoires qui lui sont un peu plus familiers. Il s'agit
plutôt de faire comprendre ce que l'extension de l'hellénisme au IIIᵉ siècle doit à des régions très différentes de
l'idéaltype de la cité classique – sans prétendre toutefois
avancer un autre modèle utilisable pour l'ensemble du
monde touché par l'hellénisation.

Sans doute, au total, les lecteurs désireux de connaître
l'histoire politique et militaire du IIIᵉ siècle dans sa complexité seront-ils déçus par la place qui lui est consacrée
dans ce livre. Ses dimensions réduites auraient suffi à l'expliquer. Mais il aurait été inutile, surtout, de tenter de
reprendre une œuvre aussi magistrale que l'*Histoire politique du monde hellénistique* d'Édouard Will [4]. Il convient,
bien sûr, de s'y reporter.

Qu'il me soit permis, enfin, d'exprimer mon extrême gratitude à Michel Winock qui a bien voulu réserver un excellent
accueil à ma proposition de réaliser une « Nouvelle Histoire
de l'Antiquité » et la conduire à son terme. Je remercie tous
les collaborateurs de cette entreprise : Jean-Claude Poursat,
Edmond Lévy, Pierre Carlier et Claude Vial pour l'histoire
de la Grèce antique, et ceux qui ont maintenant entrepris
l'histoire du monde romain. Un des collaborateurs de cette
série, Claude Orrieux, nous a malheureusement quittés brutalement avant d'avoir pu rédiger l'*Histoire d'Israël* qu'il
avait accepté d'écrire et qu'il aurait parfaitement su mener à
bien, en excellent spécialiste du monde juif qu'il était. Pour
ce livre même, je suis très reconnaissant à Édouard Will, qui

4. Éd. Will, *Histoire politique du monde hellénistique (323-30 av. J.-C.)*,
Presses universitaires de Nancy, 2ᵉ éd. 1979-1982, 2 vol.

a bien voulu relire le manuscrit et me suggérer bien des améliorations, grâce à sa parfaite connaissance de la période. Toutes les imperfections demeurant dans cet ouvrage me sont entièrement imputables. Je remercie également mon fils aîné, Bruno, historien à son tour mais d'un monde plus récent, qui a souvent relu et amélioré mes esquisses.

Aperçu de l'histoire politique du monde grec

323-230

En quelques années, Alexandre le Grand a porté les limites du monde grec des rives de la mer Égée à celles de l'Indus, tandis qu'au sud son empire atteint la Nubie. A sa mort, en 323, les Grecs et les Macédoniens ont reçu le monde en partage. C'est un territoire immense qui a été traversé par l'armée du roi macédonien, mais traverser ne signifie pas conquérir, d'autant que des régions entières ont échappé au passage de l'armée d'invasion. Une nouvelle organisation doit être mise en place rapidement, pour marquer notamment le changement de maître, et la mort d'Alexandre survient trop tôt pour qu'il ait pu mener à bien cette tâche. Ce sont ses héritiers qui doivent l'assumer, afin d'éviter que ne s'établissent des principautés indépendantes dans les zones où aucune colonie gréco-macédonienne n'a été installée. Un domaine immense est ouvert à une possible pénétration de l'hellénisme ; il dépend donc des héritiers du Conquérant qu'il ait accompli une œuvre éphémère ou, à l'inverse, une révolution aux effets prolongés. Certes, Alexandre a montré la voie qu'il voulait suivre en créant de nombreuses cités sur le modèle grec, depuis Alexandrie d'Égypte jusqu'à Aï-Khanoum sur les rives de l'Amou Daria, dans l'actuel Afghanistan, et en ébauchant un rapprochement avec les Iraniens, le second pilier de son empire.

Avec le déploiement de l'hellénisme, l'unité de l'Empire est aussi une question d'actualité, d'autant plus pressante que la dynastie argéade n'est pas préparée à une disparition si brutale de son chef, à l'âge de trente-trois ans. Le demi-frère d'Alexandre, Philippe Arrhidaïos, ne paraît pas en état d'assurer la succession. Par ailleurs, l'enfant posthume que porte Roxane, Alexandre IV, né en août 323, ne peut jouer un rôle actif qu'à partir de quatorze ans. Une régence s'impose donc, et l'étendue même de l'Empire rend nécessaires des délégations de pouvoir qui sont accordées aux chefs locaux, dans les différentes satrapies de l'ancien Empire achéménide. L'extrême diversité des paysages, celle des genres de vie, ou des modes d'exploitation de la terre et de l'eau, poussent encore à l'éclatement de l'empire d'Alexandre, tout comme les particularismes régionaux, les traditions politiques multiples et les ambitions des généraux macédoniens.

Les terres nouvelles, conquises à la pointe de la lance, ne doivent pas faire oublier, cependant, la Grèce propre et les régions profondément hellénisées depuis des siècles. L'espoir d'un retour à la situation précédant Chéronée n'est jamais vraiment mort. La guerre lamiaque, qui éclate dès l'annonce de la disparition d'Alexandre le Grand, témoigne de cette volonté d'effacer une tutelle macédonienne mal acceptée par les Grecs : la ligue de Corinthe ou *Koinon* des Hellènes, fondée par Philippe II après Chéronée, se retourne contre la Macédoine, puisque c'est elle qui viole constamment les dispositions de la Paix commune par la mise en place de tyrans ou de garnisons, par des entraves à la liberté de navigation. Ce sont en substance les arguments avancés par l'auteur du discours *Sur le traité avec Alexandre*. Il convient dès lors de définir les nouveaux rapports entre les héritiers d'Alexandre et l'ensemble des États grecs, car leur potentiel humain et économique n'est plus à la mesure de celui que représentent les vastes domaines fraîchement conquis. En outre certaines régions, notamment le royaume macédonien, sont épuisées par tant de prélèvements en hommes.

Le temps des diadoques (323-280)

Il correspond à la première génération des successeurs d'Alexandre le Grand. Temps d'édification des cadres nouveaux, il ne s'achève, en réalité, qu'avec l'avènement d'Antigone Gonatas sur le trône macédonien (277) après la grande crise provoquée en Grèce d'Europe par l'invasion celte. Toutefois, la mise en place d'entités nouvelles ne s'opère pas au même rythme en Égypte, en Asie, en Thrace ou en Macédoine.

Les premiers partages (323-316)

1er partage – A Babylone, un premier règlement est conclu : dans le cadre d'un Empire maintenu dans son unité, les généraux macédoniens attribuent à Cratère le rôle de *prostatès* des deux héritiers du trône (Philippe III Arrhidaïos et Alexandre IV) ; Antipatros est confirmé dans ses fonctions de stratège d'Europe, où il gouverne la Macédoine et surveille les États grecs, comme il l'a fait depuis le début de la campagne d'Alexandre en Asie (334) ; Perdiccas quant à lui, qualifié de *chiliarque*, prend la charge de l'Asie et donc de l'armée qui s'y trouve. Les provinces, qui gardent le nom de satrapies, sont réparties, mais uniquement entre les généraux macédoniens (à l'exception d'Eumène qui est grec), comme si la décision de renoncer à l'association avec les Iraniens avait été tacitement prise : l'Égypte est confiée à Ptolémée, fils de Lagos, la Thrace à Lysimaque, la Grande Phrygie, la Lycie, la Pamphylie à Antigone le Borgne, la Cappadoce, qui reste à conquérir, et la Paphlagonie à Eumène de Cardia ; Séleucos enfin n'apparaît que comme chef de la cavalerie des *hetairoi*.

Très rapidement, d'autres problèmes se posent aux successeurs d'Alexandre : la seule révolte qui éclate en Asie, après la mort du Conquérant, n'est en rien celle des indigènes ; elle vient des colons militaires établis en Bactriane, qui veulent rentrer dans leur pays d'origine et qui sont massacrés. Cette répression a-t-elle été totale ? On peut en douter dans la mesure où la Bactriane, lorsqu'elle se constitue en État indépendant du royaume séleucide, en 239-238, sous l'autorité de Diodote, demeure un État grec, ce qui suppose l'existence d'un fort peuplement hellène.

A l'annonce de la mort d'Alexandre, la Grèce d'Europe est beaucoup plus agitée encore : les Athéniens obtiennent le soutien des Étoliens, des Phocidiens, des Locriens, et Antipatros doit s'enfermer dans la ville de Lamia, après un échec aux Thermopyles face au stratège athénien Léosthénès. De nouveaux alliés se joignent à la coalition : Acarnaniens, Épirotes, gens d'Élide, de Sicyone, de Messène, d'Argos. Dans la guerre lamiaque, le succès change brutalement de camp, après la mort de Léosthénès au cours du siège de la ville. La flotte athénienne, qui avait gardé sa puissance grâce à la politique de Lycurgue, est défaite cependant au large d'Amorgos dans l'été 322 ; c'est une catastrophe plus grave que la défaite de Chéronée (338), car, brusquement, Athènes cesse d'être une puissance navale qui compte. Sur terre, les renforts amenés par Cratère permettent de lever le siège de Lamia, et Antipatros bat les coalisés à Crannon, en Thessalie, au mois de septembre 322. En conséquence, Athènes est très durement traitée par le vainqueur : il lui impose que soient livrés les meneurs antimacédoniens (Hypéride est massacré, Démosthène choisit le poison à Calauria), tandis qu'une constitution censitaire réduit fortement le corps civique athénien. A partir de cette date, une garnison macédonienne campe à Mounychia, Oropos et Samos sont abandonnés. L'ensemble de la Grèce retombe sous la tutelle macédonienne, à l'exception des Étoliens à l'abri de leurs montagnes. 322 marque également l'effacement d'une génération d'hommes politiques à Athènes : à la suite de Lycurgue, disparu en 324, Démosthène et Hypéride, puis Aristote, exilé d'Athènes à Chalcis d'Eubée depuis 323. Eschine, quant à lui, commence une nouvelle carrière en enseignant l'éloquence à Rhodes.

2e partage – Les rivalités entre les diadoques conduisent à un deuxième partage, conclu à Triparadisos sur l'Oronte, en 321, après la mort violente de Perdiccas et de Cratère. Antipatros exerce seul la régence de l'Empire et reçoit le titre d'*épimélète* des rois, qu'il conduit en Macédoine, ramenant ainsi le centre de l'Empire à Pella, loin de l'Orient asiatique ; Séleucos reçoit la satrapie de Babylonie et Antigone, stratège de l'Asie, est chargé de combattre Eumène de Cardia.

3e partage – En 319, la mort d'Antipatros modifie à nouveau la distribution des rôles. Le vieux régent a confié la garde des deux rois à Polyperchon, et il a réservé à son propre fils Cassandre le titre de *chiliarque*. La lutte entre les deux hommes aboutit à l'élimination d'une partie de la famille argéade : Olympias, la mère d'Alexandre, revenue d'Épire, fait exécuter Philippe III Arrhidaïos ; la même année (317), elle est tuée par Cassandre qui prend la garde de Roxane et de son fils Alexandre IV ; pour renforcer sa position, Cassandre épouse alors la seule demi-sœur d'Alexandre encore en vie, Thessalonikè. Puis il occupe l'Attique et confie le pouvoir à Démétrios de Phalère. Tyran d'Athènes durant dix ans (317-307), Démétrios est l'ami et le protecteur de l'Athénien Ménandre qui présente, en 316, sa seule comédie qui nous soit parvenue complète, *Le Dyscolos* ou *Le Misanthrope* ; dans son entourage figure aussi Théophraste, le successeur d'Aristote à la tête de l'école philosophique du Lycée, tandis que Xénocratès dirige l'Académie fondée par Platon. Par la suite, les deux successeurs d'Antipatros, Polyperchon et Cassandre, s'accordent pour se partager la Grèce, le premier prenant le Péloponnèse ; il disparaît vers 303/302.

En Asie Mineure, Antigone le Borgne met à mort Eumène en 316 et réunit un vaste territoire sous sa seule autorité, de l'Asie Mineure jusqu'à l'Iran. Pour la population égyptienne, depuis 323 le pharaon ne s'appelle plus Alexandre mais Ptolémée ; après avoir été égyptien, puis perse, le pharaon est macédonien et Ptolémée fils de Lagos est vénéré comme tel.

La lutte pour l'Empire (315-301)

4e partage – Antigone le Borgne cherche à rétablir à son profit l'unité de l'Empire et les autres diadoques s'unissent contre ses prétentions. Après plusieurs années de guerre contre Ptolémée en Syrie-Phénicie et contre Cassandre en Grèce, où Antigone prône le rétablissement de la liberté et de l'autonomie des cités et encourage la formation du *Koinon* des Nésiotes (Fédération des insulaires) en mer Égée, la paix de 311 dresse le constat des forces respectives : à Cassandre la stratégie sur l'Europe jusqu'à la majorité d'Alexandre IV, à Lysimaque la Thrace, à Ptolémée l'Égypte, à Antigone l'Asie, sans qu'il soit fait mention de Séleucos qui ne participe pas à cette paix. C'est pourtant dans l'année 312 que commence l'ère séleucide, au moment où Séleucos reprend le contrôle des satrapies supérieures, en Iran et au-delà, que tenait Antigone depuis sa victoire sur Eumène.

En 310, Cassandre anéantit la dynastie argéade en faisant tuer le jeune Alexandre IV et sa mère Roxane. Cet événement marque la fin du royaume argéade, la fiction de l'unité de l'Empire maintenue en faveur du fils d'Alexandre est détruite, et l'éclatement (en cinq États à cette date) est inévitable si l'un des généraux ne réussit pas à rétablir l'unité à son profit. C'est le désir d'Antigone le Borgne, épaulé par son fils Démétrios ; il ne peut empêcher néanmoins l'action de Séleucos dans les satrapies orientales ni celle de la flotte de Ptolémée en mer Égée, à partir de Chypre notamment.

En 307/306, Démétrios prend Athènes et en chasse le tyran Démétrios de Phalère qui se réfugie à Alexandrie, où il est bientôt à l'origine de la fondation du Musée, transférant ainsi d'Athènes à la ville nouvelle le flambeau de la culture grecque. Le fils d'Antigone le Borgne rétablit la démocratie athénienne ; accueilli en libérateur, il est salué du titre royal, traité avec son père à l'égal d'un dieu : selon Plutarque, *Vie de Démétrios*, 13, le peuple lui demande de rendre un oracle, puisqu'il est le Sauveur. On peut donc mesurer la rapidité de l'évolution des mentalités au sein de la population athénienne : en 324, celle-ci rechignait à conférer les honneurs divins à Alexandre ; en 307, c'est une surenchère de faveurs pour les nouveaux rois Démétrios et son père Antigone le Borgne ; deux nouvelles tribus, Antigonis et Démétrias, s'ajoutent aux dix tribus clisthéniennes, le Conseil comprend six cents bouleutes et l'année est découpée en douze prytanies. La victoire de Chypre pousse Antigone et son fils à prendre le titre de *basileus* ; ils se veulent les seuls successeurs d'Alexandre. Les autres diadoques ne tardent pas à prendre aussi le titre royal (305/304), car ils ne veulent pas laisser à Antigone et à son fils le monopole de la royauté. Certes, Ptolémée était considéré depuis 323 comme pharaon par les prêtres égyptiens et sans doute une bonne partie de la population locale, Séleucos était roi dans son domaine oriental. Mais lorsque Cassandre, Lysimaque, Ptolémée et Séleucos prennent effectivement le titre de *basileus*, c'en est fait de l'unité de l'Empire.

En 306, Démétrios contraint Salamine de Chypre à capituler, ce qui est un coup dur pour le roi lagide, mais l'offensive contre Ptolémée s'essouffle au cours du siège de Rhodes, île qui reste le seul obstacle à la suprématie maritime des Antigonides, entre le *Koinon* des Nésiotes et Chypre ; le Poliorcète (surnom donné à Démétrios, pour saluer son art de conduire les sièges) doit négocier, en 304, avec les Rhodiens qui saluent Ptolémée du titre de dieu Sauveur (*Sôter*) et élèvent une colossale statue d'Hélios à l'entrée de leur port. En Grèce même, Démétrios s'établit à Corinthe et dans le

Péloponnèse, dans l'espoir de chasser Cassandre de la Macédoine : en 302, une nouvelle ligue (*symmachia*) est constituée en Grèce (voir *IG* IV², 1, 68), dans laquelle on a voulu voir le renouvellement de la ligue de Corinthe créée par Philippe II après Chéronée ; l'initiative paraît appartenir, au moins partiellement, à Adeimantos de Lampsaque[1].

5e partage – En 301, la bataille d'Ipsos, en Phrygie, qui oppose les Antigonides à la coalition des autres rois (Cassandre, Séleucos, Lysimaque), moins Ptolémée, est marquée par la mort d'Antigone le Borgne, la défaite de son armée et la fuite de son fils. Ptolémée met à profit cette période pour pénétrer en Syrie-Phénicie et y établir son autorité sur la moitié méridionale, la Cœlé-Syrie. Dans le partage qui suit la défaite des Antigonides, Lysimaque prend l'Asie Mineure jusqu'au Taurus, moins quelques places dans le Sud qui sont aux mains du roi lagide. Cassandre, en Europe, est en compétition avec Démétrios Poliorcète qui garde des positions solides reliées par une flotte imposante. Athènes revient à Cassandre et reçoit un gouvernement autoritaire entre les mains de Lacharès. Séleucos revendiquait toute la Syrie, mais se heurtait à l'occupation du Sud par Ptolémée : les guerres de Syrie, qui se prolongent jusqu'à Cléopatre VII, sont en germe dans cette occupation unilatérale de la Cœlé-Syrie par Ptolémée Ier.

A ces années, si troublées par des guerres incessantes, correspond la mise en place des nouvelles écoles philosophiques à Athènes : Épicure s'installe dans la cité en 306, il commence à réunir ses disciples autour d'une doctrine qui conduit le sage à fuir l'engagement social et la vie politique pour vivre caché. Zénon de Kition (Chypre) est arrivé dès 311 à Athènes où il fonde l'école stoïcienne au tournant du siècle ; celle-ci est appelée à un rayonnement considérable durant cinq siècles. Cette activité intellectuelle, comme les manifestations du culte du souverain, traduit une commune inquiétude devant les transformations du monde et l'impuissance des dieux traditionnels. A cette époque Alexandrie concentre une grande part des études scientifiques : c'est sous le règne de Ptolémée Ier qu'Euclide rédige

---

1. Voir L. Moretti, *Iscrizioni storiche ellenistiche*, Florence, La Nuova Italia, I, 1967, n° 9, et II, 1975, n° 72.

ses *Éléments* où il élabore une série de démonstrations fondamentales pour l'enseignement des mathématiques, en particulier de la géométrie jusqu'au XXe siècle (chapitre 7).

La consolidation des royaumes hellénistiques (301-281)

• La fin de Démétrios Poliorcète.

Durant cette dernière période de la génération des diadoques, le fait marquant est la lutte de Démétrios Poliorcète pour redresser une situation très compromise depuis la bataille d'Ipsos. Appuyé sur une flotte puissante, il se rapproche d'abord de Séleucos, qui fonde sa nouvelle capitale, Antioche, en 300, tandis que Ptolémée se rapproche de Lysimaque. La mort de Cassandre, roi en Macédoine, en 297, permet à Démétrios de reprendre pied en Grèce ; il met d'abord le siège devant Athènes qui capitule en 294, ses garnisons remplacent celles de Cassandre et il est salué comme « le seul vrai dieu » car « les autres dieux dorment ou sont absents ou n'existent pas » (Démocharès, *Histoires*, XXI = Athénée VI, 62, p. 253 B-D = *FGrH* II A, 75 F2). Ses adversaires profitent de sa présence en Grèce pour reprendre Chypre (Ptolémée), les villes d'Asie Mineure (Lysimaque) et la Cilicie (Séleucos).

Pyrrhos, qui avait combattu à Ipsos au côté des Antigonides, mais qui, après un séjour à Alexandrie, était devenu un allié fidèle de Ptolémée et l'adversaire déterminé de Démétrios, accède pour sa part au trône d'Épire (297). Leur opposition se manifeste en Macédoine : Démétrios est proclamé roi par l'armée macédonienne à l'automne 294 ; il fonde une nouvelle capitale, Démétrias, sur le golfe Pagasétique, mais il ne parvient pas à soumettre l'ensemble de la Grèce et doit guerroyer en Béotie d'abord, puis à Corcyre contre Pyrrhos, en Étolie enfin. Ptolémée Ier cherche avec ténacité à ruiner le pouvoir de Démétrios Poliorcète et sa diplomatie est sans cesse soucieuse de susciter de nouvelles embûches devant l'Antigonide. En 288, Pyrrhos se fait acclamer roi par l'armée macédonienne, sans doute majoritairement composée de soldats originaires de haute Macédoine, tandis que Lysimaque prend aussi sa part en Macédoine orientale ; le partage se fait donc entre les deux rivaux le long de l'Axios. Chassé de son royaume macédonien, Démétrios voit aussi ses pos-

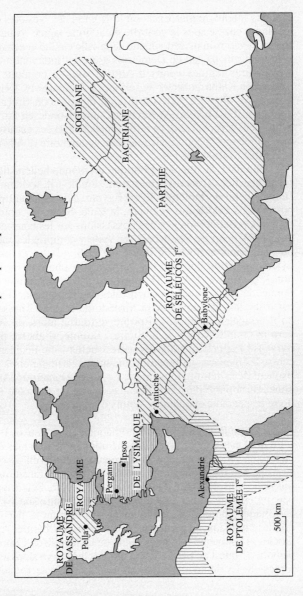

Le monde hellénistique après Ipsos (301)

ROYAUME DE CASSANDRE

ROYAUME DE LYSIMAQUE

ROYAUME DE SÉLEUCOS Ier

ROYAUME DE PTOLÉMÉE Ier

SOGDIANE

BACTRIANE

PARTHIE

Pella

Pergame

Ipsos

Antioche

Babylone

Alexandrie

0   500 km

sessions fondre en mer Égée, où le *Koinon* des Nésiotes (ou Insulaires) passe sous le contrôle de la flotte lagide. Athènes chasse la garnison macédonienne de la ville en 286 et échappe à un retour menaçant de Démétrios grâce à l'intervention de mercenaires lagides venus d'Andros sous la conduite de l'Athénien Kallias, officier au service de Ptolémée Iᵉʳ. Démétrios passe alors en Asie où il tente de se reconstituer un domaine, il est arrêté par Séleucos, emprisonné en 285 et meurt deux ans plus tard, ce qui n'empêche pas des garnisons macédoniennes à son service de tenir le territoire d'Athènes et le Pirée jusqu'en 281.

A cette date, la situation politique du monde hellénistique paraît clarifiée. Trois royaumes sont, semble-t-il, solidement établis : celui de Ptolémée Iᵉʳ en Égypte, avec ses multiples possessions extérieures (Chypre, la Cœlé-Syrie, le contrôle du *Koinon* des Nésiotes et des possessions sur les côtes anatoliennes), celui de Séleucos Iᵉʳ en Asie y compris les satrapies supérieures jusqu'en Bactriane et Sogdiane, celui de Lysimaque enfin qui tient les Détroits (Bosphore et Hellespont), la Thrace, l'Asie Mineure (moins les royaumes du Pont et de Bithynie et les principautés paphlagoniennes) et, à partir de 284, la totalité de la Macédoine et de la Thessalie qu'il arrache à Pyrrhos. L'Épirote se tourne alors, en 280, vers la Grande-Grèce et la Sicile : Tarente, d'abord, puis Syracuse l'appellent pour défendre l'hellénisme occidental contre les menaces indigènes, romaines et carthaginoises qui risquent de le détruire totalement. Le fils de Démétrios, Antigone, surnommé plus tard Gonatas, garde de son côté une flotte respectable et quelques points d'appui.

• La fin de Ptolémée Iᵉʳ, de Lysimaque et de Séleucos Iᵉʳ.

En quelques années, toute la génération des diadoques disparaît : en 283, Ptolémée Iᵉʳ Sôter meurt, après avoir associé au trône son fils Ptolémée II à partir de 285 ; la transition se fait donc sans difficulté dans le royaume lagide. Séleucos Iᵉʳ pénètre en Asie Mineure et entre en guerre contre son voisin Lysimaque, dont la fin de règne a été obscurcie par des drames familiaux, en particulier l'exécution de l'héritier Agathoclès ; Lysimaque est tué au cours de la bataille de Couroupédion, à l'ouest de Sardes (281) : toutes les possessions asiatiques de Lysimaque entrent de ce fait dans le royaume séleucide et, malgré l'opposition des cités du Bosphore, Séleucos rêve de conquérir la Macédoine. Mais après avoir traversé l'Hellespont, près de Lysimacheia, il est assassiné en 280 par Ptolémée Kéraunos (la Foudre), un fils de Ptolémée Ier, écarté du trône égyptien au profit de son demi-frère, Ptolémée II. Le royaume séleucide revient alors à Antiochos Ier, déjà associé au trône séleucide du vivant de son père, pour diriger les satrapies orientales à partir de sa capitale Séleucie du Tigre ; mais il est trop loin pour intervenir efficacement dans les affaires de Macédoine. Acclamé par l'armée de Séleucos, Ptolémée Kéraunos convoite la Macédoine et se pose en successeur de Lysimaque ; il peut espérer la reconstitution à son profit d'un vaste royaume construit de part et d'autre des Détroits, ce qui ramènerait au nombre de trois les royaumes nés du partage de l'empire d'Alexandre : royaume lagide, royaume séleucide et royaume de Ptolémée Kéraunos.

La suprématie lagide (280-230)

Le demi-siècle qui suit est marqué par les luttes pour l'hégémonie, qui opposent plus particulièrement les souverains lagides aux autres monarques. Le roi lagide joue un rôle majeur dans le monde grec grâce à la grande richesse que lui procure la terre d'Égypte.

L'invasion celte et l'avènement d'Antigone Gonatas (280-276)

La tentative de reconstitution du royaume de Lysimaque par Ptolémée Kéraunos échoue très rapidement, du fait des migrations de peuplades celtes au sud du Danube. Alors que, pendant des siècles, la frontière septentrionale de la Grèce d'Europe avait résisté à toutes les pressions, si l'on excepte l'invasion perse venue du nord-est, par la Thrace, lors de la deuxième guerre médique, brusquement elle cède en 279 et laisse déferler des troupes gauloises venues par la vallée de l'Axios. Elles se répandent dans les campagnes ; les villes résistent, mais le flot gagne la Thessalie et jusqu'à la Grèce centrale. Ptolémée Kéraunos est incapable d'opposer une résistance efficace et il succombe devant Belgius ; les différentes tentatives de résistance menées par des rois éphémères (Méléagre frère de Kéraunos, Antipatros neveu de Cassandre) échouent totalement ; seul, le Macédonien Sosthénès inflige une défaite à la deuxième bande celte conduite par Brennus. Delphes est sauvée du pillage par les Étoliens, qui fondent les *Sôteria* pour commémorer leur victoire. Après le ravage systématique des campagnes grecques envahies, les bandes gauloises refluent vers le nord en emportant leur butin. C'est la chance d'Antigone Gonatas, le fils de Démétrios Poliorcète, de remporter un succès local sur une troupe celte près de Lysimacheia (277). La Grèce d'Europe est progressivement évacuée par les envahisseurs, dont certains vont s'établir en Anatolie centrale ; la Grande Phrygie devient alors le pays des Galates, qui ne perdent leurs habitudes de nomadisme, redoutables pour leurs voisins, qu'à l'époque romaine.

Il ne reste plus à Antigone Gonatas, légitimé par sa victoire, qu'à établir durablement son autorité sur une Macédoine affaiblie par les ponctions répétées en hommes jeunes, effectuées depuis plus d'un demi-siècle, et détruite par le passage brutal des bandes celtes qui ont ravagé toutes les campagnes. Les villes, qui ont échappé au pillage grâce à leurs murailles, ont également pris goût à l'autonomie, si bien qu'Antigone doit les reconquérir, comme le rapporte Polyen pour la cité de Cassandreia (sur l'emplacement de l'ancienne Potidée) (*Stratagèmes*, IV, 6, 18). Antigone conclut, en même temps, une paix de réconciliation avec Antiochos Ier, le Séleucide, et cette entente des deux royaumes (antigonide et séleucide) en face du royaume lagide est un élément presque permanent des relations internationales durant le IIIe siècle, si l'on excepte l'expédition d'Antigone Dôsôn en Carie.

La Grèce d'Occident et le règne de Pyrrhos (297-272)

L'hellénisme occidental est resté largement en dehors des bouleversements provoqués par les conquêtes d'Alexandre et le lent partage de son empire. Certes, la tradition prête à Alexandre de grands projets en Occident, mais, si tant est qu'ils aient existé, le temps lui a manqué pour les réaliser.

La menace carthaginoise est une constante de la vie des cités grecques de Sicile, tandis que celles de Grande-Grèce subissent de plus en plus la pression des populations barbares d'Italie du Sud ; plus au nord, Rome commence à s'affirmer comme une puissance avec qui il faut compter : elle guerroie contre les Samnites (la troisième guerre samnite s'achève en 290) et contrôle de mieux en mieux l'Italie centrale, d'une mer à l'autre ; la Campanie grecque passe sous sa domination, Naples est son alliée fidèle.

En Sicile, la grande cité de Syracuse a connu une période de reconstruction efficace grâce aux efforts de Timoléon, entre 344 et 337. A sa tête de 319 à 289, Agathoklès prend le titre royal à l'exemple des diadoques. Sa rivale Tarente bénéficie des aides venues de Grèce, celle d'Archidamos de Sparte, puis celle du roi Alexandre le Molosse entre 334 et 331 : elle desserre ainsi l'étau des Lucaniens et des Messapiens. Cette riche cité domine alors les marchés d'Occident par sa production de céramique ; elle exerce aussi un rôle majeur dans le rayonnement de la culture et de la science grecques en Occident mais voit sa position dominante, en ce domaine, progressivement réduite par Syracuse. Les autres cités de Grande-Grèce, quant à elles – Thourioi, Locres, Crotone, Rhégion –, se tournent vers Rome pour assurer leur protection.

Sur l'autre rive de la mer Ionienne, Pyrrhos a pris part à la bataille d'Ipsos (301) aux côtés d'Antigone le Borgne et de son fils Démétrios. Élevé auprès du roi illyrien Glaukias, il connaît, après Ipsos, l'exil à Alexandrie où il est envoyé comme otage. Enfin établi durablement sur le trône molosse, en 297, il s'allie au roi lagide contre les Antigonides. Sa conquête de la Macédoine, en 288, prouve ses talents militaires, mais il ne peut empêcher Lysimaque de le supplanter totalement dans cette région ; il édifie néanmoins la Grande Épire, au détriment des voisins illyriens, s'empare d'Ambracie dont il fait sa capitale, reçoit Corcyre lors de son mariage avec Lanassa, fille d'Agathoklès, et achève l'unité de l'Épire. En 281, il répond favorablement à l'appel des Tarentins inquiets de la poussée romaine. Ses succès sont remarquables dans les deux premières années ; il l'emporte sur les armées romaines à Héraclée et à Ausculum, et s'avance jusqu'à Préneste. En 278, Syracuse lui demande assistance face à une offensive carthaginoise ; proclamé roi de Sicile, il conquiert la Sicile punique sauf Lilybée. Mais les cités grecques d'Occident supportent mal la discipline imposée par le roi épirote ; on l'accuse de tyrannie. Il repasse alors en Italie méridionale et livre bataille contre les légions romaines à Bénévent (275) ; revenu à Tarente, il ressent la nécessité de renforcer son armée, laisse une garnison dans la ville et rentre en Grèce.

Les opérations qu'il y conduit, tant en Macédoine (274) dont il chasse le nouveau roi, Antigone Gonatas, que dans le Péloponnèse, confirment ses qualités de chef de guerre et de meneur d'hommes ; selon Plutarque, *Vie de Pyrrhos,* 26, 21, « venu pour affranchir les villes soumises à Antigone », il en est le libérateur, pousse jusqu'à Sparte avant de mourir dans un combat de rues à Argos. Le présenter comme un nouvel Alexandre tourné vers l'Occident est peut-être excessif ; son activité laisse parfois l'impression d'être un peu désordonnée, allant dans tous les sens. Durant vingt ans, son royaume fait assurément preuve d'un dynamisme extraordinaire qui correspond certainement à une démographie en croissance ; les contingents militaires conduits par Pyrrhos sont numériquement proches de ceux que rassemblaient Philippe II et Alexandre le Grand (chapitre 5).

La mort prématurée de Pyrrhos entraîne l'échec d'un empire qui aurait pu réunir Grande-Grèce et Sicile d'une part, Grèce du Nord et de l'Ouest d'autre part, dans un ensemble se substituant au royaume antigonide. Tarente doit alors se soumettre aux Romains en 272 et toute l'Italie du Sud passe sous leur autorité, tandis qu'en Sicile les Carthaginois repartent à la conquête des cités grecques, à l'exception de Syracuse.

Les Lagides en lutte contre les deux autres royaumes

La préoccupation majeure des premiers rois lagides est d'assurer la sécurité de l'Égypte par la construction d'un glacis protecteur très vaste ; comme l'écrit Théocrite, avant 270, dans son *Éloge de Ptolémée,* « il se taille un morceau de la Phénicie, de l'Arabie, de la Syrie, de la Libye, du pays des noirs Éthiopiens ; il commande à tous les Pamphyliens, aux Ciliciens guerriers, aux Lyciens, aux Cariens épris de combats et aux îles Cyclades ». En d'autres termes, les Lagides ne cessent d'intervenir dans les affaires de Grèce propre, sur la côte de l'Ionie pour affaiblir le roi antigonide, tandis qu'ils veillent à garder la main sur la Palestine et sur la Syrie méridionale, en plaçant la frontière avec le royaume séleucide le long d'une ligne Tyr-Damas.

Concrètement, les deux premiers Ptolémées suscitent sans cesse de nouvelles difficultés aux souverains antigonides. Ptolémée Ier soutient activement la lutte des Athéniens pour recouvrer leur indépendance contre Démétrios Poliorcète et ses garnisons en 286-281. Le plus souvent, son successeur cherche à créer des oppositions à la politique d'Antigone Gonatas en Grèce propre, notamment en poussant Pyrrhos contre la Macédoine. Lorsque, sur place, il ne trouve pas d'intermédiaire assez actif, Ptolémée II intervient directement, mais sans grand succès, comme on le voit dans la guerre de Chrémonidès (vers 267-261) : il commence alors par tisser un réseau d'alliances avec Sparte et Athènes et probablement avec Alexandre II d'Épire. L'inefficacité d'Areus de Sparte et du roi épirote pour contraindre Antigone Gonatas à relâcher le siège d'Athènes l'oblige à tenter une intervention directe sur la côte orientale de l'Attique, sans que celle-ci parvienne à desserrer l'étau macédonien. Athènes doit, finalement, capituler et subir à nouveau l'occupation par des garnisons antigonides. C'est un échec lagide, s'expliquant sans doute par l'infériorité navale face à la flotte d'Antigone Gonatas, vainqueur à la bataille de Cos qui peut avoir eu lieu dans l'année de la capitulation d'Athènes.

Il n'est pas impossible, encore, que Ptolémée II ait contribué à la révolte d'Alexandre de Corinthe contre Antigone Gonatas en 253/52. Les Lagides voient d'un œil favorable la croissance de la Fédération achéenne sous l'autorité d'Aratos de Sicyone ; elle correspond à la ruine de la présence antigonide dans le Péloponnèse et même à la perte de Corinthe en 243 pour les Macédoniens. Après la mort d'Antigone Gonatas en 239, son fils Démétrios II est aux prises avec une coalition des deux fédérations étolienne et achéenne tandis que la frontière septentrionale de la Macédoine est menacée par la poussée des Dardaniens.

Du côté des voisins séleucides, les relations se résument

en une série de guerres de Syrie, livrées pour la possession des régions méditerranéennes qui s'étendent depuis l'Ionie au nord jusqu'à la presqu'île du Sinaï au sud. Les rois séleucides n'ont pas accepté la présence lagide en Syrie-Phénicie et prétendent récupérer cette région qui leur a échappé depuis Ipsos pratiquement.

• La *première guerre de Syrie* (274-271) intervient après un premier conflit entre Antiochos Ier et Ptolémée II en Asie Mineure ; le roi lagide a su profiter des troubles qui ont suivi la mort de Séleucos Ier pour mettre la main sur Milet, Samos et plusieurs cités de Carie comme de la côte méridionale. Une nouvelle crise éclate, lorsque Magas, demi-frère de Ptolémée II, se déclare indépendant du royaume lagide, avec l'appui d'Antiochos Ier ; Ptolémée parvient à régler le conflit avec Magas, tout en le laissant régner sur la Cyrénaïque jusque vers 250 ; le conflit entre Antiochos Ier et Ptolémée II se déroule d'abord en basse Mésopotamie que le Lagide avait attaquée par le golfe Persique, puis autour de Damas. La guerre ne s'achève pas, en 271, par le triomphe de l'un des belligérants sur l'autre.

• Après la mort, en 261, d'Antiochos Ier, qui a subi un échec sérieux près de Sardes face à Eumène (Ier) de Pergame, la *deuxième guerre de Syrie* (260-253) oppose Antiochos II au roi lagide en Ionie, où Ptolémée Philadelphe a renforcé son installation autour d'Éphèse et de Milet. Rien ne permet actuellement d'affirmer l'intervention d'Antigone Gonatas au côté d'Antiochos II, ni de fixer durant cette guerre la bataille navale d'Andros opposant les flottes lagide et antigonide. Le conflit a permis quelques avancées du royaume séleucide sur la côte phénicienne et en Asie Mineure, et s'est traduit par un repli lagide en mer Égée. Il s'interrompt avec le mariage d'Antiochos II qui répudie la reine Laodice, mère de deux fils, et épouse Bérénice, fille de Ptolémée II.

• La *troisième guerre de Syrie* (246-241) est qualifiée aussi de « guerre laodicéenne », manière de souligner les querelles dynastiques dans la famille séleucide à la suite de la mort d'Antiochos II. Ptolémée III intervient jusqu'à Antioche pour soutenir sa sœur et son neveu qui sont assassinés par le clan laodicéen. La paix de 241 marque une avancée lagide en Asie Mineure ; Ptolémée III garde même le port d'Antioche, Séleucie, et conquiert quelques points sur l'Hellespont et la Thrace.

Durant un demi-siècle (280-230), la puissance lagide demeure impressionnante pour les États voisins, même si, militairement, elle ne connaît pas que des succès. Cette puissance tient surtout à la richesse des rois lagides, toujours capables de recruter des armées de mercenaires pour combattre contre leurs voisins. Édouard Will a parlé à juste titre de « mercantilisme d'État » – alors qu'Ulrich Wilcken a comparé la politique des Lagides et surtout de Ptolémée II Philadelphe avec le colbertisme au XVIIe siècle français – (chapitre 6) : une exploitation méthodique des ressources de la terre égyptienne fournit au souverain la possibilité d'exporter massivement ses céréales, qui font tellement défaut à la Grèce d'Europe notamment ; de cette manière, le roi bénéficie de rentrées importantes en métaux précieux qui permettent à leur tour une politique extérieure active : recrutement de soldats, construction de flottes capables de rivaliser avec celles des Antigonides, diplomatie dynamique.

En même temps, le roi lagide transforme sa nouvelle capitale, Alexandrie, en un centre mondial de la culture et des sciences (chapitre 7). C'est l'époque où Ératosthène mesure la circonférence de la terre à partir de l'arc de méridien qui sépare Alexandrie de Syène, proche d'Assouan aujourd'hui. Ptolémée Ier attire également les biologistes et les médecins, en laissant pratiquer les dissections du corps humain malgré les interdits religieux. De tout le monde grec, comme de Babylonie, viennent vers Alexandrie savants et chercheurs qui contribuent à la réputation du royaume lagide. Encore au IIe siècle après J.-C., Galien de Pergame souligne, dans son traité *Sur les procédures anatomiques*, la place dominante d'Alexandrie :

> Faites un effort des plus sérieux, non seulement pour acquérir une connaissance livresque de la forme exacte de chaque os, mais aussi pour examiner sans relâche, de vos propres yeux, les os humains eux-mêmes. C'est une chose qu'il est

tout à fait aisé de faire à Alexandrie, parce que les médecins
y utilisent la démonstration oculaire lorsqu'ils enseignent
l'ostéologie à leurs étudiants. Ne serait-ce que pour cette
raison, essayez de vous rendre à Alexandrie.

Il semble que l'âge d'or du royaume lagide corresponde
donc au règne de Ptolémée II Philadelphe ; son successeur,
Ptolémée III Évergète, maintient la puissance de son royaume,
mais avec plus de difficulté, avant que, durant le règne de
Ptolémée IV Philopator, un déclin manifeste apparaisse, en
raison notamment des résistances indigènes et d'un certain
épuisement de l'Égypte à laquelle on a trop demandé pendant
un siècle.

Le royaume séleucide et l'Asie jusqu'en 230

Les conflits fréquents avec le royaume lagide, ponctués par
les trois premières guerres de Syrie, ne sont qu'un aspect de
la vie du royaume qui s'est organisé autour d'Antioche et
de la Syrie du Nord. Des soucis multiples assaillent les souverains successifs d'un royaume qui manque d'unité et dont
l'immensité ne permet pas une administration centralisée et
efficace. On retrouve là des difficultés déjà connues par les
rois achéménides. Les rois séleucides sont-ils les héritiers
directs des souverains perses ? Leur royaume est-il construit
autour de la Syrie du Nord et de la Mésopotamie, en laissant
à l'Asie centrale et à l'Asie Mineure une place périphérique,
alors que, jusqu'ici, on a généralement considéré le royaume
séleucide comme plus méditerranéen qu'asiatique, plus hellénistique qu'héritier du royaume achéménide ? Ce sont
des questions qu'on doit légitimement poser et auxquelles
Séleucos Ier a tenté de donner réponse en associant son fils
Antiochos Ier comme corégent (en 294/93) et en le chargeant
d'administrer les provinces orientales à partir de sa propre
capitale, Séleucie du Tigre, pour mieux souder l'orient et
l'occident de son vaste royaume.

La mort brutale de Séleucos Ier (en 281) conduit Antiochos Ier à prendre en main tout le royaume. En Asie Mineure,
la disparition de Lysimaque laisse en déshérence le contrôle
des Détroits ; Antiochos obtient alors le ralliement d'une

bonne partie des cités d'Ionie, malgré l'intérêt lagide pour les côtes égéennes ; Philétairos, à Pergame, se rallie au nouveau roi séleucide, quoique son propre nom apparaisse sur les monnaies de Pergame à partir de 275. Au nord de l'Asie Mineure, la Bithynie à partir de 297/96 et le Pont à partir de 281 sont organisés en royaumes indépendants. Héraclée du Pont s'associe à Byzance et à Chalcédoine dans une ligue du Nord qui échappe à l'autorité séleucide. Enfin, la Cappadoce connaît aussi une indépendance complète, bien avant de voir Ariarathe III prendre le titre royal vers 255. Ces différents royaumes et la principauté de Pergame sont tous victimes des Galates, semi-nomades qui se livrent au pillage permanent, à partir de leur installation en Phrygie, autour d'Ancyre, dès 277. Si l'on y ajoute la présence lagide sur la côte de Lycie, de Pamphylie et de Cilicie occidentale, puis à Samos, en Carie, on se rend compte que le roi séleucide avait un territoire bien restreint en Asie Mineure, qui allait de l'Hellespont à la Cilicie orientale.

L'évolution des lointaines possessions orientales des Séleucides est encore plus difficile à suivre. Dès 303, une paix conclue entre Séleucos et Tchandragoupta (connu sous le nom de Sandrakottos chez les Grecs) marque un recul sensible des possessions gréco-macédoniennes au profit du royaume des Mauryas ; celui-ci prend le Gandhara et les parties orientales de l'Arachosie et de la Gédrosie. Ultérieurement, les rapports avec le royaume des Mauryas sont plus pacifiques, comme en témoigne le XIIIe édit d'Asoka qui fait part de l'envoi de missionnaires bouddhistes à Antiochos (II), Ptolémée (II), Antigone (Gonatas), Magas de Cyrène et un Alexandre qui doit être Alexandre II d'Épire, vers 255.

Antiochos Ier, dès son association au trône (en 294/93), veille à renforcer l'autorité royale sur l'Iran et les régions frontalières du Nord, menacées fréquemment par les déplacements de tribus scythes nomades au-delà des hauts reliefs de l'Hindou Kouch, en Bactriane. La maîtrise du pays est la priorité absolue ; les premiers Séleucides la renforcent par la fondation de colonies militaires le long de la vieille route achéménide. Il est possible qu'Antiochos Ier ait poursuivi la politique d'Alexandre visant à associer les Iraniens aux Gréco-Macédoniens dans l'administration de l'Empire ; la mise à l'écart des Iraniens, qui avaient été l'ethnie dirigeante de l'Empire achéménide, risquait en effet d'entraîner une réaction d'hostilité marquée de leur part ; Antiochos descend en outre, par sa mère Apamè, d'un des principaux opposants à la conquête d'Alexandre, Spitaménès de Bactriane, ce qui le rend plus proche des populations conquises.

Il faut constater que les difficultés fréquentes dans les régions méditerranéennes ont retenu largement les souverains séleucides en Occident, les contraignant par là même à négliger, sans doute malgré eux, les provinces iraniennes et la partie orientale du royaume. Les guerres de Syrie à répétition, les guerres en Asie Mineure sont autant d'éléments qui immobilisent Antiochos Ier et ses successeurs sur les rives de la Méditerranée. Avant sa mort, survenue en juin 261, Antiochos Ier et son fils subissent un revers près de Sardes, dans une bataille contre Eumène de Pergame, dont la principauté s'étend au détriment des territoires séleucides, dans la vallée du Caïque et le massif de l'Ida.

Antiochos II, associé à son père à partir de 266, est très vite engagé dans la deuxième guerre de Syrie, alors que Ptolémée II s'empare de bases sur la côte de l'Ionie et de la Carie, depuis Éphèse jusqu'à Halicarnasse. Mais une révolte du fils de Ptolémée, chargé du gouvernement des possessions lagides en Asie Mineure, favorise Antiochos II et s'achève par la mort de ce Ptolémée d'Éphèse, malgré l'aide qu'il a pu recevoir de Rhodes. A l'issue de la deuxième guerre de Syrie, Antiochos II a donc amélioré la situation de son royaume en reprenant le contrôle de l'Ionie ; comme on l'a vu, il épouse Bérénice, fille de Ptolémée II, après avoir répudié Laodice dont il avait deux fils. Cette décision devait hypothéquer gravement l'avenir du royaume séleucide. De plus, cette longue deuxième guerre de Syrie (260-253) a contraint Antiochos II à négliger les autres régions de son royaume, en Anatolie et en Orient. C'est en effet vers 255 qu'Ariarathe III de Cappadoce prend le titre royal tout en s'alliant au roi séleucide par le mariage de son fils héritier avec une fille d'Antiochos II.

Mais la crise la plus grave survient en 246, à la mort d'Antiochos II Théos, qui s'éteint (peut-être empoisonné) à quarante ans, peu après son grand adversaire Ptolémée II Philadelphe. La guerre laodicéenne ou troisième guerre de Syrie (246-241), qui éclate immédiatement, est initialement une querelle dynastique entre Laodice, reine répudiée, et ses deux fils d'une part, Bérénice et son fils encore enfant, soutenus par l'Égypte lagide, d'autre part. Bérénice et son fils sont assassinés à Antioche, avant même l'arrivée de Ptolémée III. Après une tournée triomphale de Ptolémée III en Syrie et en Mésopotamie, celui-ci se retire avec du butin. Séleucos II, fils de Laodice et d'Antiochos II, reprend alors la Syrie et la Babylonie, mais il doit accepter d'associer son jeune frère Antiochos Hiérax à sa royauté. Lors de la paix de 241, les profits lagides sont loin d'être négligeables en Ionie, en Cilicie et même dans l'Hellespont.

La guerre laodicéenne a facilité la sécession de la satrapie séleucide de Parthyène-Hyrcanie, au sud de la Caspienne, en Iran actuel, sécession conduite par le satrape Andragoras. Mais celui-ci n'est sans doute pas seul à se séparer d'une tutelle séleucide peu efficace pour affronter les dangers venant du nord. C'est aussi vers 245 que Diodote, en Bactriane, commence à prendre ses distances avec le royaume séleucide. Les fouilles archéologiques sur le site d'Aï-Khanoum ont montré la vitalité de la présence gréco-macédonienne durant le IIIe siècle et les inscriptions grecques qui y ont été trouvées, notamment les maximes delphiques, ne témoignent pas du tout d'une rupture avec l'hellénisme ; le souci des gouverneurs de Bactriane et de Parthyène-Hyrcanie est surtout d'organiser la défense de ces provinces contre les envahisseurs qui se pressent aux frontières septentrionales alors que les souverains séleucides sont retenus par les luttes en Asie Mineure et en Syrie.

A ce propos, dans un ouvrage récent[2], Susan Sherwin-White et Amélie Kuhrt ont voulu mettre l'accent sur la continuité entre le royaume séleucide et son prédécesseur achéménide, ce qui les conduit à placer la Babylonie au centre de l'espace impérial tandis que l'Asie Mineure et l'Asie centrale seraient à la périphérie. Elles considèrent qu'il n'y a pas sécession de la Bactriane et de la Parthie avant le deuxième tiers du IIe siècle. Les études réunies dans *Topoi*, IV/2, 1994, constituent, sur ce sujet, une indispensable mise au point,

2. S. Sherwin-White et A. Kuhrt, *From Samarkand to Sardis. A New Approach to the Seleucid Empire,* Berkeley-Los Angeles, University of California Press, 1993.

même si les opinions sur la thèse défendue par S. Sherwin-White et A. Kuhrt sont assez divergentes. Ainsi Édouard Will et Paul Bernard font d'utiles remarques, notamment sur la défection des satrapies d'Asie centrale au milieu du IIIᵉ siècle : S. Sherwin-White considère que ni l'émancipation de la satrapie bactrienne vers 250-245, lorsque Diodote prend le titre royal, ni la mainmise des nomades Parnes sur la satrapie de Parthie n'ont véritablement affaibli l'État séleucide ; ce ne serait qu'après 187, date de la mort d'Antiochos III, que l'expansion parthe aurait isolé le royaume gréco-bactrien, en coupant la grande route royale vers l'est. A l'inverse, P. Bernard avance que l'installation des Parthes sur le versant sud de l'Elburz dès le troisième quart du IIIᵉ siècle rompt les liens politiques entre le royaume séleucide et l'État bactrien, bien avant les expéditions de Séleucos II et d'Antiochos III. En réalité, le royaume séleucide est, beaucoup plus que l'Empire perse, tourné vers l'Asie Mineure et vers la mer Égée, ce qui explique, plus tard, en 191-188, l'importance de la guerre antiochique contre Rome et ses alliés (Pergame et Rhodes surtout) et des pertes territoriales subies par Antiochos III, au nord-ouest du Taurus.

A peine achevée la troisième guerre de Syrie, en 241, s'ouvre la « guerre fratricide » qui oppose Séleucos II Kallinikos et son frère Antiochos Hiérax (c'est-à-dire le Rapace, l'Épervier), qui s'était vu confier les possessions séleucides d'Asie Mineure. Les opérations militaires conduites par Séleucos II en Asie Mineure sont marquées par un premier succès en Lydie, puis par une défaite écrasante à Ancyre (en 240 ou 239). Mais le succès d'Antiochos Hiérax, dû aux aides fournies par les rois de Bithynie, du Pont et de Cappadoce et par les Galates, est rapidement suivi d'exigences excessives des Galates qu'il essaie d'entraîner contre Pergame. Attale Iᵉʳ inflige alors une sévère défaite à Hiérax et à ses alliés, et il prend le titre royal. La guerre entre Pergame et Hiérax reprend avant 230, mais ce dernier doit s'enfuir en 227 avant de périr, assassiné, en 226, en Thrace. L'Asie Mineure était devenue, en majeure partie, possession de Pergame.

Durant ces années dramatiques en Anatolie, et sitôt après sa défaite d'Ancyre, Séleucos II doit intervenir dans les affaires iraniennes. C'est le moment où Diodote de Bactriane prend le titre royal. Andragoras succombe sous les coups d'Arsace, « un Scythe » selon Strabon, à la tête de nomades nommés Parnes, qui prennent le nom de Parthes après leur établissement en Parthyène (239 ou 238) puis en Hyrcanie. Diodote Ier meurt au moment de l'intervention de Séleucos II (dans les années 230-227) venu rétablir les liaisons avec les provinces orientales isolées depuis la coupure de la route royale qui traverse la Parthyène. Arsace se replie d'abord devant Séleucos II puis, selon Justin, il lui inflige une défaite, tandis que Diodote II choisit de traiter avec le roi des Parthes. Séleucos II meurt en 226, sans avoir pu rétablir la situation d'un royaume défait par son étendue même.

Le royaume antigonide et la Grèce propre (277-230)

Cette période correspond, pour le royaume macédonien, au règne d'Antigone Gonatas, roi depuis la mort de son père Démétrios Poliorcète en 283, mais établi en Macédoine uniquement après la fin de l'invasion celte en 277, et à celui de son fils Démétrios II (239-229). Si l'on a déjà évoqué les conditions de l'établissement d'Antigone Gonatas en Macédoine, ses conflits répétés avec Pyrrhos et avec les rois lagides, surtout Ptolémée II Philadelphe, il est nécessaire de décrire ses rapports avec l'ensemble des autres États grecs et d'observer l'organisation de ceux-ci.

Lors de son accession au trône macédonien, Antigone tient encore en Grèce l'Acrocorinthe, Chalcis, Démétrias. L'affaiblissement macédonien a rendu possible néanmoins le renouveau de la Fédération achéenne, à partir des années 280 ; les cités d'Achaïe se débarrassent alors progressivement des garnisons macédoniennes et des tyrans qui les gouvernent, tout comme les Athéniens ont réussi à chasser les dernières garnisons en 281 avec l'aide des Lagides. L'intervention de Pyrrhos dans le Péloponnèse a facilité l'affranchissement des cités soumises à Antigone. Mais Élis et Mégalopolis restent aux mains de tyrans proches d'Antigone Gonatas. Au nord du golfe de Corinthe, la Fédération étolienne devient une puissance considérable après le sauvetage du sanctuaire de Delphes qui a échappé au pillage des Celtes.

La guerre de Chrémonidès (*ca* 266-261) est un épisode des luttes menées par les Lagides contre Antigone Gonatas, mais elle n'est pas sans conséquence sur la vie des États grecs : à l'issue du siège, Athènes est réoccupée par des garnisons macédoniennes qui y demeurent jusqu'en 229. Sparte a fait la démonstration de son extrême faiblesse : son roi Areus n'a pu franchir l'isthme de Corinthe pour tenter de secourir ses alliés athéniens. Sur la frontière occidentale de la Macédoine, la tentative d'Alexandre d'Épire de créer un nouveau front au flanc du royaume de Gonatas est un échec ; défait, le fils de Pyrrhos ne peut récupérer son royaume qu'avec le soutien de ses alliés acarnaniens. C'est sans doute pour contrecarrer la menace d'une grande Macédoine établie de la mer Ionienne à la mer Égée qu'est conclu le traité d'alliance étolo-acarnanien, vers 263/62.

En Grèce centrale, progressivement, le *Koinon* étolien s'étend au détriment de ses voisins ; s'il a la main sur le sanctuaire delphique depuis l'invasion celte, son territoire couvre également la Locride Ozole et la Phocide ; vers 253/52, les Étoliens partagent avec Alexandre II d'Épire leur alliée d'hier, la fédération d'Acarnanie.

Fils du demi-frère d'Antigone Gonatas, Cratère, Alexandre de Corinthe avait gouverné, au nom du roi, Corinthe, Chalcis et l'Eubée ; mais il se révolte, provoquant la sécession de ces places et de la flotte au mouillage dans les ports de Corinthe et de Chalcis, en 253/52. Alexandre va jusqu'à se proclamer roi, sa rébellion rend impraticables les liaisons entre le Péloponnèse et la Macédoine ; c'est le moment où le tyran Aristodamos de Mégalopolis est renversé, tandis qu'Aratos de Sicyone chasse Nicoclès, tyran de cette cité, et fait entrer Sicyone dans le *Koinon* achéen. Seul subsiste au sud de l'isthme de Corinthe le tyran Aristomachos d'Argos.

Dans les années qui suivent, Antigone Gonatas voit disparaître beaucoup de ses adversaires : Alexandre de Corinthe meurt en confiant Corinthe à sa veuve Nikaia, qui se laisse berner par Gonatas, de nouveau maître de la forteresse. Puis Alexandre II d'Épire disparaît, ne laissant que des enfants mineurs, ce qui affaiblit la dynastie éacide, malgré la tutelle de sa veuve Olympias. Le mariage du jeune Démétrios II, associé au trône de Macédoine sans doute depuis 263, avec la princesse éacide Phthia renforce l'alliance des deux royaumes de la Grèce septentrionale. En 246, c'est au tour de Ptolémée II et d'Antiochos II de s'éteindre.

Le *Koinon* des Achéens connaît alors, au début de la seconde moitié du IIIe siècle, un développement considérable, sous la direction d'Aratos de Sicyone qui surprend la forteresse de Corinthe en 243 et l'intègre dans l'État fédéral achéen. Les Étoliens, peut-être poussés par Antigone Gonatas, interviennent dans le Péloponnèse occidental, en Élide, en Messénie et même en Arcadie. En 241/40, la paix est conclue entre les deux grandes fédérations. Mais le Péloponnèse connaît d'autres événements importants. Agis IV essaie, à partir de 245, de reconstruire l'État lacédémonien, par un élargissement du corps civique et la redistribution des terres. Ses projets sont vivement combattus par l'autre roi spartiate appuyé sur une petite oligarchie de riches qui ne veulent pas entendre parler de réformes révolutionnaires, comme l'abolition des dettes et le partage des terres. Agis IV meurt de mort violente, mais les idées stoïciennes continuent à conserver vivantes ces réformes, reprises bientôt par Cléomène III, en 227.

A la mort d'Antigone Gonatas, âgé de quatre-vingts ans, en 239, le royaume macédonien s'est redressé grâce à une bonne administration et à des années de paix civile. Sa flotte de guerre a réussi à refouler la puissance lagide au sud de la mer Égée. En revanche, en Grèce même, la situation est difficile pour le roi antigonide, surtout en raison de la croissance des deux États fédéraux qui bordent le golfe de Corinthe, Étoliens au nord, Achéens au sud. Les premiers arrivent à contrôler la Grèce centrale d'une mer à l'autre, c'est-à-dire depuis la mer Ionienne jusqu'au canal de l'Eubée. Leurs activités de piraterie entraînent la conclusion d'accords entre les Étoliens et des victimes potentielles qui obtiennent l'*asylie,* c'est-à-dire la possibilité d'échapper aux actions de représailles et, plus généralement, au pillage : c'est le cas de Chios, puis de nombreuses îles comme Ténos, Délos. Il faut dire que les Étoliens n'ont pas le monopole de la piraterie, pratiquée avec succès par les Crétois et, au moins à partir de 235, par les Illyriens.

La situation est encore plus difficile pour Démétrios II (239-229), à cause du rapprochement des Étoliens et des Achéens, et du réveil des menaces sur les frontières septentrionales de la Macédoine. Il doit faire face, tout d'abord, dans la guerre dite démétriaque, à l'alliance des deux grands *Koina,* qui tiennent en échec les armées macédoniennes, au point que Démétrios II se risque à encourager les actions lointaines des Illyriens du roi Agron. Pour venir en aide à ses propres armées, il pousse les Illyriens à intervenir contre les Étoliens qui assiègent la cité acarnanienne de Médion. Démétrios s'efforce en outre de contenir la seconde menace, la poussée des Dardaniens, et il meurt au cours de ces opérations balkaniques.

C'est l'époque où disparaît la dynastie éacide, après l'assassinat de sa dernière représentante, Déidamie, à Ambracie. Le *Koinon* des Épirotes, de forme républicaine, est plus restreint, puisqu'il doit abandonner Ambracie et l'Acarnanie du Nord-Ouest qui avait été annexée à l'Épire en 253/52. Cette partie de l'Acarnanie retrouve son autonomie mais doit lutter contre la pression étolienne ; Ambracie elle-même figure un temps dans l'État étolien. Vers le nord, l'Épire et plus encore les cités coloniales grecques de la côte subissent les effets de la piraterie illyrienne. Après leur succès à Médion, les Illyriens prennent goût à des raids de plus en plus hardis sur les côtes d'Élide et de Messénie, et ils s'attaquent même à une grande ville comme Phoiniké, en Chaonie ; la garnison celte livre Phoiniké aux pirates qui raflent tout le butin possible, y compris les marchands italiens ou romains présents dans la ville. Les Illyriens portent ensuite leurs efforts contre les grandes cités de Corcyre, d'Apollonia, d'Épidamne-Dyrrhachion, ainsi que contre la lointaine Issa. C'est plus que n'en peut accepter le Sénat romain qui décide alors une intervention vigoureuse pour mettre fin aux exactions contre les ressortissants italiens et pour protéger les cités grecques menacées. C'est vraiment là le tournant important des événements du IIIe siècle grec.

Réflexions sur les problèmes
de l'identité dans
le monde grec au IIIe siècle

Parmi les spécificités qu'on reconnaît d'ordinaire à l'art hellénistique, il en est quelques-unes qui frappent d'emblée l'observateur : le développement de l'individualisme, le goût pour les représentations réalistes, l'intérêt nouveau suscité par des états psychologiques comme la peur, la douleur ou l'ivresse : qu'il s'agisse du portrait de Chrysippe par Euboulidès, vieillard voûté accompagnant la démonstration qu'il développe devant ses élèves d'un geste de la main tendue, « théorème vivant qui identifie l'homme dans sa vérité individuelle à sa fonction pensante et enseignante » (Jean Charbonneaux) ; ou bien de la vieille femme ivre, à la Glyptothek de Munich. Les sources littéraires témoignent aussi de cette particularité : dans la première moitié du IIIe siècle, un *Mime* d'Hérondas met en scène deux femmes visitant le sanctuaire d'Asklépios à Cos ; devant un groupe en marbre représentant un petit enfant qui étouffe une oie, analogue à *L'Enfant à l'oie*, de Boéthos de Chalcédoine, l'une d'elle s'écrie : « On dirait qu'il va parler. »

Parallèlement, les débuts de l'époque hellénistique correspondent à une modification du statut de la biographie : « Si la personne en question était un roi ou un homme politique, la biographie restait proche de l'histoire. Dans les autres cas, elle avait pour objet de caractériser à la fois un philosophe, un poète ou un artiste et l'école à laquelle il appartenait », rappelle Arnaldo Momigliano[1]. Quant à l'autobiographie, il semble qu'elle ait connu un large essor durant cette période,

---

1. A. Momigliano, *The Development of Greek Biography,* Cambridge, Mass., The President and Fellows of Harvard College, 1971 ; trad. fr. E. Oudot, *Les Origines de la biographie en Grèce ancienne,* Strasbourg, Circé, 1991, p. 144.

mais nous n'en avons que des témoignages indirects : nous savons ainsi que Pyrrhos écrivit des *Hypomnèmata*, des Mémoires dont parlent Denys d'Halicarnasse et Plutarque [2] ; en outre le journal des rois de Macédoine est mentionné par Polyen, *Stratagèmes*, IV, 6, 2 [3].

L'attention accrue au moi est donc notable, mais il ne s'agit pas encore des mises en scène de la singularité, de la comptabilisation des expériences intimes qu'on trouve par exemple chez Rousseau ou Amiel. « Le sujet ne constitue pas un monde intérieur clos, dans lequel il doit pénétrer pour se retrouver ou pour se découvrir. Le sujet est extraverti. De même que l'œil ne se voit pas lui-même, l'individu pour s'appréhender regarde vers l'ailleurs, au-dehors » (Jean-Pierre Vernant). Dans tous les cas, et quel que soit son mode d'expression, le moi est indissociable de son rôle social, philosophe ou souverain, artiste ou évergète. Ce sont certaines des structures sociales de l'identité que ce chapitre voudrait étudier, et plus spécialement celles qui subissent d'importantes modifications au IIIe siècle, du fait notamment de l'extension du cadre de vie et de la confrontation, à cette époque, de plusieurs civilisations.

Une royauté personnelle

La nature du pouvoir royal

Héritier de la royauté nationale qui était celle des Argéades en Macédoine, Alexandre le Grand a défini, à partir du rescrit de 324, un modèle monarchique radicalement différent, une « théocratie », selon l'expression de Paul Goukowsky [4]. Ce modèle s'est révélé éphémère ; les diadoques, dont le pouvoir s'exerce sur des régions de conquête récente, ont dû

---

2. P. Lévêque, *Pyrrhos*, Paris, De Boccard, 1957, p. 20 *sq.*
3. A. Momigliano, *The Development of Greek Biography, op. cit.*, p. 129. Voir, à ce sujet, *L'Invention de l'autobiographie, d'Hésiode à saint Augustin*, sous la dir. de M.-Fr. Baslez, Ph. Hoffmann et L. Pernot, Paris, Presses de l'ENS, 1993.
4. P. Goukowsky, *Essai sur les origines du mythe d'Alexandre (336-270 av. J.-C.)*, Publications de l'Université de Nancy-II, 1978-1981, 2 vol., vol. I, p. 4.

mettre au point un nouveau type de régime monarchique ne reposant pas, à la différence des monarchies nationales de Macédoine ou d'Épire, sur une adhésion de la communauté nationale, sur un contrat passé entre le roi et son peuple, mais sur la conquête militaire réalisée par Alexandre et ses généraux. C'est la victoire remportée les armes à la main qui leur assure le pouvoir sans partage sur les pays conquis. La victoire les place au-dessus des autres humains, qui sont leurs sujets et attendent tout de la bienveillance du souverain.

Déjà Philippe II avait été à l'origine d'une certaine dérive de la monarchie nationale macédonienne ; il se voulait proche des dieux et, par là même, très supérieur aux Macédoniens, qui voyaient là un glissement fâcheux de la dynastie argéade vers un pouvoir absolu, contraire à la tradition nationale. Mais la création des pages royaux avait contribué à brider les tentatives d'opposition de la noblesse macédonienne et à développer, chez les jeunes gens, un culte authentique du souverain au service de qui ils étaient attachés. Cette évolution ne doit rien aux influences orientales qui se font sentir durant la campagne d'Alexandre, à partir de 334 seulement. Elle est un phénomène propre à la Macédoine que la dynastie des Éacides, sur l'autre versant du Pinde, ne connaît aucunement.

L'assassinat de Philippe II et l'avènement de son fils auraient pu marquer l'effondrement de cette personnalisation du pouvoir et un retour au contrat unissant les Argéades à leur peuple. C'était le sens de l'enseignement d'Aristote à son élève et le vœu de nobles macédoniens comme Antipatros. Alexandre n'a pas suivi cette voie : la victoire sur les Illyriens et celle sur Thèbes rappellent que le jeune prince est en tout l'héritier de Philippe. *Stratège autocratôr* dans la lutte qu'il veut engager contre le Perse, il se lance, comme ses ancêtres Héraklès et Achille, à la conquête de l'Asie. Il répond par là aux objurgations répétées d'Isocrate durant les deux premiers tiers du ive siècle. Dès lors, il recueille, au fur et à mesure de l'extension de ses conquêtes, le bénéfice des traditions locales unissant les populations à leur souverain. Pharaon en Égypte, il est, à la suite des Achéménides, Roi des rois, roi des pays dans le royaume confisqué aux Perses ; il adopte les usages du cérémonial perse, au risque de scandaliser ses compagnons venus avec lui de Macédoine.

Salué à l'oasis de Siwa du titre de « fils de Zeus » ou « fils d'Ammon », comme les pharaons, Alexandre va plus loin que Philippe, qui n'a jamais renié son père Amyntas. Callisthène d'Olynthe, neveu d'Aristote et historien patenté de l'expédition d'Alexandre en Asie, vitupère la tyrannie et fait l'éloge des tyrannicides Harmodios et Aristogiton, ce qui constitue un blâme à peine voilé à l'adresse du roi (Arrien, IV, 10, 3-4 ; Plutarque, *Vie d'Alexandre*, 55, 1-2). En outre, par son refus de la *proskynèse* (c'est-à-dire d'un mode de salut qui consiste à s'agenouiller devant le roi et à toucher le sol du front avant de l'aborder), Callisthène rejette l'adoption d'usages barbares, marque d'esclavage ; il ne refuse pas la filiation divine d'Alexandre, mais il n'est pas favorable à la politique de fusion entre Iraniens et Macédoniens et prône l'association des Grecs à la conquête de l'Asie ; défenseur d'une autre politique que celle d'Alexandre, il paie cette audace de sa vie. Au retour à Babylone, Alexandre fait connaître sa bienveillance en prescrivant le retour des bannis dans leurs cités d'origine et commence à accueillir les *théores* (ambassadeurs religieux) qui viennent apporter la réponse favorable de leur patrie à sa demande de recevoir des honneurs divins.

Alexandre disparaît brutalement ; chacun de ses héritiers doit alors construire les fondations de son pouvoir, dans le cadre du lot qui lui revient au cours des différents partages. En premier lieu, aussi longtemps que la dynastie argéade survit, c'est-à-dire tant que le jeune Alexandre IV, fils posthume d'Alexandre le Grand, peut prétendre à l'héritage des terres conquises par son père, la fiction de l'unité de l'Empire est maintenue ; Cassandre exerce la charge d'*épimélète* du jeune roi, mais, à l'approche de la majorité de ce dernier, il le fait assassiner ainsi que sa mère Roxane. La dynastie est éteinte, l'unité de l'Empire n'a plus de raison d'être. Chacun des diadoques cherche dès lors à organiser son propre domaine, même si Antigone le Borgne se propose de refaire l'unité sous sa seule autorité.

De même qu'Alexandre avait adopté des solutions différentes suivant les régions conquises, de même chacun des diadoques se doit de tenir compte des traditions locales. Théocrite souligne par exemple, dans son *Éloge de Ptolémée*, l'absence d'homogénéité du royaume de Ptolémée II en évoquant ses « mille pays » et ses mille *ethnè*. Et pourtant le royaume lagide est celui dont l'unité paraît la plus réelle par sa partie égyptienne ; il gagne en diversité si l'on porte le regard sur Cyrène, sur Chypre, sur la côte anatolienne, sur les îles des Cyclades ou le pays des Juifs. L'hétérogénéité du royaume séleucide est évidemment encore plus grande, là où coexistent de nombreuses cités grecques, des populations de vieille civilisation comme en Mésopotamie, des tribus nomades dans les zones semi-désertiques ou dans les régions de très haute altitude.

De plus, les héritiers d'Alexandre ne peuvent traiter de la même façon les populations indigènes et les colons grecs ou macédoniens, vétérans revenus des campagnes lointaines ou immigrants de fraîche date. Les indigènes des campagnes égyptiennes assimilent très vite les rois lagides à la lignée de pharaons qui les a précédés ; après avoir travaillé pour le compte de pharaons égyptiens, les fellahs ont poursuivi les mêmes activités sous l'autorité de pharaons d'origine perse à partir de Cambyse, puis macédonienne à partir d'Alexandre, avant de connaître des pharaons romains à partir d'Auguste. Il convient, dès lors, pour le roi établi en Égypte, de composer avec le clergé égyptien afin d'obtenir qu'il ajoute le culte du souverain aux autres cultes indigènes, en échange de faveurs et de privilèges dont les sanctuaires savent tirer profit.

Mais les Gréco-Macédoniens d'Alexandrie ou de Ptolémaïs voient plus volontiers en Ptolémée Ier l'ancien général d'Alexandre, l'un des leurs, qui s'assure la garde du tombeau d'Alexandre et la possession de la riche conquête effectuée en Égypte. Aussi la monarchie lagide a-t-elle deux visages : la réalité du pouvoir du souverain tient à leur coexistence harmonieuse. La forte minorité juive dans la cité d'Alexandrie pose en outre des problèmes particuliers, en raison du monothéisme fervent qui la caractérise et qui lui rend inacceptable toute forme de culte du souverain, défunt ou vivant.

Dans le domaine qui revient définitivement à Séleucos, après Ipsos (301) et la disparition d'Antigone le Borgne, les mêmes oppositions apparaissent : les vieilles cités grecques [5]

---

5. E. Bikerman (*Institutions des Séleucides*, Paris, Geuthner, 1938, p. 141), à partir de quelques inscriptions (C.B. Welles, *Royal Correspondence in the Hellenistic Period : A Study in Greek Epigraphy,* New Haven,

ont le sentiment de traiter presque d'égal à égal avec le prince, qui leur envoie des lettres, des ambassades et ménage ainsi les apparences ; il n'en va pas de même pour les cités nouvelles, qu'elles soient créées entièrement ou qu'elles soient d'anciennes villes indigènes rebaptisées d'un nom grec ; les paysans de la terre royale (*laoi basilikoi*) sont maintenus dans un statut de dépendants, attachés à la terre comme le village qu'ils habitent. Par ailleurs, Séleucos et ses successeurs ont reçu le cœur de l'ancien Empire achéménide : doivent-ils poursuivre la politique de *condominium* macédono-perse que l'on prête volontiers à Alexandre, ou traiter les Perses comme les autres peuples vivant sur leurs territoires ? On a relevé déjà l'attitude de Séleucos Ier, marié à une princesse perse qui lui a donné son fils Antiochos ; il prend celui-ci comme associé avant de lui laisser l'Empire. Antiochos Ier est donc, en quelque sorte, le symbole vivant du maintien de la politique de partage avec l'aristocratie perse. Mais, au-delà de cet épisode dynastique, il faut bien reconnaître l'abandon de la place privilégiée accordée aux Iraniens. Dans ce royaume, il faut distinguer surtout les zones d'administration royale immédiate (la *chôra* royale) et les zones où l'administration est médiatisée par les cités, les dynastes, etc., dans la plus grande diversité. Les Séleucides, dont le royaume se réduit dans sa partie orientale, tentent de définir un pouvoir d'inspiration gréco-macédonienne, avec des facettes multiples suivant la région sur laquelle il s'applique.

Souligner que le roi hellénistique, en Égypte comme en Asie, a un pouvoir à plusieurs faces, ne doit pas être interprété pour autant comme un éclatement de ce pouvoir qui tient son unité de la personne du souverain. Le roi se trouve notamment légitimé auprès des Gréco-Macédoniens et

---

Yale University Press, 1934, réimpr. Chicago, 1974, n°s 11 et 12), qui sont des lettres d'Antiochos Ier à Méléagre, gouverneur de la satrapie de l'Hellespont, vers 275, a pensé qu'il existait une alliance (*symmachia*) entre le roi et certaines cités ; si l'expression « les cités qui sont dans notre alliance » figure bien dans ces deux textes, pour Ilion ou Skepsis, rien ne permet de généraliser cette alliance à toutes les cités du royaume. Il peut s'agir d'un système régional, celui sans doute des cités de Troade. Ptolémée II utilise le même terme dans sa lettre (C.B. Welles, *ibid.*, n° 14) à Milet, vers 262/61, mais cet emploi se comprend mieux dans la mesure où Milet est une possession extérieure du royaume lagide.

auprès des barbares par certaines qualités, dont l'une est souvent mise en valeur par son surnom, l'*épiclèse,* ajoutée au nom du roi. La première de ces qualités est d'être un chef de guerre heureux, celui à qui sourit la victoire, grâce à des talents militaires. C'est d'ailleurs une caractéristique qui rapproche monarchie nationale et monarchie personnelle : on a vu en effet comment, en Épire, le père de Pyrrhos, Éacide, est déposé en 317, à la suite d'un échec face aux armées de Cassandre. La différence reste importante néanmoins, en ce sens qu'à défaut de contrat liant le roi et son peuple, dans les nouveaux États issus du partage du royaume d'Alexandre en Égypte et en Asie, la déposition du souverain est impensable ; si l'échec militaire intervient, il est habilement édulcoré, au moyen d'un service de propagande qui fait savoir aux sujets quelle interprétation il convient de donner aux événements militaires. Cependant, les échecs, comme celui que subit Antiochos III à Magnésie du Sipyle, représentent un rude coup pour la monarchie séleucide ; que le roi aille sacrifier dans le grand sanctuaire d'Ésagila, selon un document babylonien de 188-187, prouve simplement qu'il veut rester aux yeux des indigènes leur souverain maître ; rien ne permet d'affirmer toutefois que « le contrôle politique du roi séleucide est effectivement non diminué par la défaite de Magnésie [6] ».

Dès les premières générations des diadoques, Démétrios Poliorcète et Séleucos Ier Nikatôr incarnent cette figure du roi vainqueur. Théocrite, dans l'*Éloge de Ptolémée,* précise bien que Ptolémée II a hérité le royaume de son père et qu'il se doit non seulement de le conserver, mais encore de l'agrandir. Sans doute serait-on tenté d'interpréter ce vœu comme la poursuite d'une tradition achéménide respectée par les successeurs de Cyrus, Cambyse ajoutant l'Égypte, Darius la Thrace, et Xerxès se lançant à la conquête de la Grèce. Plus vraisemblablement, il s'agit d'un trait commun à ces pouvoirs personnels qui, faute d'assise populaire, cherchent à conforter leur situation par de nouvelles conquêtes et de belles victoires.

D'autres qualités encore sont sources de légitimité. En

---

6. P. Briant, *Topoi,* IV/2 (1994), p. 456, à la suite de S. Sherwin-White et A. Kuhrt, *From Samarkand to Sardis, op. cit.,* p. 218.

Égypte, où les indigènes ne participent pas à la défense du royaume jusqu'en 217, date de la bataille de Raphia, et où l'ennemi est toujours tenu à distance du delta et de la vallée du Nil, d'autres épiclèses sont attribuées aux souverains : Sôter, Philadelphe, Évergète, porteuses les unes et les autres d'éléments religieux. Si Ptolémée Ier est le Sauveur, à la ressemblance de Zeus et d'Apollon, c'est parce qu'il assure la protection de ses sujets, par la victoire et par sa bienveillance, comme le ferait la divinité. Par ailleurs, Ptolémée II est associé à Arsinoé Philadelphe après son décès en 270, alors qu'elle est divinisée comme la déesse Philadelphe ; le roi vivant est donc associé au culte de sa femme, nouvelle étape importante du culte du souverain vivant.

Le roi est aussi la Loi vivante : ses décisions ont valeur de lois, sans qu'il ait à consulter une assemblée. En effet, il est maître de son domaine par héritage. A la génération des diadoques, l'argument ne pouvait pas jouer encore, et cette lacune explique le prix que mettaient les généraux à s'assurer la main d'une princesse de la dynastie argéade, comme Cassandre qui épouse Thessalonikè, demi-sœur d'Alexandre. De son côté, Ptolémée s'était acquis la garde du tombeau d'Alexandre, lieu de fixation du culte rendu au Conquérant, légitimation de son propre pouvoir, redoublement de l'héritage du Macédonien[7] ; par ailleurs, il n'est pas inintéressant de relever qu'en 305/304, donc plus de cinq ans après sa mort, en Égypte, Alexandre IV était encore considéré comme roi : Édouard Will interprète cette prolongation *post mortem* comme le signe « soit que sa mort fut longuement tenue cachée, soit que Ptolémée entendait exprimer sa désapprobation du crime[8] ». Signe d'une plus grande fidélité à Alexandre ou bien, selon Paul Goukowsky, témoignage d'une hésitation à assumer un statut d'héritier privilégié ?

---

7. Sur l'accentuation progressive par Ptolémée de sa qualité d'héritier d'Alexandre, voir P. Goukowsky, *Essai sur les origines du mythe d'Alexandre, op. cit.*, t. I, p. 131-135, et A. Stewart, *Faces of Power. Alexander's Image and Hellenistic Politics*, Berkeley-Los Angeles, University of California Press, 1993, chap. 8, notamment pour l'étude des monnaies. On trouvera une bonne analyse de la valeur politique du tombeau royal dans L. Marin, *Le Portrait du roi*, Paris, Éd. de Minuit, 1981, p. 290 *sq.*

8. Éd. Will, *Histoire politique du monde hellénistique, op. cit.*, 2e éd., t. 1, p. 65.

Ensuite, les successions sont assurées notamment par la corégence, comme c'est le cas pour Ptolémée Ier et son fils Ptolémée II à partir de 285, ou pour Séleucos Ier et son fils Antiochos Ier. Le risque de troubles devient grand lorsque des enfants de deux lits différents se disputent la succession, par exemple en 246, à la mort d'Antiochos II.

Conquête, victoire, héritage font du royaume le domaine propre du souverain, un patrimoine, reçu de son père, qu'il doit transmettre intact et, si possible, agrandi. Les habitants sont ses sujets et le roi légifère pour eux par ordonnances ou par édits, tandis qu'il envoie des lettres à telle cité ou à tel gouverneur pour statuer sur des questions d'intérêt plus local. Le pouvoir est donc attaché à une personne, celle du roi ; il s'identifie à la personne du souverain.

Cette évolution, déjà sensible dans le royaume argéade du vivant de Philippe II et d'Alexandre, se prolonge chez les Séleucides et les Lagides, ainsi qu'à Pergame. On l'observe également dans de vieilles cités : à Sparte, la formule « le roi Areus et les Lacédémoniens » est employée dans le décret de Chrémonidès (*Syll.*[3] 434-435 = *Staatsverträge*, III, 476), à la ressemblance des rois de Macédoine ; le même Areus Ier n'hésite pas à frapper monnaie à son effigie, décision inimaginable dans l'État lacédémonien à l'époque classique. Ailleurs, les rois sont qualifiés simplement du titre de *basileus* tout court, ce qui marque l'absolutisation du titre.

A Syracuse, Agathoclès établit, en 317/16, une forme de tyrannie « fondée sur des magistratures civiques plus ou moins légalement prolongées[9] » ; il la transforme ensuite en royauté, au moment où les diadoques prennent tous le titre royal. La royauté d'Agathoclès est différente néanmoins de celle des diadoques et plus encore de celle d'Areus de Sparte : il habille sa tyrannie du titre royal qui est plus honorable et qui le met sur un pied d'égalité avec les autres souverains hellénistiques.

Pyrrhos lui-même qui règne en Épire mais dans un cadre de monarchie contractuelle, tempérée par les coutumes des Molosses, prend le titre de *basileus,* aussi bien à Locres, comme l'ont montré les tablettes de bronze, qu'en Sicile. Il est vain toutefois de chercher à lui donner un titre de « roi

---

9. Éd. Will, *ibid.,* p. 114.

des Siciliens » ou de « roi de Sicile » : simplement, il est roi et traite plus autoritairement ces cités siciliennes qu'il ne peut le faire très certainement dans son pays natal. Là encore, c'est un pouvoir personnel qu'il reçoit grâce à ses opérations militaires et à ses succès.

Sous des formes différentes, on observe donc dans la plupart des monarchies hellénistiques un renforcement de la personnalisation du pouvoir. Seules les vieilles traditions de monarchie nationale mettent la Macédoine et l'Épire à l'écart de cette évolution, même si les Argéades ont été à l'origine de la monarchie hellénistique, notamment par le culte du souverain que Philippe II et Alexandre ont encouragé et, finalement, imposé.

Le culte du souverain

Le culte du souverain ajoute enfin au pouvoir royal un caractère sacré, dont on a déjà évoqué l'apparition à travers les épiclèses attribuées aux souverains. Il ne faut pourtant pas se tromper en prêtant trop tôt aux diadoques le vœu d'obtenir des honneurs divins, manifesté autrefois par Alexandre le Grand dans le rescrit qu'il avait fait proclamer à Olympie en 324. Il ne faut pas non plus confondre les pratiques religieuses des populations indigènes à l'égard de leurs souverains, quels qu'ils soient, avec le culte rendu à un souverain macédonien d'origine par ses sujets gréco-macédoniens. Enfin, on ne peut pas assimiler des manifestations cultuelles dont l'initiative appartient à des personnes privées ou à des collectivités locales, et celles qui sont voulues par le pouvoir royal et organisées dans tout le royaume.

Compte tenu de ces différentes remarques, il est possible d'essayer de démêler le cheminement vers le culte des souverains chez les Lagides et chez les Séleucides, puisqu'on a dit déjà que les Antigonides, maîtres de la Macédoine à partir de l'avènement d'Antigone Gonatas (277), ont écarté cette pratique pour revenir à la tradition de la monarchie nationale qui avait marqué le règne de la dynastie argéade jusqu'à Philippe II. Rappelons donc que « c'est à partir de données grecques que se développèrent la divinisation et le culte des souverains hellénistiques d'Orient [10] ». Il suffit d'évoquer en effet la volonté de Philippe II de se placer au-dessus des humains, les exigences d'Alexandre en 324, et même, avant les rois argéades, le culte rendu à Lysandre par les Samiens libérés de la tutelle athénienne, d'après Douris de Samos (*FGrH,* 76 F 71), ou l'accueil réservé à Dion en 357 par les Syracusains qui lui offrent des libations et des prières comme à un dieu : il est l'évergète et le sauveur (*sôter*) de la patrie, deux qualités centrales dans l'élaboration du culte royal hellénistique. Ces diverses manifestations sont en outre le prolongement du culte des héros, mi-hommes mi-dieux, et du culte de l'*oikiste,* le fondateur des colonies.

Ici ou là, les initiatives locales sont allées au-delà des désirs princiers : dans le royaume macédonien, un temple est érigé à Pydna en l'honneur d'Amyntas III, de son vivant (393-370) ; à Érésos, au printemps 336, lors de l'expédition de Parménion en Asie Mineure, des autels sont élevés à Zeus *Philippeios,* c'est-à-dire à Zeus représenté sous les traits de Philippe ou au Zeus de Philippe ; un peu plus tard, selon des sources d'époque romaine, un culte public est rendu à Alexandre par quelques cités grecques d'Asie Mineure reconnaissantes : Priène, Éphèse, Érythrées, Bargylia, Magnésie du Méandre et peut-être Ilion.

Au souverain qui lui a rendu des services considérables, une cité ne peut témoigner sa reconnaissance par l'attribution de privilèges analogues à ceux qu'elle a l'habitude d'accorder à des évergètes ordinaires. D'où l'attitude d'Alexandre le Grand lorsque les Mégariens lui confèrent la citoyenneté : « Les Mégariens accordèrent par vote le droit de cité à Alexandre ; comme celui-ci se moquait de leur zèle, ils lui dirent qu'ils n'avaient jusque-là décerné le droit de cité qu'au seul Héraklès, et maintenant à lui ; étonné, Alexandre

10. Éd. Will, « Le monde hellénistique », in Éd. Will, Cl. Mossé, P. Goukowsky, *Le Monde grec et l'Orient*, Paris, PUF, 3e éd. 1990, p. 434. Ch. Habicht, « Gottmenschentum und griechische Städte », *Zetemata*, 14, 2e éd. Munich, Beck, 1970, a conduit une excellente étude sur ce thème. Voir aussi L. Cerfaux et J. Tondriau, *Le Culte des souverains dans la civilisation gréco-romaine*, Paris, Desclée, coll. « Bibliothèque de théologie », 1957, p. 145-267, et surtout F. Taeger, *Charisma. Studien zur Geschichte des antiken Herrscherkultes*, I, Stuttgart, 1957, p. 171-440.

accepta ce privilège, parce qu'il était conféré rarement »
(Plutarque, *Moralia [De monarchia et democratia]*, 826 c) [11].
Si ce droit de cité peut être agréé par le roi macédonien, c'est
simplement du fait de son illustre précédent. L'arsenal des
honneurs usuels étant épuisé, la cité doit chercher parmi
ceux réservés aux dieux celui qui peut être digne du roi, son
éminent évergète. C'est par là que bien des cités glissent progressivement vers des honneurs cultuels.

Après la mort d'Alexandre, l'abolition de son culte a été
immédiate dans toutes les cités alliées au sein de la coalition
antimacédonienne lors de la guerre lamiaque, en Grèce
propre, ce qui témoigne de l'absence d'adhésion collective à
ces honneurs accordés au roi macédonien. Par la suite, les
manifestations de culte royal se concentrent d'abord sur la
dépouille d'Alexandre, détournée par Ptolémée vers Memphis, où la momie a été solennellement ensevelie ; le culte du
souverain défunt rejaillit en effet sur celui qui l'organise et
qui devient, aux yeux de tous, l'héritier le plus authentique
du Macédonien. Le tombeau est ensuite transféré à Alexandrie, où Ptolémée fait édifier, sur l'agora semble-t-il, le mau-
solée (*Sêma*). C'est sans doute sous l'influence des Lagides
que Rhodes organise alors, à son tour, un culte à Alexandre.

Après sa « libération » en 307/306, Athènes choisit d'accorder à Démétrios et à son père Antigone le Borgne des
honneurs exceptionnels, qui font d'eux les « dieux sauveurs » de la cité, dignes des mêmes honneurs que Dionysos
et Déméter. Ils deviennent dès lors les éponymes de deux
nouvelles tribus, Démétrias et Antigonis. Démétrios prend
pour modèle Dionysos, divinité protectrice des arts de la
paix comme de ceux de la guerre. Salué comme fils de
Poseidon et d'Aphrodite, il est encore davantage un dieu
qu'Alexandre, fils d'Olympias et de Zeus : « Lorsque Démétrios revint de Leucade et de Corcyre à Athènes, les Athéniens le reçurent non seulement avec de l'encens, des guir-
landes et des libations, mais aussi avec des hymnes
prosodiques et ithyphalliques, accompagnés de danses et de
chants », nous rapporte Démocharès, *Hist.* XXI (F. Jacoby,
FGrH, 75 F 2, et Athénée VI, 62, p. 253 B-D). « Prenant

---

11. Cité par Ph. Gauthier, *Les Cités grecques et leurs bienfaiteurs*,
Paris, De Boccard, 1985, p. 44.

place sur les roues de son char, ils dansaient en chantant qu'il était le seul vrai dieu, que *les autres dormaient ou étaient absents ou n'existaient pas,* mais que lui était issu de Poseidon et d'Aphrodite. Ils chantaient en plus qu'il était à la fois éminent pour sa beauté et universel dans sa bien-veillance. Alors, ils le suppliaient et lui offraient des prières. » On dit encore que Démétrios entreprit de résider sur l'acro-pole, le domaine des dieux, et poussa même l'impudence jusqu'à y établir son harem.

L'hymne de 291, cité par Douris de Samos (F. Jacoby, *FGrH*, 76 F 13, et Athénée VI, 63, p. 253 D-F), marque le transfert de sacralité qui s'opère des dieux traditionnels, impuissants à protéger la cité, aux dieux vivants que devien-nent les rois :

> Comme les dieux les plus grands et les mieux aimés, ils se présentent maintenant à notre cité. Car voici que l'occasion propice nous a amené ensemble Déméter et Démétrios. Elle vient pour accomplir les Mystères vénérables de Korè, lui, joyeux comme il convient au dieu, se manifeste et beau et souriant. Spectacle vénérable, tous ses amis sont en cercle et lui est au milieu, ses amis sont comme des astres et lui est semblable au Soleil. O Fils du tout-puissant Poseidon et d'Aphrodite, salut. *Car les autres dieux ou sont très éloignés ou n'ont pas d'oreilles ou n'existent pas ou ne font nullement attention à nous.* Mais toi, nous te voyons présent, tu n'es ni en bois ni en pierre mais réel, nous te prions donc : tout d'abord accorde-nous la Paix, ô très cher, car tu es le Seigneur...

Opportunistes certes, les Athéniens ont besoin de paix, de protection, d'un « salut » qui n'a rien de métaphysique, que seuls les chefs de guerre peuvent procurer. N'est-ce pas là le signe visible d'une faillite de la religion civique qui traduit la faillite politique de la cité ? Toutefois on aurait tort de ne voir aujourd'hui que flagornerie dans ce culte qui peut paraître excessif ; ce qui est frappant et qui permet de mesurer la réa-lité d'une véritable reconnaissance populaire à l'égard du souverain honoré, c'est la durée de survie des honneurs attri-bués du vivant du prince : ainsi, les Athéniens ont créé deux nouvelles tribus en l'honneur d'Antigone le Borgne et de son fils Démétrios Poliorcète, à la fin du IVe siècle ; celles-ci ont

survécu plus d'un siècle, et il faut attendre l'extrême fin du
IIIe siècle pour les voir disparaître au profit de celles du roi
Ptolémée et du roi Attale de Pergame, alors que rien n'empê-
chait les Athéniens, libérés des garnisons macédoniennes
en 281, de supprimer les tribus Antigonis et Démétrias dès
ce moment-là.

Les autres diadoques sont encore l'objet d'honneurs
cultuels analogues de la part des cités égéennes. Ptolémée
est proclamé *Sôter* par les Rhodiens. Plusieurs documents
attestent de cultes civiques offerts à Lysimaque (à Priène,
Samothrace, Cassandreia après 287), à Cassandre (fondateur
de Cassandreia), à Antigone le Borgne (à Skepsis en 311),
à Séleucos Ier (à Ilion, à Érythrées, à Colophon), à Antiochos Ier (dans les mêmes cités mais aussi à Téos), à Ptolémée Ier (à Rhodes et à Naxos), pour leur courage, leur piété,
leur dévouement, leur bienfaisance. Mais la première génération des rois ne se proclame pas dieux, réagissant, sans
doute, en vieux Macédoniens, à un geste si contraire à leur
tradition. Pourtant, un lent cheminement conduit vers l'établissement du culte du souverain vivant :

• Dans l'Égypte lagide, Ptolémée II commence par proclamer dieu son père défunt en 283 ; il crée alors en son
honneur les *Ptolemaia*, concours pentétériques, isolympiques (célébrés pour la première fois sans doute en 279/78,
mais plus tôt, en une occasion, à laquelle aurait participé la
délégation athénienne conduite par Kallias, dans le cadre
de cérémonies funèbres en l'honneur de Ptolémée Ier, avant
la reconnaissance officielle comme fêtes pentétériques) [12].
En 270, Ptolémée II divinise sa sœur-épouse Arsinoé II
Philadelphe, puis le roi vivant et sa femme défunte sont
vénérés comme les *Theoi Adelphoi*. Par la suite, Ptolémée III
et sa femme Bérénice sont qualifiés, de leur vivant, de *Theoi
Euergetai*, et, plus tard, Ptolémée IV et sa femme deviennent
les *Theoi Philopatores*.

• L'évolution vers un culte royal chez les Séleucides est
moins bien connue. Manquent, ici, le culte d'Alexandre lié à
son tombeau memphite puis alexandrin, et le culte pharaonique traditionnel. L'Empire séleucide est composé d'une
mosaïque de peuples, qui n'ont eu le plus souvent aucune

---

12. Ch. Habicht, *Class. Ant.,* 11 (1992), p. 70, n. 10.

royauté divine, si bien que le culte royal chez les Séleucides apparaît moins systématique et reste longtemps limité à des cultes plus ou moins spontanément rendus par les cités. De ces cultes locaux proviennent d'abord les épiclèses divines qui sont restées attachées aux souverains (*Nikatôr, Sôter, Théos, Épiphane*). Comme pour les Lagides, le deuxième roi, en l'occurrence Antiochos Ier, proclame dieu son père défunt, sous l'appellation de Séleucos *Nikatôr*, sa propre divinité n'étant connue que par des décrets de cités et non par des documents royaux officiels. Antiochos III, roi à partir de 223, impose alors à tout l'Empire un culte officiel de sa personne, de ses ancêtres et de la reine.

• Les Attalides reçurent aussi des honneurs divins de la part de nombreuses cités, mais ne se proclamèrent jamais dieux de leur vivant, se contentant de l'apothéose *post mortem*.

A l'exception du royaume de Pergame, il apparaît donc que la monarchie personnelle trouve, progressivement, dans le culte royal et la divinisation, des éléments de consolidation du droit dynastique et, en même temps, une solution partielle au problème des relations entre le pouvoir royal et les cités grecques. L'insertion de la divinité royale dans les cultes civiques fournit un nouveau fondement à ces relations. Le culte du souverain a également l'avantage de favoriser l'unité du royaume, dont tous les sujets sont invités à communier dans les mêmes célébrations en l'honneur de leur souverain. Il apparaît néanmoins que le culte des souverains atteint rapidement ses limites : parler d'Antiochos *Théos* indique bien qu'il n'est pas un dieu comme les autres, car on n'aurait jamais cru nécessaire de parler de Zeus *Théos*. Le roi est dieu, mais moins que les dieux. L'attitude religieuse authentique n'existe, semble-t-il, qu'à l'origine de ces cultes monarchiques ; ils se transforment rapidement en manifestations institutionnalisées de loyalisme. L'*évhémérisme* qui apparaît dans l'entourage de Cassandre avec son fondateur, originaire de Messène (ou de Messine ?), favorise aussi le culte des souverains : il distingue des dieux immortels, les astres, et des dieux terrestres, ceux de l'Olympe, qui ne seraient que d'anciens souverains divinisés. Pourquoi, dès lors, ne pas en ajouter de nouveaux, pris parmi les rois bienfaiteurs de l'époque même ? En rapprochant les dieux de l'homme, cette doctrine facilite le passage du roi vers l'état divin.

Le culte du souverain correspond globalement, on l'a vu, à une manifestation de reconnaissance envers le bienfaiteur, l'évergète, comme le montre bien, par exemple, le décret de Skepsis [13] en l'honneur d'Antigone le Borgne, en 311 : c'est à cause des grands bienfaits accordés à la cité et à tous les Grecs, c'est-à-dire de la liberté annoncée par Antigone pour les cités grecques dans la lettre adressée à la cité de Skepsis, que l'assemblée décide d'honorer le roi « en proportion de ses actes », en lui délimitant un *téménos,* en édifiant un autel, en érigeant une statue de culte et en célébrant, en son honneur, les concours et la panégyrie qui existaient auparavant. Mais lorsque les rois ne remplissent plus leur rôle de bienfaiteurs, l'évergétisme de riches particuliers prend le relais et devient le trait majeur dans la vie de nombreuses communautés antiques, à partir du IIe siècle avant J.-C.

Les hommes et les dieux

Le culte du souverain, qui contribue à la consolidation de la royauté personnelle dans les nouvelles monarchies de l'époque hellénistique, marque une étape dans les rapports entre les hommes et les dieux. Ce culte naît le plus souvent d'une manifestation de gratitude d'une cité ou d'une communauté envers un roi pour services rendus ; faut-il alors estimer qu'il traduit le déclin, voire la disparition, de la religion civique traditionnelle, au profit d'une sécularisation de la foi ? L'examen des cas concrets d'institution d'un culte royal révèle qu'il se développe toujours dans un contexte politique marqué par l'impuissance de la cité, de la communauté humaine, face à une situation donnée nouvelle qu'elle n'a plus les moyens de contrôler. La cité s'en remet alors au bon vouloir du prince temporairement dominant, qui peut lui assurer aide et protection, quitte à adopter un autre protecteur quand la situation internationale se transforme et que le premier se révèle inefficace.

13. *OGIS,* n° 6 ; B. Le Guen-Pollet, *La Vie religieuse dans le monde grec du Ve au IIIe siècle avant notre ère,* Toulouse, Presses universitaires du Mirail, 1991, n° 86, p. 233-237. Voir également Ch. Habicht, « Gottmenschentum und griechische Städte », *loc. cit.,* p. 42-44 et 138-242.

Mais, on l'a dit, ces souverains vénérés comme des dieux demeurent inférieurs aux dieux, même si les manifestations cultuelles dont ils sont honorés s'inspirent largement de celles qui étaient célébrées en l'honneur des dieux. Un exemple toutefois reste fort troublant, et n'a suscité que peu de commentaires. Il s'agit d'un passage où Plutarque, *Vie de Pyrrhos*, 3, évoque les dons thaumaturgiques du roi épirote et la conservation miraculeuse, après sa mort, du gros orteil avec lequel il guérissait les malades.

> Il passait pour guérir les maladies de la rate. Il sacrifiait à cette fin un coq blanc, puis faisait coucher les malades sur le dos et pressait doucement le viscère, de son pied droit. Il n'y avait personne de si pauvre, ni de si obscur, qui n'obtînt de lui cette médication, s'il l'en priait ; il acceptait le coq après l'avoir sacrifié, et ce présent lui était fort agréable. Le gros orteil de ce pied avait, dit-on, chez lui une vigueur divine, en sorte qu'après sa mort, quand le reste de son corps eut été consumé par le feu, ledit orteil resta intact : le feu ne l'avait pas touché [14] !

Le pouvoir thaumaturgique de Pyrrhos apparaît dans une monarchie qui, comme celle des Antigonides voisins, semble échapper au culte du souverain et garder le caractère d'un contrat unissant le souverain et son peuple. Toutefois ce roi a été tellement exceptionnel que ses contemporains lui ont reconnu un don qui le place très au-dessus du simple mortel, puisqu'il bénéficie du même pouvoir guérisseur qu'Asklépios. Marc Bloch fut l'un des seuls à relever ce précédent antique au pouvoir de guérisons miraculeuses des écrouelles attribué aux rois de France et d'Angleterre, à partir du XIIe siècle [15]. Ce qui nous intéresse spécifiquement ici, c'est que ce pouvoir thaumaturgique est reconnu à un *individu* en tant qu'il est roi, et non pas aux rois en général. C'est un

14. Plutarque, *Vies parallèles,* trad. de B. Latzarus, Paris, Classiques Garnier, 1950, t. 4, p. 415.

15. M. Bloch, *Les Rois thaumaturges*, rééd. Paris, Gallimard, coll. « Bibliothèque des Histoires », 1983, p. 59, n. 2. Après avoir noté que Pyrrhos ne partageait pas ce don avec les autres rois d'Épire, Marc Bloch avance l'hypothèse suivante : il s'agirait de « l'application propre à un individu particulièrement illustre, – mais non à toute une race, – de la croyance générale dans le caractère magique de la royauté ».

exemple unique dans l'Antiquité hellénistique ; il est intéressant qu'il se situe précisément dans une monarchie qualifiée,
un peu plus tôt, de modérée par Aristote ; le roi n'est pas
un dieu, mais il communie à certains dons que les dieux
possèdent et partagent exceptionnellement avec des héros.

Les divinités traditionnelles continuent à bénéficier d'un
culte réglé par l'usage et reçoivent fréquemment, dans le
courant du IIIe siècle, des honneurs nouveaux (fêtes nouvelles,
concours fondés au IIIe siècle ou promus au rang des concours
stéphanites). Certes, il y va souvent du prestige de telle cité
ou de telle fédération d'obtenir la reconnaissance internationale : c'est vrai pour les Étoliens et les *Sôteria* de Delphes
devenus isopythiques vers 245, pour les habitants de Magnésie du Méandre et les concours en l'honneur d'Artémis Leukophryénè qui obtiennent la même promotion dans la dernière décennie du siècle, ou pour les Épirotes et leurs Naïa
jusqu'alors concours fédéraux et devenus stéphanites dans
la première décennie du IIe siècle. Mais cette fierté collective
n'est pas nouvelle, elle existait tout autant à l'époque classique lorsque les Athéniens, les Lacédémoniens, les Thébains
rivalisaient dans l'édification de monuments, évocations
de leurs victoires militaires le long de la voie sacrée dans le
sanctuaire d'Apollon à Delphes, manifestations aux yeux de
tous de leur identité collective.

Le cas des oracles, à Dodone par exemple, nous permet
de mieux saisir, par le jeu du questionnement, l'individu seul
ou sa cellule familiale restreinte, car ce sont eux qui se mettent en relation avec Zeus Naïos et Dionè : on interroge
l'oracle sur ses affaires, son négoce, sa part de bateau (doit-
on la vendre ou poursuivre ses activités maritimes ?), sur sa
famille, sa descendance, la fidélité de sa compagne ; on prie
aussi le dieu de veiller sur la santé des siens.

Or on a beaucoup écrit sur le développement de cultes
nouveaux, de cultes à mystères notamment, susceptibles de
répondre plus exactement aux préoccupations métaphysiques
des Grecs de la période hellénistique, au risque de transposer
au IIIe siècle les interrogations d'un monde marqué par le
christianisme. Il est douteux que ces problèmes aient profondément troublé les Grecs du IIIe siècle avant J.-C. N'oublions
pas en outre la mise en garde de Jean-Pierre Vernant concernant les déformations que nous serions tentés d'apporter en

étudiant la spiritualité des Grecs : « Il n'y a pas d'introspection. Le sujet ne constitue pas un monde intérieur clos, dans lequel il doit pénétrer pour se retrouver ou plutôt se découvrir. Le sujet est extraverti [16]. » Ou encore, lorsqu'il s'agit du rapport entre le religieux et le social : « Dans ce type de religion l'individu n'occupe pas, en tant que tel, une place centrale. Il ne participe pas au culte à titre purement personnel, comme créature singulière en charge du salut de son âme. Il y joue le rôle que lui assigne son statut social [17]... » C'est dire que notre quête des identités individuelles, à travers la vie religieuse du IIIe siècle, est vouée à l'échec, si elle s'éloigne des cadres sociaux de l'identité dont nous avons précisé l'importance au début de ce chapitre.

Il reste que les cultes à mystères sont apparemment l'occasion d'établir entre l'individu et la divinité des liens particuliers. Les mystères des Grands Dieux de Samothrace connaissent un grand succès au IIIe siècle, dans l'île même, mais aussi à Délos. Faute de connaître les révélations faites aux initiés, on doit se contenter de la remarque de Diodore (V, 49, 6), selon lequel ceux-ci devenaient « plus pieux, plus justes et meilleurs » après leur initiation aux mystères des Grands Dieux. Les mystères d'Éleusis restent tout aussi difficiles à présenter, mais il semble que les initiés en retirent l'espoir d'un sort heureux après la mort.

Il est certain, par ailleurs, que la vie religieuse des Grecs est largement modifiée par l'arrivée de dieux étrangers, empruntés aux peuples colonisés depuis la conquête d'Alexandre. C'est là l'une des nombreuses conséquences de cette ouverture du monde grec à des régions qui étaient jusqu'alors demeurées assez éloignées. Rien qui puisse ressembler, de toute évidence, à la « pensée interrompue » dont parle Le Clézio, lorsqu'il décrit la destruction de l'ancien Mexique [18].

16. J.-P. Vernant, « L'individu dans la cité », in *L'Individu, la Mort, l'Amour. Soi-même et l'autre en Grèce ancienne*, Paris, Gallimard, coll. « Bibliothèque des Histoires », 1989, p. 225.

17. J.-P. Vernant, *Mythe et Religion en Grèce ancienne*, Paris, Éd. du Seuil, coll. « La Librairie du XXe siècle », 1990, p. 15.

18. J.-M.-G. Le Clézio, *Le Rêve mexicain ou la Pensée interrompue*, Paris, Gallimard, 1988.

Les Grecs et les Barbares

Avant la bataille de Platées, en 479, face à des envoyés de Sparte qui craignaient une entente d'Athènes avec les Perses, les Athéniens définissent en ces termes ce qui unit tous les Grecs, ce qui forme à leurs yeux l'identité grecque : « même sang et même langue, sanctuaires et sacrifices communs, semblables mœurs et coutumes ».

La confrontation avec d'autres cultures n'est donc pas, loin s'en faut, un phénomène nouveau pour les Grecs au IIIe siècle qui l'ont déjà connu en maintes occasions : dans le domaine colonial – en Gaule, en Grande-Grèce et en Sicile, en Thrace, dans le Pont, en Asie Mineure, en Cyrénaïque – et à la périphérie de la Grèce propre, avec la difficulté de fixer une frontière précise entre Grecs et Barbares.

Au ve siècle Thucydide, au milieu du IVe siècle le Pseudo-Scylax, considéraient que la Grèce commençait à l'ouest à Ambracie pour se terminer à l'est dans les gorges du Tempé, laissant hors du monde grec l'Acarnanie, l'Épire, la Macédoine et le nord de la Thessalie ; au-delà, on avait affaire à des Barbares, qui ne parlaient pas grec, si l'on en croit Thucydide (II, 68, 5) pour les habitants de l'Amphilochie, à l'exception de ceux d'Argos d'Amphilochie qui avaient emprunté la langue grecque aux Ambraciotes. Le même Thucydide (III, 94, 5) voulait que les Étoliens parlent une langue à peu près inintelligible et mangent leurs aliments crus. Si l'on s'en tient à l'aspect linguistique, il faut bien dire que tous les documents écrits, essentiellement les inscriptions, montrent que la langue grecque, sous forme du dialecte du Nord-Ouest, est utilisée aussi haut qu'on puisse remonter, par exemple dans les premiers décrets gravés à Dodone et datés du règne de Néoptolème Ier, fils d'Alkétas (370-368).

Est-ce une langue officielle adoptée pour les actes administratifs, qui se surimposerait à une langue populaire différente ? Strabon (VII, 7, 8 c326) évoque des cas de bilinguisme dans ces régions du Nord-Ouest : « Il y a même des gens, écrit-il, qui appliquent le nom de Macédoine à la totalité du pays jusqu'à Corcyre. Ils se fondent sur les ressemblances qui existent entre les peuples de cette région dans la façon de couper leurs cheveux, la langue qu'ils utilisent, le port du manteau de grosse laine ainsi que d'autres usages de ce genre ; certains même sont bilingues (*diglôttoi*). » Ce bilinguisme ne saurait désigner une langue macédonienne et une langue épirote ; Strabon vient de dire que, de part et d'autre du Pinde, la langue utilisée est la même ; Tite-Live (31, 29, 15), à la suite de Polybe (IX, 37, 7), affirme qu'« Étoliens, Acarnaniens, Macédoniens sont hommes de même langue ». Peu avant le passage cité, Strabon notait qu'« à ces peuples d'Épire sont venus se mêler ceux d'Illyrie ». C'est là que se situe le bilinguisme de populations parlant à la fois le grec, sous sa forme dialectale du Nord-Ouest, et la langue illyrienne. Polybe (XXVIII, 8, 9) confirme cette frontière linguistique, lorsque, durant la troisième guerre de Macédoine, le roi Persée envoie une ambassade auprès du roi Genthios à Scodra et doit lui adjoindre un interprète, Pleuratos, parce qu'il parle la langue illyrienne. Le même problème se pose, plus à l'est, avec les Dardaniens et les Thraces.

Les invitations lancées par les sanctuaires grecs à participer aux fêtes et concours témoignent elles aussi des progrès de l'extension du monde grec, notamment à travers les listes de théarodoques (c'est-à-dire d'hôtes accueillant dans les différents États visités les théores ou ambassadeurs religieux envoyés par les sanctuaires) : si, au IVe siècle, Macédoniens et Épirotes sont invités à Épidaure ou à Argos, il est intéressant de voir que, dans la grande liste des théarodoques de Delphes, Bylliones et Amantins eux-mêmes sont considérés comme grecs et invités à participer aux *Pythia,* dans le courant de la première moitié du IIe siècle. Les progrès de l'acculturation sont confirmés sur place par la construction d'un stade hors les murs à Amantia, et d'un théâtre à Byllis.

Mais le problème du bilinguisme dépasse de beaucoup ces confins du nord de la Grèce européenne. Il se pose sur toute l'étendue des conquêtes d'Alexandre comme déjà dans les régions touchées par la colonisation grecque, notamment la Grande-Grèce et la Sicile, marquées profondément par la pénétration de la langue et de la culture grecques. Chypre présente un cas original de cohabitation de populations phénicienne et grecque, sans que les clivages ethniques s'im-

posent dans les relations avec la Perse achéménide ou avec
les cités grecques, comme on l'a trop souvent écrit. Les 309
inscriptions incisées sur vases avant cuisson, qui ont été
publiées par T.B. Mitford[19], témoignent que, parmi les gens
de langue grecque, encore entre 225 et 218, l'écriture sylla-
bique chypriote continue à être utilisée (66 inscriptions), tout
en étant en recul face aux 243 textes écrits en grec alphabé-
tique (dans la *koinè*), comme si l'emploi de l'écriture sylla-
bique était un moyen d'affirmer le caractère propre de Chypre.

La question linguistique, la première qui se pose entre gens
de cultures différentes, est l'une des plus subtiles lorsqu'on
étudie le problème de l'acculturation. Le grec s'impose
comme langue de l'administration, des Grecs et Macédoniens établis dans tout le monde hellénistique ; face à elle,
les langues indigènes résistent, reculent, disparaissent même
ou survivent sous une forme orale. L'Égypte est la terre par
excellence où cette rencontre de deux moyens de communication peut être observée, non seulement dans la vie
publique, mais aussi dans la vie privée (mariages mixtes,
relations de voisinage ou de travail). Réciproquement, dans
certaines régions, la langue grecque peut faire des emprunts
aux langues indigènes. En Égypte, ce sont des conditions
climatiques particulières qui ont assuré la conservation des
papyrus, permettant ainsi de mesurer efficacement la place
du démotique dans la documentation recueillie ; ailleurs dans
le monde hellénistique, un climat plus humide a fait disparaître cette documentation en même temps que son support,
ce qui nous prive d'information sur l'emploi de langues indigènes, mais n'autorise pas à en nier l'existence, car certaines
réapparaîtront à date tardive (en Anatolie).

Le recours aux travaux des spécialistes de psychologie
sociale, notamment ceux qui s'intéressent aux interactions
entre individus[20], permet en outre de mesurer la complexité

19. T.B. Mitford, « The Nymphaeum of Kaphizin. The Inscribed Pot-
tery », *Kadmos,* Supplement II, 1980.
20. Par exemple le sociologue E. Goffman pour *La Mise en scène de
la vie quotidienne*, Paris, Éd. de Minuit, 1973 ; sur le bilinguisme plus
spécifiquement, voir l'étude de J. Fishman, in *Linguistique*, 1965, n° 2,
p. 67-88, citée par M. Dubuisson, « Le grec à Rome à l'époque de
Cicéron. Extension et qualité du bilinguisme », *Annales ESC*, janv.-février
1992, n° 1, p. 187-206.

du bilinguisme, relation mouvante qui se construit non seulement en fonction des individus – quels hommes, quels groupes sociaux parlent le grec ? – mais aussi en fonction de la relation linguistique – quel grec parle-t-on et dans quelles circonstances ? –, cette seconde question étant le plus souvent omise par les historiens, peut-être à cause des perspectives trop vastes qu'elle ouvre pour des sources somme toute assez lacunaires.

Les Juifs de la diaspora étaient, dès avant Alexandre, bilingues ou trilingues, ajoutant à la connaissance de la langue sacrée, l'hébreu, celle de leur langue quotidienne, l'araméen, et de la langue dominante, le grec ; on sait avec quelle violence, au cours de la révolte des Maccabées (à partir de 167), les milieux traditionalistes ont réagi à une hellénisation qui leur paraissait attenter à leur foi profonde, après les maladresses d'Antiochos IV. La diaspora mésopotamienne, moins bien connue, a dû vivre les mêmes déchirements entre l'araméen et le grec dans le royaume séleucide. Le problème s'est aussi posé pour les Perses dispersés dans l'empire d'Alexandre.

A l'inverse, le recul des langues indigènes au profit du seul grec dès avant Alexandre peut être observé à l'occasion : Christian Le Roy rappelle par exemple qu'au milieu du IVe siècle la stèle trilingue du *Létoon* comporte le texte original en lycien, langue de l'administration locale, un résumé en araméen, langue de la chancellerie achéménide, et une traduction grecque de l'original lycien. Cette dernière version est donnée dans la langue de la domination carienne que la dynastie des Hécatomnides a choisie comme langue de l'État. A partir de la conquête d'Alexandre, l'araméen disparaît, le lycien n'apparaît que très rarement, puis disparaît à son tour après la fin du IVe siècle [21].

A travers les phénomènes linguistiques qu'a entraînés la pénétration du grec dans les milieux indigènes, ce sont les modifications sociales, économiques, religieuses que l'historien voudrait atteindre. La conquête à la pointe de la lance place toutes les populations de l'ancien Empire achéménide en position de sujets, livrés par la victoire au bon plaisir

---

21. Ch. Le Roy, « La formation d'une société provinciale en Asie Mineure : l'exemple lycien », *Sociétés urbaines, Sociétés rurales dans l'Asie Mineure et la Syrie hellénistiques et romaines*, Strasbourg, AECR, 1987, p. 41-47.

du vainqueur et de ses compatriotes associés à l'œuvre de conquête. Cette situation ne change pas beaucoup le sort de la majeure partie des habitants, à l'exception notable, tout de même, des Perses, qui, de peuple dominant, se transforment en peuple conquis. Ce n'était, certes, pas le projet d'Alexandre qui avait conçu un empire codirigé par les Macédoniens et les Iraniens associés, mais les Séleucides, après Antiochos Ier, n'ont pas gardé cette conception et ont ramené les Perses au rang de peuple vaincu, comme leurs anciens sujets. Polybe (XXIX, 21, 4) attribue ainsi à Démétrios de Phalère, au début du IIIe siècle, la remarque suivante : « Qui eût cru il y a cinquante ans que la nation perse, à laquelle presque toute la terre était soumise, perdrait jusqu'à son nom ? »

La maîtrise de la langue grecque, qui est celle du vainqueur, donne inévitablement aux colons grecs et macédoniens une supériorité considérable sur les populations conquises. Naturellement, on aurait tort de simplifier jusqu'à la caricature cette frontière entre les deux sociétés : il est des exemples de « petits colons » malchanceux dont la situation se rapproche rapidement de celle des indigènes ; il suffit de citer à titre d'exemple le cas d'Hégésarchos et de ses deux fils Théopompe et Nicodème, « tous trois Macédoniens de la descendance », qui concluent en 256 avec Zénon un contrat de bail léonin. Cinq ans plus tard, une plainte de Zénon vise Théopompe, fils d'Hégésarchos, à propos des arriérés de fermage considérables que le père et les fils lui doivent ; la procédure d'exécution est celle des créances royales, Théopompe, incapable de payer, risque l'esclavage pour dettes ; bien que macédonien, il peut connaître un sort pire que celui du fellah égyptien.

Cela dit, par la communauté de langue, de religion, de mode de vie et de pensée, par l'éducation et le gymnase, les nouveaux venus sont proches de l'administration royale et tissent des liens de voisinage ou de parenté avec les détenteurs de la culture grecque. L'indigène opte alors pour une des quatre attitudes définies par Georges Balandier, à la suite de ses recherches sur les dynamiques sociales dans les sociétés africaines à l'époque coloniale [22] :

22. Je me réfère ici à un article de G. Balandier paru dans les *Cahiers internationaux de sociologie*, 12 (1952), et repris dans *Sens et Puissance*, Paris, PUF, coll. « Bibliothèque de sociologie contemporaine », 1971,

• L'acceptation active le conduit à une collaboration avec les détenteurs gréco-macédoniens du pouvoir. Il veut se faire grec, au point de renier sa propre culture pour adopter celle du vainqueur, d'apprendre la langue du conquérant, de se fondre dans son mode de vie, de prendre un nom grec. Encore faut-il que les dominants l'assimilent sans lui faire sentir durablement son origine différente, avec toutes les humiliations que cette attitude peut engendrer.

• L'acceptation passive est certainement l'attitude la plus courante. L'indigène passe alors d'une dépendance ancienne à une dépendance nouvelle sans bouleversement de ses horizons. Paysans royaux à l'époque des rois achéménides, les habitants de la terre royale changent de maîtres à l'avènement des rois séleucides, mais leur sort n'est guère modifié ; ils restent liés à la communauté villageoise et à la terre qui lui est indissolublement associée. Cette attitude ne peut évoluer que si les conditions de la dépendance sont gravement altérées par le changement de maîtres ; l'accroissement de la population dans les campagnes égyptiennes, à la suite de la conquête d'Alexandre, provoque quant à elle une aggravation de la condition paysanne, un alourdissement des charges et des redevances dans les baux, pouvant conduire à la révolte.

• Face aux difficultés nouvelles nées de la colonisation, par exemple les corvées ou les redevances en nature et en argent, l'indigène peut réagir par une réduction de sa participation, qui est limitée à l'effort minimal et, au besoin, par la fuite ou la grève. C'est une attitude d'opposition passive. Les textes papyrologiques nous font connaître néanmoins des évolutions vers l'affrontement ouvert, en particulier au moment de la moisson, lorsque tout retard peut provoquer la perte de la récolte.

• L'opposition active enfin, attitude de résistance et de rébellion, peut se traduire par des attaques à main armée contre des représentants de l'autorité coloniale, mais aussi par un rejet complet de la culture nouvelle et une réhabilitation

---

p. 151 *sq.* Sur ce sujet, lire également Éd. Will, « Pour une "Anthropologie coloniale" du monde hellénistique », in J.W. Eadie et J. Ober (éd.), *The Craft of the Ancient Historian : Essays in Honor of C.G. Starr*, Londres, Lanham Md., 1985, p. 273-301.

de la culture indigène. On pense, notamment, au rigorisme judaïque opposé à l'hellénisation, spécialement lors de la tentative séleucide d'assimilation des habitants de Jérusalem.

Les exemples de ces différentes attitudes des indigènes en face de la conquête gréco-macédonienne ne manquent pas. Ils varient en fonction du degré de structuration des différents groupes ethniques constituant le monde indigène. Le monothéisme judaïque est, sans doute, le ciment le plus solide d'un *ethnos* original, et, pourtant, même dans cette communauté, certains ne restent pas insensibles aux avantages d'une collaboration active avec le conquérant : ainsi Toubias, gouverneur de l'Ammanitide, dans le royaume lagide mais au-delà du Jourdain, appartient à une famille aristocratique connue depuis le retour de l'exil à Babylone jusqu'à la guerre des Maccabées ; il est en relation épistolaire avec Apollonios, diœcète sous le règne de Ptolémée II, et n'hésite pas à rendre grâce « aux dieux », ni à offrir au ministre lagide de jeunes esclaves circoncis, donc probablement israélites. Philhellène, Toubias essaie de concilier judaïsme et hellénisme.

On sait aussi, inversement, combien la religion égyptienne est capable de l'emporter sur les cultes civiques grecs ; au bout de trois ou quatre générations, les petits colons vivant au milieu des populations indigènes sont à la recherche de leur identité culturelle ; ils prennent femme parmi les indigènes, finissent par adopter des noms mixtes et fréquentent les temples égyptiens. Une fusion se réalise progressivement, plutôt au IIe siècle qu'au siècle précédent et autour d'un mode de vie égyptien. Lors de la conquête romaine, le nouveau maître ne distingue plus Égyptiens et Gréco-Macédoniens, mais seulement habitants des cités, notamment les Alexandrins, et indigènes qui sont tout à la fois les descendants des colons et ceux des fellahs.

Sur ce point, le culte de Sarapis mérite de retenir l'attention, car il est souvent représenté comme une création des premiers rois lagides désireux d'instaurer un culte commun réunissant Grecs et Égyptiens dans une même communauté de prières. Rien, en réalité, n'indique chez les premiers Ptolémées un désir de fusion ethnique entre Gréco-Macédoniens et indigènes, si bien qu'il faut sans doute chercher d'autres finalités dans l'organisation de ce culte. L'interdiction des mariages mixtes, dans les trois grandes cités de l'Égypte lagide, montre bien en effet le refus de toute fusion ethnique.

On s'interroge aujourd'hui sur la chronologie de l'apparition de ce dieu. Est-il introduit à Alexandrie par Ptolémée Ier ou par son fils, Ptolémée Philadelphe ? Existait-il antérieurement ? Françoise Dunand résume en ces termes les théories récentes : « Le dieu qui apparaît sous ce nom, dans les papyrus et les inscriptions d'Égypte, dès le début du IIIe siècle a. C., n'est pas à proprement parler une "création". En fait, une vieille divinité memphite, déjà connue des Grecs installés dans la région, reçoit à cette époque une image nouvelle, purement grecque, et un nom nouveau, forme hellénisée de son nom égyptien [23]. » Identifié comme le Pluton grec, il est représenté sous les traits d'un vieillard barbu, assis, parfois avec Cerbère à ses pieds. Le culte de Sarapis est tout de suite un culte officiel, pris en charge par l'État. Dieu des morts, il est en quelque sorte un double d'Osiris, dieu des morts traditionnel en Égypte ; c'est aussi le dieu de la fertilité agraire. S'y ajoute surtout une fonction de dieu guérisseur, au même titre qu'Asklépios en Grèce. Rapproché d'Isis, Sarapis forme avec elle un couple divin protecteur des couples de souverains lagides. Sarapis est avant tout le dieu dynastique, garant du pouvoir lagide, en même temps que la divinité poliade de la nouvelle Alexandrie. Durant la période hellénistique, il demeure surtout répandu en milieu grec dans les villes d'Alexandrie, de Canope, de Philadelphie au Fayoum. Le monde indigène, quant à lui, reste fidèle à son panthéon traditionnel.

Les rois lagides veillent, d'ailleurs, à favoriser la vie religieuse des Égyptiens, comme le montre la fondation du temple d'Horus à Edfou, appelée aussi Apollinopolis (du fait de l'identification faite par les Grecs entre Horus et Apollon), durant le règne de Ptolémée III Évergète en 237. Dès Ptolémée II, des travaux sont entrepris à Philae en l'honneur d'Isis ; ils se poursuivent jusqu'à Hadrien. A côté des grands sanctuaires, toute la campagne égyptienne est parsemée de petits lieux de culte. En outre, la ville neuve de Philadelphie, au Fayoum, fait une place notable aux divinités grecques ou hellénisées – Sarapis, les Dioscures, les dieux

---

23. Fr. Dunand et Ch. Zivie-Coche, *Dieux et Hommes en Égypte*, Paris, Armand Colin, 1991, p. 215.

de Samothrace, Déméter et la reine Arsinoé Philadelphe –, les dieux égyptiens étant aussi représentés : Isis, la déesse hippopotame Touéris, Poremanrès (le roi Amenemhat III qui a mis le Fayoum en culture au Moyen Empire).

Au IIIe siècle avant Jésus-Christ, chaque communauté célèbre donc, en Égypte, ses propres fêtes, même si les unes et les autres peuvent converger vers un même but : la glorification de la famille royale. Ainsi, les *Ptolemaia*, panégyrie et concours isolympiques, célébrés en l'honneur de Ptolémée Sôter, après sa mort, réunissent les Gréco-Macédoniens dans une fête très semblable à celles d'Olympie ou d'un autre grand sanctuaire de Grèce propre. Si les Égyptiens sont tenus à l'écart d'une fête dont la pompe leur resterait étrangère, ils sont, en revanche, invités à participer à celle organisée par le clergé égyptien en l'honneur de Bérénice, fille de Ptolémée III, morte jeune ; c'est le décret de Canope, en 238, qui règle les cérémonies : « Il a paru convenable de rendre à la reine Bérénice, née des dieux Évergètes, des honneurs éternels dans tous les temples du pays. » Les deux communautés vivent côte à côte, sans la moindre fusion, tout comme les Juifs d'Alexandrie, de leur côté, s'isolent dans leur monothéisme. Il faut attendre la fin du IIIe siècle pour observer des changements notables, en particulier dans les campagnes où l'élément indigène l'emporte sur le descendant de petits colons, qui vit difficilement dans un environnement où la culture grecque est peu représentée.

Le monde hellénisé s'est étendu de façon extraordinaire grâce à l'action d'Alexandre, mais ce nouvel ensemble n'aboutit pas, en un siècle, à la naissance d'un monde nouveau, produit de la fusion de tous les éléments réunis. Les Gréco-Macédoniens ont jalousement conservé leurs privilèges de vainqueurs, de conquérants, et n'ont pas cherché à assimiler tout ou partie des peuples soumis. Certes, l'usage de la langue grecque s'est propagé dans tout l'Empire, comme langue officielle, administrative ; il a poussé une petite partie de la population allogène à apprendre la langue des dominants, pour éviter une exploitation excessive ; mais, dans de nombreux cas, l'élément indigène paraît avoir été assez imperméable à la pénétration de la culture grecque, comme du panthéon des Hellènes. C'est le pouvoir royal qui a maintenu l'unité dans chaque royaume, renforcé, surtout dans les domaines conquis à la pointe de la lance (Égypte, ancien royaume achéménide), par le développement du culte du souverain ; le besoin de protection, la reconnaissance envers des évergètes au pouvoir absolu ont encouragé la propagation de ce culte nouveau. Mais l'unité ainsi réalisée risque d'être fragile, lorsque la défaite militaire, l'échec diplomatique vont battre en brèche la confiance dans le souverain ; les particularismes locaux, les cultures indigènes sont prêts à resurgir, en attendant une homogénéisation beaucoup plus vigoureuse imposée par le conquérant romain.

3

L'invention du monde ?

Avec l'expédition d'Alexandre et l'installation de colons grecs et macédoniens dans des régions auparavant étrangères aux Grecs, les limites du monde connu sont portées assez loin pour qu'on assiste, en l'espace d'une génération, au doublement de la surface de la terre habitée (*oikoumènè*) et à un accroissement sensible de la durée des voyages. En l'absence d'un État grec unitaire en Méditerranée occidentale, toutefois, les explorations de l'Extrême-Occident, notamment celle du Marseillais Pythéas au IVe siècle, qui atteint l'Irlande, les Hébrides, les Orcades et enfin Thulé, demeurent isolées et ne s'intègrent pas dans une représentation unifiée des confins occidentaux. Mais qu'en est-il pour les compagnons d'Alexandre et ceux qui leur succédèrent : Mégasthénès, envoyé par Séleucos dans la plaine gangétique, ou les explorateurs de la mer Rouge et de l'intérieur de l'Afrique durant le règne de Ptolémée II ? Plus largement, l'essor des grands royaumes hellénistiques et l'intensification des échanges, qui se traduisent par une meilleure maîtrise de l'espace conquis, donnent-ils naissance pour autant à une vision globale du monde connu, où l'exotique et le déjà-vu trouvent chacun leur place* ?

* En réaction à une conception souvent trop « intégratrice » de la conquête d'Alexandre, je me suis demandé si l'accroissement notable des déplacements au IIIe siècle devait être lu à travers un modèle globalisant et homogène, comme le proposent certains auteurs, qui évoquent aussi l'existence d'une forme de « tourisme » à l'époque hellénistique. Le titre de ce chapitre renvoie à *L'Invention du monde* (Paris, Éd. du Seuil, 1993), où le romancier Olivier Rolin fait le récit d'une journée de la planète, modèle achevé de l'unification de l'espace connu.

Les nouveaux repères du monde connu

Depuis Anaximandre de Milet, au VIe siècle, la terre était conçue comme un cylindre, une colonne de pierre disposée en équilibre au centre de la sphère céleste ; en un sens, Anaximandre est donc à l'origine des cartes géographiques, par cette première tentative de modélisation de l'espace terrestre, même s'il ne manifeste pas à proprement parler de préoccupations utilitaires, et se contente de reporter simplement sur un support matériel les noms de sites connus par les récits de l'épopée ou par des voyageurs. Après lui, Hécatée de Milet est beaucoup plus soucieux d'une description expérimentale du monde connu, notamment grâce aux navigateurs. Au siècle suivant, Hérodote ironise quant à lui sur ces représentations du monde : « Je ris, quand je vois que beaucoup déjà ont dessiné des images d'ensemble de la terre, sans qu'aucun en ait donné un commentaire raisonnable ; ils représentent l'océan enveloppant de son cours la terre, qui serait toute ronde comme si elle était faite au tour, et s'imaginent l'Asie égale à l'Europe » (IV, 36). Hérodote renonce dès lors aux représentations géométriques trop parfaites de la terre, pour s'en tenir à une description directe reposant sur les observations de l'historien ; il aboutit à établir des listes de noms de localités, de pays, sans pouvoir mesurer avec précision les distances qui les séparent et la position relative des uns par rapport aux autres.

Autre étape importante de l'exploration du monde, le *Périple d'Hannon* peut correspondre à un véritable voyage effectué par un Carthaginois à une date que Jehan Desanges hésite à placer entre la fin du VIIe ou le VIe siècle d'une part et le IVe siècle d'autre part[1] ; le texte rédigé plus tard est nourri, sans doute, de l'expérience punique, mais aussi des représentations grecques d'un univers fantastique qui terrorise le voyageur comme le lecteur.

A Athènes, après l'historien Thucydide, qui décrit avec

---

1. J. Desanges, *Recherches sur l'activité des Méditerranéens aux confins de l'Afrique*, « Collection de l'École française de Rome », 39, École française de Rome, 1978 (diffusion De Boccard).

précision les étapes de la guerre du Péloponnèse sans représentation figurée sous forme de carte des régions touchées par le conflit, c'est à l'Académie, dans l'entourage de Platon, qu'Eudoxe de Cnide, son disciple, parvient à donner la latitude de certaines cités grâce à des observations astronomiques. Il définit le monde habité, l'*oikoumènè*, comme un domaine de forme oblongue, dont la longueur est le double de la largeur ; Delphes perd alors son rôle de centre du monde. Dans les *Météorologiques*, 362b, Aristote adopte une description voisine : « La zone habitée est beaucoup plus longue que large. En effet, la ligne qui va des Colonnes d'Hercule à l'Inde est plus longue dans le rapport de cinq à trois que celle qui s'étend de l'Éthiopie au Palus Méotide et aux régions extrêmes de la Scythie. » Ce monde habité est entouré par la mer.

L'expédition d'Alexandre et l'École d'Alexandrie vont conduire à de grands progrès dans la représentation du monde. « Entre la carte évoquée par Aristote dans les *Météorologiques* et la carte d'Ératosthène, il y a une révolution plus qu'une évolution tant la nature comme la finalité de cet objet ont changé », estime en effet Christian Jacob [2]. Après Ératosthène, les progrès se poursuivent à Alexandrie jusqu'à Claude Ptolémée, au IIe siècle de notre ère ; les résultats de la géographie alexandrine nous sont rapportés par Strabon, dans sa *Géographie*, à l'époque d'Auguste. Dès l'époque d'Ératosthène, la géographie devient une science précise fondée sur l'astronomie et la géométrie euclidienne, et, à partir de lui, chaque géographe s'efforce de rectifier, d'améliorer les résultats cartographiques de ses prédécesseurs. Pour s'en tenir, ici, à la représentation de la terre habitée, on peut emprunter à Strabon la description de la carte d'Ératosthène qui l'oriente suivant deux axes principaux :

> Dans le troisième livre de sa *Géographie*, Ératosthène établit la carte de l'*oikoumènè*. Il la divise en deux de l'occident au levant par une ligne parallèle à la ligne de l'équateur. Comme termes, il lui assigne en occident les Colonnes d'Héraklès et au levant, les caps et les dernières hauteurs des montagnes qui délimitent le côté septentrional de l'Inde. Et

---

2. Ch. Jacob, *Géographie et Ethnographie en Grèce ancienne,* Paris, Armand Colin, coll. « Cursus », 1991, p. 105.

il trace cette ligne depuis les Colonnes, par le détroit de
Sicile, les caps méridionaux du Péloponnèse et de l'Attique,
jusqu'à Rhodes et au golfe d'Issos. Jusque-là, explique-t-il,
ladite ligne traverse la mer et les terres qui la bordent (notre
mer s'allonge en effet sur toute sa longueur jusqu'à la Cilicie), puis à peu près en ligne droite, elle longe la totalité de
la chaîne montagneuse du Taurus jusqu'à l'Inde. En effet, le
Taurus s'étend en ligne droite dans le prolongement de
la mer depuis les Colonnes et il sépare en deux l'Asie entière
dans le sens de la longueur, déterminant en celle-ci une
région nord et une région sud : de sorte que l'on peut
pareillement le placer, lui aussi, sur le parallèle d'Athènes,
tout comme la mer qui s'allonge depuis les Colonnes jusque-
là [Strabon, II, 1, 1, c. 67-68].

L'autre axe, orienté Nord-Sud, est un méridien longeant le
Nil de Méroé à Alexandrie, traversant la mer pour gagner
Rhodes, puis suivant la côte d'Asie Mineure, les détroits de
l'Hellespont et du Bosphore, avant de se confondre avec le
cours du Borysthène.

La terre habitée s'est donc agrandie jusqu'au nord des îles
Britanniques (notamment, à l'époque d'Alexandre, grâce au
voyage du Marseillais Pythéas qui est allé jusqu'au cercle
polaire, à Thulé, sans doute une des îles Féroé ou l'Islande)
et, d'autre part, jusqu'à la Corne de l'Afrique, le pays de la
cannelle, au débouché méridional de la mer Rouge, puis de
là jusqu'à Ceylan.

L'observation faite par les géographes ne débouche pas
seulement sur une modélisation, fondée sur l'astronomie ou
la géométrie ; elle touche aussi largement à l'ethnologie :
comment vivent les habitants de telle région lointaine, si
différente des paysages méditerranéens ? Quelle est leur
organisation, dans la vie familiale, villageoise ou étatique ?
Si Xénophon, dans *L'Anabase*, fournissait déjà bien des
observations sur le mode de vie des populations des montagnes d'Arménie, les récits de la conquête d'Alexandre
devaient également être riches de nouvelles descriptions,
malheureusement aujourd'hui perdues ; Polybe, lui-même,
n'hésite pas à interrompre le récit des événements militaires,
par exemple entre Rhodiens et Byzantins, pour introduire un
long excursus géographique consacré à la topographie de la
région, à ses productions, au réseau hydrographique et aux

courants du Pont-Euxin (IV, 38-44) ; antérieurement, le *Périple* du Pseudo-Scylax abondait en remarques sur le mode de vie des habitants des régions décrites : il notait ainsi, pour chaque *ethnos* de la Grèce du Nord-Ouest, que ses habitants vivent dans des villages non fortifiés.

Toutefois, l'imaginaire des marges, qui peuple les espaces laissés vides sur les premières cartes, s'organise encore selon les règles des contraires, ou par amplification des normes du monde connu. Toute zone de confins évoque en effet le danger de l'interférence du divin, de l'humain et de l'animal[3] : dans la première moitié du IIIe siècle, Apollonios de Rhodes, le disciple de Callimaque et conservateur en chef de la Bibliothèque d'Alexandrie, décrit ainsi, dans ses *Argonautiques*, les Hyperboréens qui vivraient à l'extrême Nord, au-delà de la route de l'ambre[4] ; à la même époque circulent encore les descriptions de ces hommes (*skiapodes*) dont les pieds sont si grands qu'ils peuvent leur servir de parasols. Les explorations ou les travaux des géographes ne suppriment donc pas les fantasmes sur les frontières du monde connu, et, même dans les descriptions des terres parcourues effectivement par les voyageurs, l'imaginaire se mêle souvent à l'enquête scientifique.

Dès lors, comme l'a expliqué l'historien des sciences Geoffrey Lloyd, mettant en pièces, après d'autres, la prétendue « mentalité prélogique » de Lévy-Bruhl[5], il convient d'examiner les contextes de discours et de communication où apparaissent ces descriptions imaginaires, afin de ne pas tenir les propos apparemment absurdes pour de simples scories d'un discours fondé scientifiquement. En effet, à la suite de Platon, nombreux sont les auteurs qui revendiquent l'aptitude du métaphorique, de l'imagé, du mythique à rendre

3. A ce propos, et notamment sur la genèse de la répulsion inspirée par le rivage, il faut lire A. Corbin, *Le Territoire du vide. L'Occident et le désir du rivage, 1750-1840*, Paris, Aubier, 1988, chap. 1.
4. Sur Apollonios de Rhodes et ses *Argonautiques*, on peut se reporter au chap. 13 de P. Green, *Alexander to Actium. The Historical Evolution of the hellenistic Age*, University of California Press, 1990, p. 201-215.
5. G.E.R. Lloyd, *Pour en finir avec les mentalités*, Paris, La Découverte, 1993, qui a été mal accueilli en France, notamment en raison de la traduction malheureuse et provocatrice du titre anglais *Demystifying Mentalities*, et qui contient de remarquables développements sur la diversité des modes de raisonnement au sein des sociétés antiques.

compte de certaines réalités. Chemin faisant, Lloyd rappelle l'historicité de l'opposition entre _mythos_ et _logos_ : à l'origine, _mythos_ signifie simplement une histoire ou un récit, puis il prend une connotation péjorative, et devient un synonyme de « fiction ». C'est de cette façon, en revendiquant pour soi-même le statut de discours rationnel – _logos_ – et en rejetant sur les autres la responsabilité d'un discours irrationnel – _mythos_ – qu'Hérodote prit d'abord ses distances avec les premiers conteurs, notamment Hécatée, puis Thucydide par rapport à Hécatée ou Hérodote, et ainsi de suite. Aussi, lorsque Polybe (IV, 42, 7) semble méfiant à l'égard « des histoires et des fables que racontent les marchands », discréditant de la sorte les représentations du monde de certains de ses contemporains, ce n'est pas affaire de plus grande rigueur ou de moindre naïveté, mais une question de légitimité, ce que Lloyd appelle un « nouveau style de rationalité ». Pour la géographie, comme pour la plupart des progrès méthodologiques et conceptuels, ces enquêtes de style nouveau, que nous appellerions plus scientifiques, ne sont pas tant les produits d'une analyse logique neutre que d'une polémique, souvent violente, entre les tenants de différents modes de discours et de raisonnement.

Le goût du voyage

Les déplacements de Grecs, de cité en cité, d'île en île, ne sont pas une nouveauté à l'époque hellénistique. Les activités économiques des populations imposent certains de ces déplacements : les pasteurs transhumants des _ethnè_ de Grèce du Nord parcourent ainsi, chaque année, avec leurs troupeaux une centaine de kilomètres, au printemps pour gagner les pâturages d'été et, en sens inverse, à l'automne pour retrouver les lieux d'hivernage ; c'est le cas aussi des commerçants, des navigateurs qui vont vendre des marchandises au loin et en rapporter d'autres vers leur port de départ. Les plaidoyers de Démosthène témoignent par exemple des chicanes que provoquent ces activités maritimes.

Le fait nouveau, à l'époque hellénistique, c'est l'extension de l'_oikouménè_. Beaucoup de jeunes Macédoniens en effet,

contemporains d'Alexandre, sont allés avec lui jusqu'aux
rives de l'Indus. Nombreux sont les Grecs et les Macédoniens qui se sont installés ensuite, de gré ou de force, dans
les villes nouvelles que le Conquérant a fondées. A la génération suivante, les royaumes lagide et séleucide cherchent
à attirer des colons nouveaux pour contribuer à l'exploitation
du pays et consolider la mainmise du souverain sur les populations indigènes.

Les papyrus de Zénon fournissent, au milieu du IIIe siècle,
de multiples informations sur ces déplacements à longue
distance. Ainsi, son père Agréophon est venu en 253 de Caunos, en Carie, pour le voir à Philadelphie, dans le Fayoum ;
une lettre d'Alexandrie prévient Zénon du bon retour de son
père :

> Démétrios à Zénon, salut ! Sache que ton père et Akrisios
> sont arrivés chez eux en bonne santé. Car des gens de
> Rhodes en séjour ici nous ont annoncé que le navire de
> Timocratès était à Rhodes [au moment de leur départ] et ren-
> trait tout juste de Caunos. Quand ils ont pris le large, ils ont
> laissé ici les coussins et les oreillers de peau, en demandant
> à Kimon de les réexpédier à Caunos. Il lui est pour le
> moment impossible de les envoyer mais il le fera au plus
> vite, dès que le beau temps sera revenu. Voici pourquoi le
> nauclère n'a pas voulu les monter à bord : il n'arrivait pas à
> leur faire passer la douane, alors qu'il était déjà en retard de
> plusieurs jours pendant que le bateau était à l'ancre en mer [6].

Ce voyage s'est déroulé durant la mauvaise saison,
puisque la lettre est endossée le 2 janvier 252 ; à part les difficultés des douanes, qui ont privé les voyageurs du matériel
de literie, la traversée sur un bateau rhodien a été bonne. Ce
n'est pas toujours le cas : une autre lettre montre que des
voyageurs partis d'Alexandrie à destination du port d'Arsinoé, en Cilicie, ont touché terre à Patara, à trois cents kilomètres plus à l'ouest : « Sôsipatros à Antimène, salut ! [...]
Ariston et ma sœur viennent d'arriver. [...] Sache qu'ils ont
été repoussés par les orages jusqu'à Patara ; là ils [ont loué]

---

6. Lettre citée par Cl. Orrieux, *Les Papyrus de Zénon. L'horizon d'un
Grec en Égypte au IIIe siècle av. J.-C.*, Paris, Macula,1983, p. 56, d'après
Greek Papyri in the British Museum, VII, *The Zenon Archive*,
éd. T.C. Skeat, Londres, 1974, n° 1975.

une barque et longé la côte pour nous rejoindre à Arsinoé.
Le prix de la traversée a été payé, soit 35 drachmes[7]. » De
telles aventures ne sont pas exceptionnelles : Plutarque, *Vie
d'Aratos*, 12, fait le récit de la traversée épouvantable d'Aratos, désireux de rendre visite à Ptolémée II à l'automne 250 :

> Il s'embarqua au port de Méthoné, au-dessus de Malée, pen-
> sant aller d'une seule traite à sa destination. Mais il s'éleva
> un grand vent ; la mer grossit et vint battre le vaisseau, ce qui
> força le pilote à se détourner de sa route. On atteignit avec
> peine Adria[8], ville ennemie au pouvoir d'Antigone [Gona-
> tas], qui y tenait garnison. Aratos se hâta de débarquer ; puis,
> abandonnant son vaisseau, il se retira loin de la mer, n'ayant
> avec lui qu'un seul de ses amis, Timanthe. Ils se jetèrent dans
> un lieu très boisé, où ils passèrent une nuit pénible. Peu après,
> le commandant de la place survint ; mais, en cherchant Ara-
> tos, il se laissa duper par les serviteurs du grand homme, dont
> la consigne était de dire qu'à peine échappé il avait fait voile
> pour l'Eubée. Cependant, le commandant déclara de bonne
> prise les bagages, le bâtiment et les esclaves, et saisit le tout.
> Peu de jours après, Aratos, dans l'embarras où il se trouvait,
> eut une chance : un vaisseau romain prit terre à l'endroit où il
> passait son temps tantôt à rester aux aguets, tantôt à se cacher.
> Le vaisseau voguait vers la Syrie, et il s'y embarqua, après
> avoir décidé le pilote à le transporter en Carie. Il courut dans
> cette nouvelle traversée des dangers égaux à ceux de la pre-
> mière. De Carie, il mit longtemps pour arriver en Égypte[9].

Aux tempêtes et aux intempéries s'ajoute encore un danger
supplémentaire qui accroît les risques de toute navigation :
la piraterie[10], prospère au IIIe siècle, sans qu'on puisse attri-

7. Cl. Orrieux, *ibid.*, p. 55, d'après *Zenon Papyri in the University of
Michigan Collection*, éd. C.C. Edgar, Ann Arbor, 1931, 10.
8. Il s'agit en fait d'Andros, comme le fait remarquer à juste titre
F.W. Walbank, *Aratos of Sicyon*, Cambridge, Cambridge University Press,
1933, p. 39.
9. M. Holleaux, *Rome, la Grèce et les Monarchies hellénistiques au
IIIe siècle avant J.-C.*, Paris, De Boccard, 1921 (réimpr. 1969), p. 86, n. 3,
met en doute l'identité du vaisseau prétendument romain qui l'aurait récu-
péré et transporté en Carie.
10 E. Ziebarth, *Beiträge zur Geschichte des Seeraubs im alten Griechenland*, Hambourg, Friedrerichsen, De Gruyter, 1929 ; H.A. Ormerod,
Piracy in the Ancient World, Liverpool-Londres, Hedder, 1924 (réimpr.
1978) ; P. Brulé, *La Piraterie crétoise*, Annales littéraires de l'Université
de Besançon, Paris, Les Belles Lettres, 1978.

buer avec certitude le rôle majeur aux Étoliens, aux Crétois, aux Illyriens ou aux Étrusques ; de véritables conventions sont passées entre les cités pour se partager le butin, et les finances publiques en tirent profit, comme le montre le traité qui unit Hiérapytna et Priansos :

> Si, grâce à la faveur des dieux, nous enlevons des biens à l'ennemi, soit au cours d'une expédition faite en commun, soit au cours d'expéditions faites à titre privé par des ressortissants de l'une et l'autre cité, soit sur terre, soit sur mer, que chacune des deux troupes reçoive une part proportionnelle au nombre des hommes mis en route et que chacune prélève la dixième partie du butin pour sa propre cité [*Inscriptiones creticae*, III, Hiérapytna 4].

Ces peuples contribuent en effet à rendre les mers dangereuses et désertes les zones côtières les plus exposées aux razzias. Les habitants y sont plus menacés que dans l'intérieur des terres : le décret d'Aigialè, dans l'île d'Amorgos (*IG* XII, 7, 386), au IIIᵉ siècle avant J.-C., rapporte comment des pirates raflent trente personnes et les emmènent comme butin et comment deux citoyens se portent volontaires, pour servir d'otages et obtenir la libération des captifs.

Toutes les régions insulaires et les zones côtières vivent ainsi dans la crainte des raids de pillage, dont Polybe se fait souvent l'écho. Par exemple à propos des côtes d'Élide et de Messénie, très souvent visitées par les pirates illyriens, au moins à partir de 235 :

> L'objectif initialement fixé aux chefs de l'expédition était l'attaque de l'Élide et de la Messénie, contrées où les Illyriens n'avaient cessé jusque-là de faire des incursions. En effet, étant donné la longueur de leurs côtes et le fait que les villes où se trouvait, dans ces deux pays, le siège du pouvoir central étaient situées fort loin dans l'intérieur, les troupes mobilisées pour repousser les agresseurs avaient un long chemin à faire et arrivaient trop tard. C'est pourquoi les Illyriens pouvaient chaque fois, sans être inquiétés, parcourir et piller ces territoires [Polybe, II, 1, 5].

Pausanias (4, 35, 6-7) décrit les ruses des mêmes pirates illyriens devant Méthoné, au sud de la Messénie : les deux premiers jours, ils se présentent comme d'honnêtes commerçants et échangent le vin local contre les marchandises de leur cargaison : « Finalement, des femmes et des hommes descendent aux navires pour vendre du vin et commercer avec les barbares. Alors, par un coup d'audace, les Illyriens enlèvent beaucoup d'hommes et davantage encore de femmes. Ils les emmenèrent à bord et partirent sur la mer Ionienne, en vidant la ville de Méthoné. » Pour échapper à cette menace constante, nombreuses sont les cités ou les sanctuaires qui négocient, avec les agresseurs eux-mêmes, des conventions leur garantissant l'*asylie* et la sécurité, que nous évoquerons plus loin.

La difficulté des traversées maritime n'empêche pas certains voyageurs de tenter l'aventure. Les ambassadeurs du roi Pairisadès II, qui règne sur le Bosphore Cimmérien, se rendent ainsi en visite à Alexandrie puis dans le Fayoum ; c'est l'occasion pour l'administration lagide de démontrer son efficacité :

> Apollonios à Zénon, salut ! Dès que tu auras pris connaissance de cette lettre, envoie les voitures, les autres équipages et les mulets de bât à Ptolémaïs, à la disposition des ambassadeurs de Pairisadès et des théores d'Argos que le Roi a envoyé visiter l'Arsinoïte. Et arrange-toi pour qu'ils ne soient pas en retard au moment où on aura besoin d'eux. En effet, ils se sont embarqués pour remonter le fleuve au moment même où je dictais cette lettre. Porte-toi bien ! [21 septembre 254] [11].

Dans la correspondance de Zénon figure même la mention d'un Trôgodyte qui est ici un paisible convoyeur de marchandises, alors qu'au IIe siècle avant J.-C. Agatharchide dépeint ce peuple riverain de la mer Rouge sous les traits de barbares aux coutumes étranges ; leur territoire se situait à la latitude de Méroé, là où Ptolémée II envoyait capturer des éléphants de combat ; on atteint ici les limites du monde connu.

Les théores d'Argos que Ptolémée Philadelphe envoie en visite dans le nome Arsinoïte, en compagnie des ambassadeurs du roi du Bosphore Cimmérien, sont venus sans doute

11. Cl. Orrieux, *Les Papyrus de Zénon, op. cit.,* p. 92-93, d'après *Greek Papyri in the British Museum,* VII, *The Zenon Archive, op. cit.,* n° 1973 ; voir J.-M. André et M.-Fr. Baslez, *Voyager dans l'Antiquité,* Paris, Fayard, 1993, p. 54.

pour annoncer les concours de Némée célébrés en 253. La vie religieuse contribue grandement en effet à la mobilité des Grecs du IIIe siècle, à l'occasion d'innombrables fêtes locales, fédérales ou panhelléniques. Les concours stéphanites (olympiques, pythiques, isthmiques et néméens) sont rejoints au cours du IIIe siècle par de nombreux concours qui sont reconnus « égaux en honneurs avec les concours olympiques ou pythiques » : c'est le cas notamment des Ptolemaia d'Alexandrie, des Sôteria de Delphes, des concours en l'honneur d'Artémis Leukophryénè à Magnésie du Méandre, ou des Naïa de Dodone vers 192.

Chacun de ces concours, qui comportent souvent des épreuves gymniques, hippiques et musicales, est aussi l'occasion de fêtes qui attirent des foules nombreuses. D'abord les *théories* chargées d'annoncer la date des fêtes, et celle de la trêve qui les précède pour faciliter les déplacements des pèlerins. Ces théores sont accueillis dans chaque cité et dans chaque État par un théorodoque qui prend soin d'eux, leur assure l'hospitalité et facilite leur mission auprès des responsables de la communauté ainsi avisée ; dans une inscription trouvée à Ténos [12], par exemple, Charops l'Ancien vient d'Épire comme archithéore, chef de l'ambassade religieuse : il a reçu pour mission de demander au *Koinon* des Nésiotes la reconnaissance des Naïa de Dodone comme concours stéphanites. On nomme également théores les ambassadeurs religieux qui vont représenter leur communauté (cité ou État autre) à une fête à l'extérieur.

Plus tard, c'est au tour des concurrents (athlètes, cavaliers et conducteurs de char, musiciens, acteurs et choristes) de se rendre à l'avance dans le sanctuaire où doit se dérouler le concours. Lorsque la date de la panégyrie approche, des populations entières se mettent en route pour prier la divinité vénérée, pour participer à la fête religieuse, mais aussi à la fête profane qui l'accompagne, pour assister aux concours et apprendre les nouvelles parfois annoncées à l'occasion de tels rassemblements. Diodore de Sicile rapporte ainsi les réactions de la foule, après la lecture de la lettre d'Alexandre ordonnant le rappel des bannis, lors des concours olym-

---

12. R. Étienne, *Ténos*, II, BEFAR 236 *bis*, Paris, De Boccard, 1990, p. 102-106.

piques de 324 : « Après cette proclamation, la foule exprimait son approbation par de vifs applaudissements. Les gens venus à la fête accueillirent en effet favorablement la grâce royale et, sous l'effet de la joie, ils répondirent par des louanges aux bienfaits d'Alexandre. Tous les exilés s'étaient d'ailleurs donné rendez-vous à la fête, et ils étaient plus de 20 000 » (XVIII, 8, 5). Si l'on y ajoute tous les autres Grecs venus de leurs pays respectifs, sans être exilés, y compris les Étoliens et les Athéniens, mécontents de la décision royale, Olympie devait réunir ce jour-là près de 40 000 Grecs.

L'aspect de fête profane est encore confirmé par des textes épigraphiques, comme le décret des Acarnaniens à propos du sanctuaire d'Apollon à Action, qui date de 216 (*IG* IX, 1², 583) : on y perçoit un impôt du cinquantième sur les échanges commerciaux qui s'y déroulent, ainsi qu'une taxe sur les revenus provenant de la vente d'esclaves ; en outre, des lieux de campement affectés aux cités et aux *ethnè* sont prévus.

Outre le développement des concours isolympiques et isopythiques – auxquels il convient naturellement d'ajouter les concours locaux et fédéraux qui attirent des pèlerins dans un rayon plus limité –, la fin du IVe siècle et le IIIe siècle correspondent à une période de grand succès des héros guérisseurs, Asklépios surtout, mais aussi Amphiaraos dans son sanctuaire d'Oropos ; le premier est d'abord vénéré dans un grand sanctuaire à Épidaure, mais chaque région a bientôt son sanctuaire d'Asklépios, comme on le voit notamment en Grèce centrale et jusqu'à Bouthrôtos en Chaonie. Il faut construire à Épidaure, comme à l'Amphiareion d'Oropos, de grands portiques d'incubation où les malades attendent la guérison divine. Les pèlerins y sont nombreux et témoignent de leur guérison par l'offrande d'ex-voto. Très souvent, le dieu guérisseur est aussi celui qui libère l'esclave de sa servitude et favorise son affranchissement, qu'il en soit le témoin ou qu'il serve d'intermédiaire entre le maître et l'esclave : Apollon, Zeus Sôter, Asklépios sont fréquemment choisis pour officialiser de telles décisions, qui sont gravées sur les murs à proximité de leurs temples.

Les oracles d'Apollon à Delphes, de Zeus Naïos à Dodone, d'Apollon à Claros et tant d'autres drainent aussi des visiteurs lointains. La destruction des supports sur lesquels les pèlerins inscrivaient leurs questions à la Pythie ne laisse accessibles que les questions posées par des collectivités, des États, qui ont été conservées dans les textes littéraires ; elles témoignent déjà de la fréquence des délégations venues à Delphes. Dodone livre, en revanche, des quantités de lamelles de plomb qui portent les questions de la vie quotidienne posées par les pèlerins ; on y vient par exemple d'Athènes, à près de cinq cents kilomètres, comme ce Diognètos, fils d'Aristomédès, qui s'adresse à Zeus Naïos et à Dioné afin d'obtenir pour sa mère et pour lui-même une faveur dont on ne connaît plus exactement la nature [13].

La documentation, notamment épigraphique, fournit de très nombreux témoignages d'autres occasions de circulation : envoi de juges étrangers pour régler des conflits dans une cité, arbitres choisis au sein d'une tierce partie pour tenter d'apaiser une tension entre deux communautés. A Bouthrôtos, en Chaonie, au IIe siècle, la communauté des Prasaiboi honore un citoyen de Téos venu d'Asie Mineure exercer sa *technè*, il s'agit sans doute d'un entraîneur en éducation physique. Ailleurs, ce sont des médecins, privés ou publics, qui assurent un meilleur état sanitaire au profit d'une cité ou de particuliers. L'abondance des décrets honorifiques votés pour des médecins souligne le prix que les cités attachent à leur présence durable parmi eux. Ils sont remerciés tant pour les soins fournis aux malades de la cité ou de passage, que pour leur dévouement auprès des blessés frappés à la guerre ou par un tremblement de terre [14]. Ces médecins sont généralement issus des grands centres d'études médicales, comme Cos ou Cnide, et sont souvent affiliés à des confréries d'Asklépiastes. Dans ces inscriptions en leur honneur, la guerre apparaît bien comme l'autre mal qui frappe durement les populations antiques : ainsi, Diodôros, fils de Dioscouridès, qui est médecin public pendant de longues années à Samos, est particulièrement apprécié lorsque la cité rentre dans l'em-

---

13. C. Carapanos, *Dodone et ses ruines*, Paris, Hachette, 1878, 2 vol., n° 23. Sur le sanctuaire, voir S.I. Dakaris, *Dodona. Archaeological Guide to Dodona*, Ioannina, 1971 ; rééd. grecque 1986 ; voir aussi P. Cabanes, *L'Épire, de la mort de Pyrrhos à la conquête romaine (272-167 av. J.-C.)*, Annales littéraires de l'Université de Besançon, 186, Paris, Les Belles Lettres, 1976, p. 329-348.
14. On trouvera ces textes utilement rassemblés par É. Samama, *Recherches sur les médecins et la médecine à partir des inscriptions grecques*, thèse à l'Université de Paris-IV, 1993.

pire de Ptolémée V Épiphane (avant 197), car il y eut de nombreux blessés pendant les sièges des acropoles et au cours des combats quotidiens[15].

Les jeunes gens sont également attirés par les centres réputés pour la qualité de leurs enseignements : on se rend à Athènes pour s'attacher à telle ou telle école philosophique, à Alexandrie surtout pour étudier la médecine, l'astronomie, la mécanique, comme d'autres vont à Pergame ou à Syracuse. Les bibliothèques attirent d'autre part les chercheurs et les savants (chapitre 7).

Mais le « tourisme », au sens actuel du terme, n'est pas encore courant au IIIe siècle ; les témoignages qui existent, par exemple dans les archives de Zénon, correspondent uniquement à un tourisme officiel : ce sont les hôtes du roi qui sont accompagnés d'Alexandrie jusque dans le Fayoum, comme on l'a vu pour les théores d'Argos et pour les ambassadeurs du roi du Bosphore Cimmérien. En outre, les belles demeures édifiées dans le Fayoum et entourées de bois et de plantes importées servent de résidences secondaires pour quelques privilégiés. En Grèce propre, il faut attendre le IIe siècle avant J.-C. pour voir se pratiquer cette migration saisonnière conçue pour le délassement.

L'accroissement du commerce et le désir de sécurité

Durant toute l'Antiquité, c'est le commerce maritime et fluvial qui prévaut nettement, à la fois parce qu'il est le plus rapide, le moins coûteux, globalement le plus sûr. Et cela malgré les entraves que représentent la piraterie et la pratique de la saisie. La saisie est un usage ancien en Grèce, qui permet à toute personne lésée dans ses biens de se dédommager sur ceux d'un compatriote de son agresseur. Pour éviter ces freins à l'activité des échanges, les États, surtout à partir de la moitié du IIIe siècle, passent des accords d'*asylie* et de sécurité, souvent avec les responsables des actions de piraterie, comme les Étoliens, les Crétois ou d'autres peuples.

---

15. Inscription publiée par Ch. Habicht, *AM*, 72 (1957), p. 233, n° 64, traduite et commentée par J. Pouilloux, *Choix d'inscriptions grecques*, Paris, Les Belles Lettres, 1960, p. 64-67, n° 14.

A titre d'exemple, le décret étolien voté vers 245 pour Chios n'est connu qu'à travers les considérants du décret adopté ensuite par les gens de Chios en faveur des Étoliens [16] : il montre bien que le *Koinon* étolien a interdit à tous les Étoliens de faire des saisies aux dépens des citoyens de Chios. En 204/203, le décret étolien pour les habitants de Téos, dont nous avons deux exemplaires [17], leur accorde, malgré leur appartenance au royaume séleucide, la sécurité de leurs biens et de leurs personnes en tant que fidèles de Dionysos.

Le grand commerce, qui ne peut être que maritime, est facilité en outre par la chasse aux pirates qu'assurent les Rhodiens durant le IIIe siècle, avec des résultats inégaux ; entre 205 et 201/200, les Rhodiens l'emportent dans une guerre contre les cités crétoises au large de Cos, ils imposent alors leur alliance et leur contrôle à Hiérapytna de Crète [18]. La sécurité de la mer Égée n'est plus ce qu'elle avait été au temps de l'hégémonie athénienne. En dépit de ces risques, les échanges sont abondants, plus spécialement dans le bassin oriental de la Méditerranée. Alexandrie est alors le grand port d'exportation de céréales, transportées par l'intermédiaire des commerçants rhodiens ; en échange, l'Égypte reçoit les produits qui lui manquent : le bois, le sel, le poisson, les produits métallurgiques, l'huile et les esclaves. Ces échanges se prolongent vers le bassin occidental de la Méditerranée, notamment vers Syracuse et, à la fin du siècle, vers Pouzzoles. D'autres centres attirent le grand commerce : Rhodes, bien entendu, mais aussi Antioche et Pergame. Vers l'orient, la mer Rouge met le royaume lagide en relation avec la Corne de l'Afrique et le royaume de Méroé, avec l'Arabie et, au-delà, avec le golfe arabo-persique et l'Inde. Le canal de Darius Ier qui relie la mer Rouge au Nil est rouvert. En Syrie méridionale, les Arabes Nabatéens assurent

16. G. Daux, *BCH*, 1959, p. 475-7, *SEG*, XVIII (1962), 245.

17. L'un à Téos, *Syll.*[3] 563, *IG* IX, 1[2], 192, l'autre à Delphes, *FD* III, 2, n° 134 a. Voir Ph. Gauthier, *Symbola. Les étrangers et la justice dans les cités grecques,* Nancy, Annales de l'Est, 1972, p. 276.

18. H.H. Schmitt, *Die Staatsverträge des Altertums,* III, *Die Verträge der griechisch-römischen Welt von 338 bis 200 v. Chr.*, Munich, Beck, 1969, p. 551. Le souci de faciliter la liberté de navigation prend aussi d'autres formes : ainsi, en 220, Rhodes a déclaré la guerre à Byzance pour obtenir l'abrogation des péages que celle-ci avait établis sur le Bosphore.

ensuite les relations caravanières entre la côte et Pétra, puis en direction du golfe arabo-persique.

La flotte de commerce paraît connaître une évolution comparable à celle des flottes de guerre, c'est-à-dire une marche rapide vers le gigantisme des navires, comme signe de puissance et de gloire nationale. La *Syracusaine* d'Hiéron II, offerte à Ptolémée (Athénée, V, 208 f-209 e), et rebaptisée *Alexandris*, a été capable de voguer de Syracuse à Alexandrie, malgré ses dimensions excessives ; il est vrai qu'ensuite elle n'a plus quitté le port.

Parallèlement, dans le cas de la marine de guerre, la trière est dépassée par des navires qu'on appelle tétrères et pentères, qu'il ne faut pas se représenter comme ayant quatre ou cinq rangs superposés de rames, mais comme un nouveau type de bateau mû par plusieurs rameurs par rame. Démétrios Poliorcète met au point un quinze et un seize (c'est-à-dire mû par 15 ou 16 rameurs de front à raison de 7 ou 8 par bord) ; Lysimaque possède le *Léontophore* qui a toutes chances d'être un seize, avec un équipage de 1 600 hommes, qui revient ensuite à Ptolémée II ; Antigone Gonatas construit l'*Isthmia,* consacré par la suite à Délos ; le quarante de Ptolémée IV (d'après Callixeinos que cite Athénée V, 203 e-204 d) doit être un catamaran, formé de deux navires reliés par un pont sur lequel Plutarque, *Vie de Démétrios*, 43, prétend embarquer 4 000 rameurs et 3 000 fantassins ; il est vrai que ce navire n'est jamais sorti du port d'Alexandrie.

On en revient ensuite à des navires de dimensions raisonnables et plus maniables. La flotte de commerce, elle aussi, a su garder, dans la majorité des cas, un gabarit compatible avec les installations portuaires souvent modestes dans lesquelles les bateaux sont amenés à faire escale. Elle est généralement composée de bateaux ventrus, hauts sur l'eau, qui ne transportent guère plus de cent tonnes de marchandises, mais c'est déjà beaucoup si on compare une telle cargaison avec les possibilités de transport par voie de terre.

Sachant le développement de la construction navale, on conçoit l'importance du bois, et le pouvoir que confère la maîtrise de son exploitation. Les forêts de la Grèce du Nord avaient déjà intéressé les Athéniens au Ve siècle, et leur politique vis-à-vis de la Macédoine était très souvent dictée par le souci de s'assurer le contrôle de l'approvisionnement en bois, principal combustible à cette époque. Grâce au bois d'Asie Mineure, les Lacédémoniens créèrent une marine de guerre qui leur assura la victoire sur Athènes en 404. A l'époque hellénistique, les puissantes flottes qui rivalisent en mer Égée sont celles des Antigonides, qui règnent sur la Macédoine, et des Lagides, qui contrôlent l'importation du bois des côtes libanaises. La cité rhodienne, dont les navires de commerce assurent l'essentiel des transports en Méditerranée orientale au cours du IIIe siècle, doit cette position de force aux bois de la côte méridionale de l'Anatolie.

Les activités maritimes à courte distance sont très développées dans le Pont-Euxin et à travers les Détroits, en mer Égée où il s'agit vraiment de cabotage d'île en île. La mer Ionienne et la mer Adriatique sont également très fréquentées d'est en ouest, et *vice versa*, pour relier les régions de Grande-Grèce à la Grèce propre, mais aussi du nord au sud et inversement ; dans ce dernier cas, les courants mettent en relation la basse vallée du Pô et les régions d'Europe centrale avec le monde grec ; c'est encore la route de l'ambre.

Les papyrus de Zénon se font l'écho des difficultés propre à ce commerce local. Le cabotage entre Alexandrie et Péluse est si peu sûr que les marchandises l'évitent souvent en empruntant les branches canopique et pélusiaque du delta, doublant ainsi la distance parcourue ; c'est aussi l'itinéraire de la suite royale qui accompagne Bérénice, fille de Ptolémée II, lorsqu'elle va d'Alexandrie à Péluse, pour gagner Sidon, avant son mariage avec Antiochos II, à la fin de l'année 253 et au début 252. Pour les marchandises, ces itinéraires intérieurs, par voie fluviale comme le long des pistes, comportent le règlement de trop nombreux péages : Hiéroclès s'adresse à Zénon pour lui demander différentes marchandises, « et aussi une tunique, un manteau et le matelas avec couverture et coussins, ainsi que le miel. Tu m'écris que tu t'étonnes de ce que j'oublie que des droits de péage frappent tous ces articles. Je le sais, mais toi, tu es homme à t'arranger pour que l'envoi se fasse sans encombre [19] ». Zénon ne se prête pas à ce jeu, mais la tentation d'échapper au fisc est grande.

19. *Catalogue général des Antiquités égyptiennes du musée du Caire. Zenon Papyri*, éd. C.C. Edgar, 1925-1940, 59060, texte traduit par Cl. Orrieux, *Les Papyrus de Zénon, op. cit.,* p. 71.

Les transports par voie de terre quant à eux sont lents et coûteux ; par ailleurs, ils ne permettent pas le transfert de marchandises pondéreuses sur de grandes distances. En effet, ils se font à dos d'âne, de mulet, ou par caravanes de chameaux pour les régions désertiques. Pour de courtes distances, les céréales du Fayoum sont chargées sur des ânes jusqu'au port fluvial de Ptolémaïs, mais on ne peut pas compter ravitailler une grande ville par le portage à dos d'animal. Les seuls transports économiques sont ceux qui peuvent emprunter la voie d'eau, sur mer ou sur le Nil ou un autre fleuve comme en Mésopotamie. En revanche, pour des marchandises de grande valeur sous peu de poids, les caravanes de chameaux conviennent bien : un don de trente talents d'encens de Gerrha et du même poids de myrrhe (environ une tonne) est transporté à dos de chameaux jusqu'à la côte phénicienne [20].

Les pistes caravanières, à l'intérieur du royaume séleucide, empruntent la vieille route de l'Inde, depuis Séleucie du Tigre vers Ecbatane, l'Hyrcanie, Bactres. Outre les éléphants, les marchandises importées de l'Inde sont de grand prix sous un faible volume : textiles précieux, perles, épices, parfums. Mais cette route est pratiquement coupée après le milieu du IIIe siècle, tout au moins très peu sûre ; la route maritime par le golfe arabo-persique devient alors le seul itinéraire utilisé régulièrement.

Les moyens de l'échange : monnaie et banque

La mise en circulation, en une dizaine d'années, sous forme de pièces de monnaie, d'une bonne part des trésors des rois perses (on les a estimés à 130 000 talents) a favorisé un regain de la vie économique et des échanges dans le monde grec, malgré bien des difficultés. La première tient à l'absence d'étalon unique. Si Alexandre avait imposé l'étalon attique et unifié la monnaie à l'effigie d'Héraklès, dans l'ensemble de son empire, après lui, Ptolémée Ier adopte un

---

20. Cl. Orrieux, *Zénon de Caunos, parépidémos, et le Destin grec*, Annales littéraires de l'Université de Besançon, Paris, Les Belles Lettres, 1985, p. 153.

tétradrachme plus léger que le tétradrachme attique utilisé par Alexandre ; de plus, Ptolémée II impose que, dans toute l'étendue de son royaume, les paiements se fassent en monnaie ptolémaïque ; les monnaies étrangères sont alors fondues et refrappées, au profit du trésor royal, ce qui laisse quelques bénéfices dans les finances de l'État lagide. L'étalon rhodien est encore plus léger et l'on imagine que le change n'est pas simple à effectuer pour les marchands.

On observe ensuite, surtout dans la seconde moitié du IIIe siècle, des frappes de monnaies de bronze bien plus abondantes, jusque dans les régions périphériques du monde grec, témoignage d'une généralisation de l'utilisation de la monnaie comme moyen d'échange, même dans les régions qui n'y étaient pas habituées.

Certes, le système bancaire est encore assez rudimentaire dans l'ensemble du monde grec, mais il faut bien distinguer l'Égypte du reste de l'*oikoumènè* : en Égypte, la banque royale et ses succursales à l'échelle des nomes confèrent au souverain un rôle important dans toutes les opérations financières du royaume. Claire Préaux relève bien cette activité, à partir des archives du banquier Nicanôr, qui gérait, au milieu du IIIe siècle, la banque royale d'Oxyrhynchos [21]. La banque royale fait le lien entre le fermier qui a dû avancer sur son compte à la banque du nome le montant de l'impôt au roi, et les contribuables qui le remboursent en versant progressivement leur part. Le banquier peut également, à la demande d'un titulaire de compte, effectuer un virement d'un compte à un autre au sein de sa banque. La banque royale d'Alexandrie et ses succursales en province reçoivent en outre toutes les sommes dues au trésor public, soit des contribuables, soit des mains des percepteurs d'impôts ou des fermiers ; elles paient certaines dépenses royales, sous le contrôle de l'économe.

En Égypte, les prêts sont également pratiqués avec des taux d'intérêt considérables, jusqu'à 24 %, pratiquement le double des taux utilisés dans le reste du monde grec (à Délos et à Rhodes, les taux d'intérêt sont de 8 à 10 %) ; taux offerts ou taux exigés, on peut se le demander ; le résultat certain est

---

21. Cl. Préaux, « De la Grèce classique à l'Égypte hellénistique. La banque-témoin », *Chronique d'Égypte,* 33 (1958), p. 243-255.

l'aggravation du mécontentement social dans l'Égypte lagide, en raison de l'endettement et des craintes de saisie, pouvant conduire à la vente des débiteurs royaux comme esclaves. Les capitaux étrangers ne pénètrent en Égypte que par l'entremise des rois, qui veillent à en réguler le flux, pour éviter une chute des taux d'intérêt.

Dans le reste du monde grec, le rôle de banquier est joué par les temples, d'une part, et par des particuliers, d'autre part ; la banque publique apparaît à Athènes un peu avant 329 et a pu inspirer les Ptolémées pour la création de la banque royale.

Les temples pratiquent des opérations bancaires, essentiellement au profit des cités ou États voisins et des citoyens : il s'agit d'abord de dépôts et gardes d'objets précieux et de documents, comme on le voit à l'Artémision d'Éphèse, ou même à Athènes pour les réserves du trésor public ; ces dépôts sont généralement conservés dans des jarres, comme à Délos, ou dans des sacs scellés. Une vingtaine de temples pratiquent également le prêt d'argent, alimenté non par les dépôts mais par les surplus de revenus du temple (provenant de donations, de la gestion des biens-fonds sacrés, des taxes) ; le temple d'Apollon à Délos prête ainsi surtout à la cité de Délos, mais aussi à des cités étrangères, aux Déliens et aux étrangers ; la cité de Délos emprunte de grosses sommes, généralement affectées à une dépense bien précise, et s'efforce d'effectuer des remboursements partiels. Les tablettes de Locres montrent encore tous les prêts consentis par le temple de Zeus à la cité, vraisemblablement à l'époque de Pyrrhos, sans beaucoup de remboursements effectués (A. de Franciscis). Enfin, les temples ne pratiquent le change que pour leurs propres paiements, comme on le voit à Delphes dans les opérations effectuées par les *naopes* et les trésoriers du sanctuaire d'Apollon ; rien n'indique qu'ils aient changé aussi les monnaies des pèlerins et des marchands.

La banque privée est connue dans de nombreuses cités grecques, trente-trois selon Raymond Bogaert [22], parmi lesquelles beaucoup sont des ports, des centres commerciaux

---

22. R. Bogaert, *Banques et Banquiers dans les cités grecques*, Leyde, Sijthoff, 1968.

ou des cités proches de sanctuaires. Le *trapézite* ou changeur veille d'abord à la qualité des monnaies : ainsi, dans les contrats de prêts d'Amorgos (*IG* XII, 7, 67-69), les créanciers exigent le paiement des intérêts et le remboursement des capitaux en espèces pleines et de bon aloi ; ils refusent notamment les pièces d'un poids inférieur à la normale, pièces usées ou rognées. Pour déterminer la valeur exacte d'une monnaie, lorsqu'elle n'est pas bien connue sur les marchés, le poids de la pièce est contrôlé par la balance. Dans les opérations de change, la monnaie étrangère est, pour le changeur, une marchandise qu'il achète et qu'il vend ; la différence entre le cours d'achat et le cours de vente constitue le bénéfice, l'agio du trapézite.

La banque privée accepte aussi les dépôts, notamment des dépôts de placement, qui rapportent un intérêt souvent proche de 10 %. Diogène Laërce, VI, 5, 88, citant Démétrios de Magnésie, nous indique par exemple que le philosophe Cratès de Thèbes (*ca* 365-285) dépose une somme d'argent chez un banquier athénien avec ordre de transmettre plus tard ce montant à ses fils, si ceux-ci ne marchent pas sur les traces de leur père ; si, en revanche, ils viennent à s'engager dans la voie de la philosophie, le trapézite doit alors donner la somme au peuple, puisque dans ce cas-là ils n'auront pas besoin de cet argent ! Ne serait-ce que pour assurer un revenu à ceux qui font confiance au banquier en lui confiant leur épargne, celui-ci effectue des prêts, mais naturellement à un taux plus élevé, ces prêts étant garantis par des gages souvent constitués d'objets précieux. On ne connaît pas d'exemple de prêt maritime accordé par un trapézite, ni de crédit commercial. C'est le prêt à la grosse aventure qui finance exportations et importations, mais il se pratique en dehors de la banque. On ne peut également parler, à l'époque hellénistique, au moins au IIIe siècle, de lettre de change pour des règlements à distance ; les transports de numéraire pour régler les échanges accroissent les risques de vol et suscitent l'appétit des pirates.

Typologie des économies à l'époque hellénistique

Dans sa contribution au *Monde grec et l'Orient* [23], Édouard Will ouvre le chapitre qu'il consacre à la vie économique par une mise en garde, que je suis tenté de reprendre à mon tour, car elle traduit bien les limites des pages qui vont suivre, et permettra au lecteur de se garder des simplifications excessives : « Il suffit de soupeser les trois volumes du *magnum opus* de Michael Rostovtseff [24] et de mesurer la bibliographie qui s'y est ajoutée depuis 1941 pour comprendre qu'il ne saurait être question ici d'entrer dans le détail de problèmes aussi vastes et controversés que ceux que pose l'économie du monde hellénistique. »

D'une grande variété, les économies de l'époque hellénistique se prêtent mal en effet à la construction d'un système interprétatif unique qui permettrait par exemple de rendre compte des changements intervenus par rapport à la période précédente. Décrire les différents types d'économies au IIIe siècle est donc à la fois plus satisfaisant et plus honnête, dans un monde somme toute assez cloisonné. Du moins peut-on se risquer à définir quelques critères généraux qui permettront d'évaluer la vitalité de telle ou telle économie locale.

Premier signe manifeste de vitalité, le monnayage se développe jusque dans des régions qui n'en avaient pas encore l'usage à la fin du IVe siècle. La monnaie signifie naturellement que les échanges sont plus fréquents et qu'une part de la production est destinée à la vente. Mais, le plus souvent, la monnaie de bronze ne circule pas sur de grandes distances ; elle correspond à des échanges locaux, sauf pour les monnaies appréciées, émises par des centres commerciaux connus.

Par ailleurs, les économies locales sont largement condi-

---

23. Éd. Will, « Le monde hellénistique », in Éd. Will, Cl. Mossé, P. Goukowsky, *Le Monde grec et l'Orient*, *op. cit.*, II, p. 524-525.
24. Il s'agit bien sûr de M. Rostovtseff, *The Social and Economic History of the Hellenistic World*, Oxford, 1941, 3 vol. ; trad. fr. *Histoire économique et sociale du monde hellénistique*, Paris, Robert Laffont, 1989, avec une introduction de J. Andreau.

tionnées par l'évolution démographique. C'est un thème difficile à aborder pour l'Antiquité, en raison de la faiblesse des informations disponibles. Il semble néanmoins que la Grèce ancienne, c'est-à-dire la Grèce égéenne, celle des cités, ait connu, au moins à partir des années 280, une réduction de sa population, en partie à cause des ponctions opérées au profit des nouveaux royaumes qui ont attiré beaucoup de colons, en partie peut-être aussi à cause d'une baisse de la natalité.

L'exemple spartiate est bien connu : après la bataille de Leuctres, en 371, la cité compte moins de 1 000 citoyens et ce nombre n'augmente pas dans le siècle suivant puisque Plutarque, *Vie d'Agis,* 5, donne, au milieu du IIIe siècle, le nombre de 700 Spartiates, dont seulement une centaine possédaient encore un lot de terre. Sparte n'a pas connu de reconstitution du corps civique entre 370 et 250, malgré les mesures prises pour encourager la natalité, présentées en ces termes par Aristote, *Politique,* II, 9, 19 : « Le législateur [du IVe siècle], voulant accroître le plus possible le nombre des Spartiates, pousse les citoyens à avoir le plus d'enfants possible ; en effet, ils ont une loi qui exempte le père de trois enfants du service militaire et celui de quatre de toute imposition. » Aristote redoutait un accroissement dangereux du nombre des citoyens ; rien de tel ne se produit à Sparte, malgré des dispositions qui allaient à contre-courant de toutes les traditions militaires de la cité.

Plus tard, dans le courant du IIe siècle avant J.-C., Polybe (XXXVI, 17, 5-11) propose une explication plus générale de cette baisse démographique, explication qui peut valoir déjà pour le siècle précédent, au moins dans une partie du monde hellénistique :

> De nos jours, dans la Grèce entière, la natalité est tombée à un niveau très bas et la population a beaucoup diminué, en sorte que les villes se sont vidées et que les terres restent en friche, bien qu'il n'y ait pas eu de longues guerres ni d'épidémies. [...] Les gens de ce pays ont cédé à la vanité et à l'amour des biens matériels ; ils ont pris goût à la vie facile et ils ne veulent plus se marier ou, quand ils le font, ils refusent de garder les enfants qui leur naissent ou n'en élèvent tout au plus qu'un ou deux, afin de pouvoir les gâter durant leur jeune âge et de leur laisser ensuite une fortune importante. Voilà pourquoi le mal s'est, sans qu'on s'en fût rendu

compte, rapidement développé. En effet, quand il n'y a
qu'un ou deux enfants, il suffit que la guerre en enlève un et
la maladie un autre, pour que les foyers, inévitablement, se
vident. Alors, tout comme les essaims d'abeilles, les cités,
elles aussi, se vident de leur substance et s'étiolent peu à peu.

Pour autant, le monde hellénistique présente, au IVe comme
au IIIe siècle, bon nombre de régions qui manifestent un
dynamisme remarquable, la Macédoine au premier rang, et
cela n'est possible qu'avec une population nombreuse et largement renouvelée. Cette prospérité caractérise non seulement les régions de Grèce du Nord, mais aussi la Syrie
séleucide et les nombreuses cités créées dans ce royaume,
l'Égypte lagide avec Alexandrie et les campagnes égyptiennes, y compris les zones récemment mises en culture,
comme le Fayoum.

Le troisième critère de développement que nous pouvons
retenir est l'adaptation de la production aux besoins. De fait,
une mauvaise récolte a des conséquences désastreuses pour
les habitants, car des importations massives de produits ali-
mentaires sont irréalisables, du fait des difficultés de transport ou de paiement.

La quête de nourriture en quantité suffisante, qui s'était
quelque peu estompée à l'époque classique en Grèce propre,
redevient donc une priorité absolue dès que les approvision-
nements traditionnels sont détournés ou qu'une famine brutale frappe les régions de Grèce européenne, comme le note
le Pseudo-Démosthène (*Contre Phormion*, XXXIV, 39, 918,
et *Contre Phainippos*, XLII, 20, 1045 ; 31, 1048) ; il suffit
que de mauvaises récoltes accompagnent, par exemple, dans
les dernières années du règne d'Alexandre, l'arrêt des importations de céréales venant du Pont pour que de nombreuses
communautés grecques sollicitent le secours de régions plus
favorisées.

C'est ainsi que Cyrène fournit du blé, sans doute à un
prix avantageux, à de nombreux États grecs dans la période
330-325 [25]. On estime que ces livraisons correspondent à la
production céréalière d'une année en Cyrénaïque, ce qui est

---

25. On verra le texte et le commentaire de la stèle des céréales donnés
par A. Laronde, *Cyrène et la Libye hellénistique. Libykai Historiai*, Paris,
Éd. du CNRS, 1987, p. 30-36.

considérable. Un peu plus tôt (sans doute dès 331), les mêmes soucis d'approvisionnement en céréales sont perceptibles dans le discours de Lycurgue, *Contre Léocratès,* 26 ; l'orateur reproche alors à Léocratès d'avoir acheté des céréales vers la reine Cléopatre, en Épire, pour les transporter vers Leucade et Corinthe, au lieu de les décharger au Pirée. A l'inverse, Héracleidès, fils de Charicleidès, originaire de Salamine de Chypre, est récompensé par les Athéniens (*IG* II², 360) pour ses donations et ses distributions de blé à bas prix dans la même période 330-324 ; il a importé ces blés du Pont-Euxin, malgré la piraterie des gens d'Héraclée.

Ces préoccupations ne sont pas extraordinaires dans un monde où les rendements restent faibles, en raison de la pauvreté des sols, de la sécheresse du climat et de techniques agricoles qui demeurent assez primitives. On estime que le sol de l'Attique ne pouvait produire que le tiers des besoins en céréales de la population athénienne ; les deux tiers étaient fournis par l'importation ; si celle-ci était assurée régulièrement au Vᵉ siècle et encore jusqu'à Chéronée (338), la période suivante a connu des difficultés beaucoup plus grandes. Les plaines sont rares dans la péninsule grecque et dans les îles, en dehors de la Béotie, de la Thessalie et de la basse Macédoine. Les habitants vivent chichement de galettes d'orge, de figues, d'olives, de quelques légumes, notamment des oignons, et des produits de l'élevage, ovins ou caprins plus souvent que bovins. La consommation de viande est exceptionnelle et correspond à une véritable fête, souvent à caractère religieux ; la chasse et la pêche, là où elle est possible, fournissent quelques compléments bienvenus ; le lait permet la production de fromage qui vient utilement équilibrer les maigres repas.

Une fois ces données générales posées, il convient de préciser la description, en apportant des distinctions entre les économies locales qui connaissent naturellement des variantes nombreuses. Les conditions naturelles (nature du sol, climat, végétation, proximité ou non de voies de transport et de zones de forte consommation) et l'existence d'une forte concentration des pouvoirs politique, administratif et militaire sont deux des facteurs les plus discriminants.

On doit ainsi faire une place spécifique à l'économie de l'Égypte et du royaume lagide : le dirigisme royal oriente les productions en fonction des besoins et des profits prévisibles ; le Nil lui-même intervient pour imposer une organisation collective de l'exploitation des terres inondables, c'est-à-dire de l'Égypte utile : date et nature des semailles, date des récoltes. Le pouvoir royal renforce l'encadrement de la vie rurale par le prélèvement de l'impôt en nature sur la récolte et par le monopole du commerce de nombreuses denrées, comme le blé. Ce système permet l'approvisionnement régulier de la grande ville d'Alexandrie, foyer d'agitation populaire, et une gestion adéquate des exportations qui assurent au souverain d'importants revenus.

Chaque grande métropole – Antioche et sa région de Syrie occidentale dans le royaume séleucide, Pergame aussi –, bénéficie naturellement d'une vigilance attentive du souverain local, désireux d'assurer le calme dans sa capitale. C'est vrai également dans les grandes cités d'Ionie, comme Éphèse, où la plèbe urbaine est toujours prête à se soulever. Le ravitaillement doit être assuré, pour répondre aux besoins d'une population d'artisans, de commerçants et de fonctionnaires royaux.

1) Les régions d'agriculture sédentaire sont situées partout où le climat et le relief le permettent : elles recouvrent la majeure partie de la Grèce européenne, de l'Anatolie, de la Mésopotamie, de la vallée du Nil et du delta, ainsi que les oasis espacées dans l'Orient séleucide. Mais le mode d'exploitation n'est pas le même, ici et là : en Grèce d'Europe et sur la terre des vieilles cités en Anatolie, comme sur le territoire des cités nouvelles fondées par Alexandre ou par les premiers Séleucides, la polyculture est de règle sur de petites propriétés exploitées, le plus souvent, par le propriétaire lui-même. Il s'agit bien souvent de produire tout ce qui est nécessaire pour satisfaire les besoins familiaux. Cette polyculture nécessite l'emploi d'une main-d'œuvre servile, composée d'esclaves prisonniers, achetés, ou nés à la maison (*oikogeneis*). Naturellement, d'autres nuances doivent être introduites : il faut distinguer l'agriculture sédentaire des régions touchées par le grand commerce où l'on a privilégié les cultures arbustives (vignes, oliviers) qui alimentent les échanges commerciaux, et celle qui est pratiquée dans les régions de l'intérieur où l'économie monétaire ne joue

encore qu'un faible rôle à la fin du IVe siècle, où chaque exploitation vit presque en autarcie et ne procède à des échanges que par troc.

Ailleurs, notamment dans l'Égypte lagide, les impératifs qu'impose la crue annuelle du Nil ont habitué les paysans à accepter une organisation beaucoup plus collective de la vie rurale. La crue, qui atteint son maximum au début de septembre dans le delta, contribue grandement à la fertilisation des sols ; celle-ci n'est possible que par une attentive irrigation, qui exige l'entretien régulier des canaux. Pour l'assurer, toute la communauté villageoise est solidaire, comme on l'observe bien dans la mise en culture des terres du Fayoum par le diœcète Apollonios, bénéficiaire de la donation que lui a consentie le roi Ptolémée II. Son intendant Zénon veille soigneusement au creusement des canaux, à leur entretien de façon à ce que toutes les terres mises en culture soient régulièrement fertilisées par les eaux du fleuve. Cette exploitation impose un certain dirigisme, pour le choix des ensemencements et leur date ; ainsi la récolte se fait à la même période, avant que la terre soit ouverte à la vaine pâture des troupeaux ; puis il est temps de prévoir une deuxième récolte, comme l'exige le roi lui-même : « Apollonios à Zénon, salut ! Le Roi nous a donné l'ordre d'ensemencer la terre une seconde fois. En conséquence, dès que tu auras moissonné le grain précoce, arrose au plus vite la terre à la main. Au cas où ce ne serait pas possible, installe dans ce but le maximum de machines d'irrigation, mais ne laisse pas l'eau plus de cinq jours. Puis assèche la terre et sème au plus vite le blé de trois mois. Écris-nous personnellement quand tu seras en mesure de moissonner le grain [26]. » Le souci du roi de tirer le plus grand profit de la terre d'Égypte fait obligation aux fellahs égyptiens de mener un travail acharné dans le cadre de contrats de bail à très court terme, souvent un an seulement.

L'arrivée de nombreux colons grecs et macédoniens en Égypte, du vivant d'Alexandre et dans les années suivantes, a provoqué un surpeuplement, c'est-à-dire un déséquilibre entre le nombre d'habitants et les possibilités d'emplois dis-

---

26. *Catalogue général des Antiquités égyptiennes du musée du Caire.* *Zenon Papyri*, 59155, *Les Papyrus de Zénon*, op. cit., p. 89.

ponibles. Les deux premiers Ptolémées ont cherché à porter remède à cette situation en augmentant les surfaces cultivées, comme le défrichement du Fayoum en témoigne, mais l'offre de bras reste supérieure à la demande ; les fermiers acceptent des baux de plus en plus lourds, dans l'espoir de réussir, alors que le poids des redevances les contraint à l'échec et à l'endettement, l'issue résidant dans la fuite, l'*anachorèse*, ou dans l'esclavage pour dettes. A l'inverse de la Grèce, en déclin démographique, l'Égypte lagide est surpeuplée. La paysannerie locale doit faire vivre la population concentrée à Alexandrie et soutenir une monarchie qui tire sa richesse et sa puissance des revenus de la terre d'Égypte.

2) D'autres régions du monde grec et hellénisé ne bénéficient pas des conditions géographiques nécessaires à une agriculture sédentaire. L'altitude et l'abondance des précipitations ont favorisé le développement d'un élevage transhumant, par exemple dans les régions de Grèce du Nord (Thessalie, Épire, Macédoine et Illyrie méridionale). Les troupeaux gagnent les alpages du Pinde pour la saison d'été, tandis qu'ils hivernent dans les plaines sur le versant égéen ou sur le versant ionien et adriatique. Ces déplacements à longue distance ne sont pas sans effet sur l'organisation de la vie collective[27], comme on le reverra : le cadre de la cité-État est trop réduit pour convenir à des populations habituées à se déplacer régulièrement sur une centaine de kilomètres au moins.

Certes, surtout à partir de la seconde moitié du IVe siècle, une partie de la population a été amenée à se sédentariser, comme le rappelle Arrien (*Anabase*, VII, 9, 2-3) avec le discours d'Opis, soit du fait de la volonté du prince (voir Justin VIII, 5, 7-8, et 6, 1-2), soit simplement parce que l'accroissement lent mais réel de la population ne permet plus à tous de vivre des revenus de l'élevage. Désormais une agriculture vivrière complète utilement le bénéfice tiré des troupeaux. L'accroissement de la population conditionne en outre le dynamisme des royaumes qui y sont établis :

---

27. Sur ce sujet, voir notamment G. Fabre (éd.), *La Montagne dans l'Antiquité*, Publications de l'Université de Pau, 1993, et les Actes du colloque « Gebirgsland als Lebensraum », Stuttgart, 1993 (sous presse).

royaume illyrien de Bardylis dans la première moitié du
IVᵉ siècle, royaume argéade aux temps de Philippe II et
d'Alexandre le Grand, royaume épirote dans le premier quart
du IIIᵉ siècle au temps du roi Pyrrhos. Enfin, de nombreuses
villes sont créées à cette période : Phoiniké et Antigoneia en
Épire, Byllis, Amantia et Olympè en Illyrie méridionale.
Selon Diodore de Sicile (XIX, 67, 4), l'Acarnanie connaît
une croissance urbaine en 314, à l'instigation de Cassandre :
« Il leur conseilla d'abandonner leurs bourgades, petites et
non fortifiées, pour venir habiter dans quelques cités. » Stratos, Oiniadai, Agrinion se développent à cette époque ; la
Macédoine suit une évolution analogue.

3) Le nomadisme – associé aux activités des villageois –
structure la vie économique de vastes régions du royaume
séleucide, en particulier dans les zones marquées par une
sécheresse subdésertique : à proximité du désert d'Arabie,
l'élevage des chameaux fournit les animaux indispensables
aux caravanes qui sillonnent l'Asie intérieure, de la Mésopotamie jusqu'à l'Indus. Le peuplement y est épars, adapté
aux conditions de vie difficiles. Selon Javier Teixidor, les
tribus palmyréniennes « étaient obligées à se déplacer du
désert aux lisières du pays cultivé soit pour s'approvisionner
du nécessaire, soit pour s'y réfugier l'été, retournant à l'arrivée des pluies aux alpages voisins [28] ». Il s'agit bien d'une
forme de transhumance, mais sans habitat principal fixe, le
nomadisme restant la règle en dehors des périodes de grande
chaleur et de grande sécheresse.

Ce sont ces nomades ou semi-nomades qui fournissent,
lors de la bataille de Raphia en 217, le contingent de
10 000 Arabes que mentionne Polybe (V, 2, 71). Leurs troupes
sont placées sous le commandement de Zabdibélos (V, 79,
8), qui porte un nom typiquement palmyrénien et qui pouvait être un dynaste de la Palmyrène. Les Bédouins étaient
sans doute plus difficiles à recruter, surtout en si grand
nombre. En 189, à la bataille de Magnésie du Sipyle, Tite-
Live (XXXVII, 40, 11-12) et Appien (*Syriaca*, 32) placent
des Arabes dans l'armée d'Antiochos III et ils les décrivent

---

28. J. Teixidor, « Nomadisme et sédentarisation en Palmyrène », in
*Sociétés urbaines, Sociétés rurales dans l'Asie Mineure et la Syrie hellé-
nistiques et romaines, op. cit.,* p. 49-55.

comme des méharistes « armés d'épées minces, longues de
quatre coudées pour mieux atteindre l'ennemi de si haut »
(Tite-Live).

4) Ailleurs encore, l'artisanat constitue le gros de l'activité
économique. Associé très souvent aux travaux des champs,
réalisé au sein de l'exploitation familiale, il se limite à ce
cadre domestique : transformation des récoltes pour la production de farine, d'huile, de vin ; filature et tissage à partir
des produits animaux (transformation de la laine) ou de
végétaux (lin et chanvre). Les métiers à tisser fournissent les
étoffes nécessaires aux vêtements de la famille et de tous les
habitants du domaine (libres et non libres). De la même
façon, chaque famille s'efforce de fabriquer avec de la terre
cuite la vaisselle qu'elle utilise quotidiennement.

Des ateliers plus importants ou plus spécialisés se chargent
des travaux délicats qui nécessitent une technique plus
savante. Le travail des métaux, en particulier, qui exige des
températures élevées, est davantage une activité de profes-
sionnels, au moins pour la transformation du minerai et pour
la fabrication d'objets indispensables, comme le soc de char-
rue, les outils, les armes. Au départ, l'activité minière est
surtout le fait d'entrepreneurs de main-d'œuvre qui louent
des esclaves à ceux qui ont pris à ferme l'exploitation d'une
mine ; on y extrait le cuivre, le fer, le plomb argentifère ;
l'étain est importé. Des ateliers spécialisés assurent ensuite
la purification du métal, puis la fabrication de produits finis
qui sont commercialisés. Chaque région cherche à produire
ce qui lui est nécessaire mais les produits de qualité viennent
de quelques centres plus importants : l'Égypte manque de
minerais et doit tout importer, alors que l'Asie Mineure et la
Grèce possèdent minerais et traditions artisanales.

Les ateliers monétaires sont nombreux, surtout pour la
frappe du bronze ; les monnaies d'argent et d'or sont le
monopole des rois : l'Égypte lagide frappe de belles pièces,
plus destinées au règlement des marchés extérieurs, aux activités diplomatiques et à la solde des mercenaires qu'aux
échanges intérieurs qui demeurent en partie au stade du troc,
même si certains impôts sont payables en monnaie. Les
Lagides veillent soigneusement à retirer de la circulation les
monnaies étrangères pour les fondre et les réutiliser.

A l'inverse du travail des métaux, les centres de production de céramique sont très diversifiés, car cette industrie n'exige pas de gros investissements ni une technique très sophistiquée. Les centres italiotes, Tarente et la Campanie, envoient fréquemment leurs productions vers la Grèce ; mais, rapidement, celles-ci sont imitées grâce à la construction de fours de potiers, et seule l'analyse de l'argile permet aux archéologues d'aujourd'hui de déterminer leur lieu de production.

Le monde hellénistique n'est donc pas, loin s'en faut, un grand marché unifié qui serait parcouru par des populations nombreuses et très mobiles. En réalité, une multitude de petites unités, politiques, parfois nationales, sociales et économiques, se juxtaposent, pour constituer un espace fort peu homogène, aux horizons réduits, dont les productions et la monnaie locale sont souvent les seules à être utilisées. Si quelques privilégiés de l'entourage du diœcète Apollonios et de son intendant Zénon circulent souvent, l'espace vécu du fellah égyptien, du colon installé en Haute-Égypte, en Bactriane ou même dans une fondation d'Anatolie, se limite à leur domaine quotidien ; il faut vraiment qu'ils se sentent menacés d'une catastrophe, notamment l'esclavage pour dettes, pour qu'ils prennent la fuite et partent à l'aventure, vers une grande ville comme Alexandrie ou vers le désert, afin d'échapper à d'éventuelles poursuites menées par une administration tenace. Certes, on entend parler d'un monde extérieur plus vaste qu'autrefois ; mais le voyage à longue distance est exceptionnel. « Je franchirai probablement les confins sans même m'en apercevoir, et continuerai dans mon ignorance à aller de l'avant », déclare le personnage d'une nouvelle de Dino Buzzati parti, sa vie durant, explorer les limites du royaume de son père. L'espace du monde hellénistique devait ressembler à cela : réduit dans le quotidien, confus dans ses limites, et trop étendu en tout cas pour qu'aucun contemporain pût en faire personnellement l'expérience.

La Grèce des cités

A travers les modes de vie aussi divers que ceux qui ont été esquissés dans le chapitre précédent, on peut mesurer le manque d'homogénéité de la population qui habite entre 324 et 189 la Grèce traditionnelle et les terres conquises par Alexandre. Ces populations peuvent être approchées sous des angles multiples : sous l'angle de leurs fonctions, de leur langue et de leur culture, de leur statut juridique, de leur richesse, de leur cadre de vie.

Il est sans doute commode de distinguer, d'abord, les Grecs des non-Grecs, pour ne pas dire des barbares. C'est une coupure qui a une importance considérable à cette époque. L'appartenance à la communauté des Hellènes assure une supériorité réelle sur tous ceux qui n'en sont pas ; c'est l'opposition entre vainqueurs et vaincus, entre conquérants et conquis, entre dominants et dominés, entre colons et colonisés. Ce sentiment de supériorité est, assurément, moins perceptible pour le citoyen d'une petite cité de Grèce qui n'a jamais quitté le territoire de sa patrie que pour celui qui est parti à l'aventure et se retrouve établi à Alexandrie, à Antioche ou dans quelque fondation coloniale d'Asie intérieure et qui vit au contact quotidien des populations indigènes.

Mais, plutôt que de présenter une étude statique de la société, en examinant les différentes catégories sociales et leurs statuts, il paraît préférable de s'attacher à une étude de la société à travers les grands cadres dans lesquels s'organise la vie des communautés humaines : Grèce des cités (chapitre 4), Grèce de l'*ethnos* (chapitre 5), grands royaumes, lagide et séleucide (chapitre 6), en réservant une place particulière à quelques grandes métropoles (chapitre 7) – Alexandrie, Athènes, Antioche, Pergame, Syracuse – qui ont joué, durant le grand IIIe siècle, un rôle moteur dans le développe-

ment de la culture grecque et sa propagation dans l'ensemble
du monde hellénistique et au-delà jusqu'à Rome.

Le problème se complique, en réalité, du fait des imbri-
cations qui existent entre ces différentes formules ; les cités,
par exemple, sont nombreuses au sein des grands royaumes :
si l'Égypte lagide ne comprend que trois cités (Alexandrie,
Naucratis et Ptolémaïs), le royaume des Ptolémées en compte
beaucoup plus depuis Cyrène jusqu'aux cités de Chypre et
des côtes d'Asie Mineure intégrées au royaume. Le royaume
séleucide a vu se multiplier les cités fondées par Alexandre
et par Séleucos Ier et ses successeurs. Il convient donc de distinguer entre anciennes et nouvelles cités et, dans la seconde
catégorie, entre authentiques fondations de villes à l'aide de
contingents de Grecs immigrés en Orient, et anciennes villes
indigènes transformées en *poleis* de type grec [1].

La cité-État et son évolution

A la Grèce des cités correspond l'ensemble des régions du
monde grec qui ont adopté comme cadre de la vie collective la
polis, c'est-à-dire la cité-État, édifiée autour d'un corps civique
déterminé, lui-même établi sur un territoire donné, composé
d'une ville, plus ou moins développée, et d'une *chôra*, qui est
le terroir agricole qui fait vivre la cité. Cette communauté
civique possède sa propre structure étatique qui lui assure la
liberté et l'autonomie, au sens étymologique, c'est-à-dire ses
propres lois. Ce cadre existe aussi bien en Grèce centrale et
méridionale, dans les îles, que sur les côtes d'Asie Mineure ;
il a été implanté ensuite par Alexandre et par ses héritiers dans
l'Asie séleucide où toutes les fondations séleucides n'ont
pas statut de *polis*. S'y sont multipliées les cités nouvelles
(sous le nom d'Alexandrie, de Laodicée, de Séleucie, d'Antioche, etc.) depuis le plateau anatolien jusqu'aux confins de
l'Inde, et également en Égypte lagide où l'unique fondation
d'Alexandre, Alexandrie, a connu un succès sans égal en
devenant une métropole de première grandeur.

1. Éd. Will, « *Poleis* hellénistiques : deux notes », *Échos du monde clas-
sique/Classical Views*, XXXII, n. s. 7, 1988, p. 329-352.

Il va sans dire que l'autorité royale, celle d'Alexandre comme celle de ses successeurs, limite considérablement la liberté et l'autonomie des cités nouvellement établies au sein des différents royaumes. Elles n'ont plus la libre disposition de leur politique extérieure, ne peuvent rêver d'une armée civique indépendante qui mènerait ses propres opérations militaires, pas plus que d'une diplomatie agissant à sa guise dans l'intérêt de la cité qu'elle représente. Les souverains ont su marquer les limites de l'autonomie des cités, qui se réduit souvent à une gestion municipale, même si les princes, notamment chez les Séleucides, savent masquer cette évolution. Ils sont parfois liés aux cités par une alliance (*symmachia*) [2], leur envoient des lettres et des ambassades, donnent l'impression d'une négociation d'égal à égal avec elles. On voit, par exemple, comment Ptolémée II s'engage auprès des habitants de Telmessos de Lycie, en 279, à ne pas faire donation de leur cité à qui que ce soit [3]. Ce qui n'empêche pas qu'en 240 la même cité se retrouve donnée à Ptolémée fils de Lysimaque [4], et les citoyens rendent grâce à ce nouveau maître qui a réduit leurs impôts. En pratique, beaucoup de cités, surtout les fondations nouvelles, sont partie intégrante du royaume, elles fournissent des contingents à l'armée royale ; simplement, l'exploitation de leur territoire se fait comme en Grèce, les citoyens étant seuls propriétaires de la terre civique. Les cités anciennes cherchent à échapper à cette condition.

Lorsqu'un roi fait don d'une terre à un ami ou à un membre de la famille royale, ou lorsqu'il la vend, cette terre doit être intégrée dans le territoire d'une cité, qui tire avantage de cet agrandissement de sa *chôra*. On le voit très nettement dans la lettre adressée par Méléagre, gouverneur de la satrapie de l'Hellespont, à la cité d'Ilion à propos de la donation de terre consentie par Antiochos Ier à son *philos* (ami)

2. Voir C.B. Welles, *Royal Correspondence in the Hellenistic Period, op. cit.,* nos 11 et 12.
3. M. Wörrle, *Chiron,* 8, 1978, p. 201-247.
4. *Tituli Asiae Minoris,* II, *Tituli Lyciae linguis Graeca et Latina conscripti,* éd. E. Kalinka, Vienne, Académie de Vienne, fasc. 1, 1920 (= OGIS) ; voir M. Holleaux, « Ptolémée de Telmossos », in *Études d'épigraphie et d'histoire grecques,* réunies par L. Robert, Paris, Maisonneuve, 1938-1969, 6 vol., t. III, p. 365 *sq.*

Aristodikidès d'Assos vers 275[5]. Le gouverneur encourage vivement les gens d'Ilion à répondre favorablement aux demandes d'Aristodikidès et leur rappelle que d'autres cités auraient bien souhaité attirer vers elles le domaine donné à l'ami du roi. Il en va de même pour le village de Pannos et pour son territoire, vendus à la reine Laodice (254/53) et qui doivent être rattachés au territoire de la cité qu'elle choisira[6].

Les cités de Grèce d'Europe semblent, à première vue, conserver plus d'indépendance, dans la mesure où elles ne sont pas incluses directement dans un royaume. Mais les royaumes du nord de la Grèce possèdent aussi d'authentiques cités : c'est le cas pour le royaume antigonide, qui couvre la grande Macédoine (haute et basse Macédoine, mais aussi terres conquises sur les Illyriens et les Thraces) et la Thessalie annexée par Philippe II ; s'y ajoutent les nombreuses cités occupées par des garnisons macédoniennes, que Polybe (XVIII, 11) désigne sous le terme « chaînes de la Grèce » : Chalcis, Démétrias, Corinthe. Par tyrans interposés, les rois antigonides, surtout Antigone Gonatas (277-239), contrôlent encore une partie du Péloponnèse, avec Aristodamos à Mégalopolis, Nicoclès à Sicyone, Iséas à Caryneia d'Achaïe et bien d'autres. En outre quelques cités, comme Aigion d'Achaïe, doivent subir durablement la présence de garnisons macédoniennes mises en place par Démétrios Poliorcète et par Cassandre, et maintenues par Antigone Gonatas. Par exemple, le royaume de Pyrrhos, qui a fixé sa capitale à Ambracie, possède un temps Corcyre apportée en dot par Lanassa, fille d'Agathoclès de Syracuse, et sans doute Apollonia d'Illyrie, voire même Épidamne-Dyrrhachion.

L'histoire intérieure des cités de Grèce propre est souvent mal connue à cette période. Celle d'Athènes est révélatrice du peu d'autonomie dont nombre de cités ont pu réellement jouir durant le IIIe siècle : dès 322, une garnison macédonienne s'établit à Mounychia, et Cassandre la maintient à l'époque du gouvernement de Démétrios de Phalère, *épimélète* de la cité (317-307). Démétrios restaure la démocratie,

---

5. C.B. Welles, *Royal Correspondence in the Hellenistic Period, op. cit.*, n°s 10-13.
6. *Ibid.*, n°s 18-20

libère Athènes en 307 : comme on l'a vu, la cité croit alors
nécessaire d'accorder des honneurs divins à Démétrios et à
son père Antigone et de créer deux nouvelles tribus (Démétrias et Antigonis) qui bouleversent l'organisation décimale
du corps civique mise au point par Clisthène. Dès 294,
Démétrios rétablit des garnisons au Pirée, à Mounychia et
sur la colline des Muses. Si la ville parvient à se libérer en
287, le Pirée et la majeure partie du territoire civique restent
sous contrôle macédonien jusqu'en 281. Après quelques
années d'indépendance – de 281 jusqu'à la capitulation qui
termine la guerre de Chrémonidès, vers 262 –, Athènes est
de nouveau sous la coupe des garnisons macédoniennes pour
une génération, jusqu'en 229.

On doit observer, en outre, que le sort de la cité n'est pas
toujours semblable sur l'ensemble de son territoire : dans le
cas d'Athènes, la ville peut être débarrassée de toute garnison étrangère, par exemple entre 287 et 281, tandis que son
territoire et son port, le Pirée, restent sous le contrôle de
garnisons macédoniennes. L'unité de la cité est brisée, ce qui
rend difficile le fonctionnement des institutions ; les familles
se trouvent séparées de part et d'autre d'une ligne de démar-
cation ; la ville est privée de tout apport d'approvisionne-
ments débarqués au port ; l'exportation des produits fabri-
qués dans la ville devient impossible.

La présence prolongée de garnisons aboutit aussi à créer
de véritables petites communautés isolées, qui ont tendance
à se comporter comme de nouvelles entités dotées d'institutions créées sur le modèle de celles de la cité. C'est d'autant
plus facile lorsque les souverains placent à la tête de ces
garnisons de mercenaires des officiers autochtones ; ainsi
à Rhamnonte, vers 235, Dicaiarchos, fils d'Apollonios du
dème de Thria, qui est donc un citoyen athénien, officier au
service des rois antigonides, est honoré dans un décret voté
par une communauté hétéroclite : des citoyens athéniens,
notamment ceux du dème de Rhamnonte, mais aussi tous
ceux qui habitent la garnison (athéniens, mercenaires, macédoniens ou autres) [7]. On a là le signe d'une rupture profonde

7. J. Pouilloux, *Choix d'inscriptions grecques*, op. cit., p. 75-78 ; parmi
les inscriptions nouvelles de Rhamnonte publiées par V. Pétrakos, *Praktika Arch. Hét.*, 144, 1989 (paru en 1993), p. 1-37, il faut citer le n° 14 qui

des cadres traditionnels au profit de rassemblements occa-
sionnels groupant civils et militaires.

Dans bien des cas, les cités de Grèce propre ne réussissent
à préserver une part de leur autonomie qu'en adhérant à une
fédération, à un État fédéral qui regroupe un certain nombre
de communautés (*poleis* et/ou *ethnè*). Ce type d'État n'est
pas une création de la période hellénistique, ni même des
Thébains au temps de leur hégémonie (371-362). Les États
fédéraux sont beaucoup plus anciens, même si les inscriptions ou les textes littéraires qui les font connaître remontent
rarement au-delà du premier tiers du IVe siècle. Ils se caractérisent par l'existence d'une citoyenneté fédérale qui se superpose aux citoyennetés locales : dans le cas de la Fédération
béotienne, l'habitant de Platées ou de Thespies est d'abord
citoyen de Platées ou de Thespies, puis citoyen béotien.

Les États fédéraux peuvent regrouper des cellules locales
de nature différente, *poleis* ou *ethnè :* la communauté (ou
koinon) des Achéens réunit anciennement douze cités, situées
sur la côte septentrionale du Péloponnèse, avant de s'ouvrir,
à partir de 251, à des cités non achéennes (de dialecte),
mais doriennes comme Sicyone, Corinthe, puis d'absorber la
totalité de l'Arcadie voisine, et de prétendre réaliser l'unité
du Péloponnèse en son sein. Sur l'autre rive du golfe de
Corinthe, au nord, la Fédération étolienne comprend côte à
côte des cités et des *ethnè ;* il en va de même dans le *Koinon*
acarnanien, avant son partage entre Étoliens et Épirotes, vers
253/52, mais avec une prédominance numérique des cités.
C'est l'inverse dans le royaume épirote, puis dans la Fédération républicaine épirote qui lui succède, après l'extinction
de la dynastie éacide, vers 232 : les rares cités qui en font
partie sont d'anciennes colonies corinthiennes, comme
Ambracie, Corcyre, sans doute Apollonia au temps de
Pyrrhos, alors que les *ethnè* y dominent totalement.

Ce sont, en réalité, ces États fédéraux qui atteignent seuls
une taille suffisante pour compter dans le concert des États

---

est un décret des *kryptoi* athéniens, c'est-à-dire d'un corps d'« éclaireurs
camouflés », qui n'était pas connu jusqu'ici à Athènes, et qui comprenait
une majorité d'Athéniens, mais aussi des étrangers (un Sinopéen, un
Platéen, un Mégarien) ; voir Ph. Gauthier, *Bull. épigr.*, 1994, 301, et
D. Knoepfler, *BCH* 117 (1993), p. 327-341.

hellénistiques : Achéens et Étoliens sont capables de tenir tête aux rois antigonides, par exemple à Démétrios II au cours de la guerre démétriaque (239-229). Les cités isolées ne parviennent plus à peser suffisamment pour infléchir le cours des événements politiques, militaires ou diplomatiques.

La perte d'indépendance des cités se manifeste également dans le domaine économique. Une cité comme Athènes est contrainte de mendier argent et céréales auprès des rois Lysimaque, Ptolémée Ier et Ptolémée II pour nourrir sa population et acheter l'évacuation des garnisons étrangères ; on le voit dès le décret en l'honneur de Philippidès, en 283/82 [8], pour les dons de Lysimaque en céréales et en argent ; dans le décret en l'honneur de Kallias de Sphettos (270/69) [9], comme dans le décret en l'honneur de son frère Phaidros [10]. Ce sont les premiers rois lagides qui apparaissent comme les fournisseurs de grains et d'argent. Même les efforts de Sparte pour reconstituer son corps civique au temps du roi Agis IV, puis sous Cléomène III, échouent, en raison de l'inquiétude que ces tentatives suscitent tant chez les possédants à Sparte que chez ses voisins, notamment les Achéens qui craignent la contagion d'agitation sociale devant l'annonce d'une redistribution des terres au profit de nouveaux citoyens.

Une organisation adaptée à l'activité économique

Le cadre étroit et clos de la cité-État convient essentiellement à une société d'agriculteurs sédentaires ; c'est d'elle qu'elle est née. Elle rassemble sur son territoire l'ensemble des terres qui nourrissent la population et qui sont loties entre les membres du corps civique.

Partons d'abord des petites cités rurales de Grèce centrale ou du Péloponnèse, celles que l'autarcie caractérise encore au IIIe siècle : le monnayage n'y est pas encore courant au début de notre période. La population se nourrit chichement

8. *IG* II², 657, J. Pouilloux, *ibid.*, n° 1.
9. T. Leslie Shear, *Hesperia*, Supplément XVII, 1978.
10. *IG* II², 682.

de la production locale ; les étrangers y sont rares, car ils ne peuvent posséder la terre et l'artisanat ou le commerce est trop peu développé pour faire vivre celui qui s'y livrerait. Les esclaves y sont également peu nombreux, car, pour en acheter, il faut disposer de pièces de monnaie ; toutefois, les prisonniers de guerre, jusqu'au jour où la rançon est payée par des parents ou des compatriotes, sont traités comme des esclaves, et vendus, comme le reste du butin. Dans d'autres cas, la piraterie peut aussi fournir des esclaves dans des cités qui se livrent à cette activité, en Étolie, en Crète ou en Illyrie.

Le cas de l'Arcadie est exemplaire. Divisée en de nombreuses cités, elle n'a pu réaliser son unité de façon durable au sein de l'État fédéral souhaité par les Thébains, après la fondation de Mégalopolis. Elle offre un bel exemple de la vie rustique des habitants des cités, même si l'on doit s'interroger sur la véracité de la description que le poète alexandrin Lycophron – dans son poème *Alexandra,* v. 479-483 – trace de l'Arcadie et de ses habitants au IIIe siècle avant J.-C. L'Arcadien lui paraît « un campagnard, un homme de la terre ferme, qui se procure lui-même sa nourriture, un de ceux qui descendent du chêne, de ceux qui prennent la forme de louves, de ceux qui de Nyctimos déchirèrent la chair, un de ceux d'avant la lune, qui, se nourrissant de farine de gland, dans la cendre du foyer, au plus fort de l'hiver, durent réchauffer leur pitance ». Dans un article récent, Madeleine Jost analyse remarquablement cet imaginaire de l'Arcadie [11] : homme de la campagne, l'Arcadien vit en autarcie, il descend du chêne selon un mythe de filiation pour lequel plusieurs explications sont possibles, il pratique la lycanthropie et les sacrifices humains évoqués par l'allusion au meurtre de Nyctimos, dont la chair a été offerte à Zeus par Lykaon ou par ses fils. Il a dû se nourrir dans le passé de glands ramassés dans la forêt ; il ne connaissait pas encore le blé et vivait dans un climat rigoureux. On aurait tort naturellement, nous dit Madeleine Jost, de prendre au premier degré cette description, qui révèle surtout l'image érudite que les poètes alexandrins donnent de l'Arcadie, pays qui passe pour rigou-

---

11. M. Jost, « Images de l'Arcadie au IIIe siècle avant J.-C. (Lycophron, *Alexandra*, v. 479-483) », in *Mélanges Pierre Lévêque,* II, Annales littéraires de l'Université de Besançon, 377, 1989, p. 285-293.

reux au IIIe siècle. Cette région est aussi, à cette époque, une terre de culture d'orge et une zone d'élevage ; elle a édifié, bien plus tôt, des monuments aussi remarquables que les temples de Bassai et de Tégée ou le théâtre de Mégalopolis. Mais elle garde cette réputation de sauvagerie et de pauvreté sur des terres ingrates.

D'autres cités, celles sur lesquelles les sources fournissent aussi plus d'informations, connaissent bien entendu une vie économique plus diversifiée. Toutefois, l'agriculture continue à être une activité sûre, surtout en période de disette. Elle est même à la fin du IVe siècle et sans doute durant le IIIe siècle une source de bénéfices non négligeables, certainement inférieurs à ceux que procurent le grand commerce ou le prêt à la grosse aventure. La propriété foncière garde du prestige et contribue à asseoir la réputation d'un citoyen. Pour les citoyens aisés, c'est aussi l'occasion de diversifier la nature de leurs biens. La spéculation foncière était déjà sensible, en Attique, après la guerre du Péloponnèse, comme le rapporte Xénophon dans l'*Économique* XX, 22-26, à propos du père d'Ischomaque, qui achetait des terres en friche, les remettait en culture avant de les revendre avec profit. La concentration de la propriété a sans doute continué dans le courant du IVe siècle : on cite toujours, à ce propos, le seul domaine évalué par certains modernes à trois cents hectares en Attique, que mentionne Démosthène dans le *Contre Phainippos,* 5. Encore faudrait-il savoir quelles cultures y sont pratiquées : une telle superficie en vignes ou en oliviers représenterait naturellement une autre valeur que la même exploitation en cultures céréalières, en terres d'élevage ou en bois, comme le mentionne Démosthène.

Sparte connaît aussi une concentration de la propriété entre les mains d'un très petit nombre de citoyens propriétaires. Comme on l'a déjà relevé dans le chapitre 3, la crise démographique qui frappe le corps civique lacédémonien depuis le Ve siècle n'a pu être enrayée. Plutarque, *Vies d'Agis et Cléomène*, estime que, vers 245, sur les 700 citoyens spartiates, 100 seulement ont des revenus suffisants pour participer aux syssities. C'est dire que ce ne sont que quelques familles qui se partagent l'ensemble de la terre civique en Laconie, et on sait comment une majorité d'entre elles s'est opposée aux réformes voulues par Agis IV.

Les métiers d'artisans et de commerçants rassemblent, comme dans l'agriculture, des populations de revenus très différents, depuis ceux qui fournissent simplement leur force de travail (esclaves, étrangers, métèques ou pauvres citoyens qui travaillent devant la forge, sur le métier à tisser ou qui tirent la rame et montent les voiles des navires marchands) jusqu'aux chefs d'entreprise, armateurs, banquiers qui manient des sommes importantes et interviennent dans plusieurs régions du monde connu. D'autre part, les mêmes hommes peuvent être à la fois propriétaires fonciers et commerçants, banquiers et chefs d'entreprise, comme les banquiers Pasion et Phormion, pourtant anciens esclaves (Démosthène, *Pour Phormion*).

Les grands centres d'activité se sont déplacés. Le Pirée n'est plus le grand port qu'il était au siècle de Périclès, et les péripéties militaires qui l'ont coupé, à plusieurs reprises durant le IIIe siècle, de la ville d'Athènes ont contribué à accélérer son déclin. C'est Rhodes qui devient le grand centre d'échanges, à côté d'Alexandrie. Les témoignages archéologiques manquent, en raison du grand tremblement de terre qui a ravagé Rhodes en 227 avant J.-C., mais le port est alors le centre du transit en Méditerranée orientale. Le travail artisanal ou industriel se déplace également vers les capitales des grands royaumes, comme Alexandrie, Antioche, Pergame, vers Tarente et Syracuse aussi. Enfin, les productions locales remplacent souvent les importations, comme c'est le cas pour la céramique athénienne qui perd ses marchés. De grosses fortunes se constituent en face d'une population pauvre nombreuse qui supporte mal cette situation et ne s'y résigne que lorsque les plus riches savent se montrer généreux envers la communauté à laquelle ils appartiennent.

Des institutions qui privilégient les riches

Dans la Grèce des cités, les tensions sociales et les difficultés économiques ont, au cours du IVe siècle, rendu précaire l'équilibre des pouvoirs, notamment dans les cités qui avaient choisi le régime démocratique. L'exemple athénien est le mieux connu : une majorité des citoyens présents à l'assemblée augmente la pression fiscale, le poids des liturgies sur les riches ; ceux-ci se détachent progressivement du régime démocratique, qui ne parvient plus à garantir la sécurité des mers, le contrôle de l'économie de larges régions anciennement tributaires d'Athènes et, de plus, les soumet à des prélèvements qui leur paraissent de plus en plus lourds et injustifiés.

Les règles traditionnelles de la constitution athénienne semblent modifiées : au principe d'annalité et de collégialité des magistratures tend à se substituer l'apparition de nouvelles charges qui ne sont plus soumises aux mêmes normes, comme pour la gestion des caisses du théorique ou des fonds militaires. A titre d'exemple, Euboulos exerce la charge d'administrateur de la caisse du théorique sans interruption de 355 à 346. Lycurgue exerce la fonction de trésorier de la *dioikèsis* à partir de 338 et, par là, étend son autorité sur toute la cité. Au même moment, les fonctions de stratèges sont de plus en plus spécialisées et cantonnées dans un domaine très précis : non seulement fonctions civiles et fonctions militaires sont nettement séparées, mais encore les charges militaires sont morcelées entre les dix stratèges.

La désaffection pour la démocratie à Athènes parmi les classes aisées de la société correspond en outre aux réflexions des théoriciens politiques et philosophes, en premier lieu Platon et Aristote. L'un et l'autre construisent une cité idéale dans laquelle le pouvoir politique est réservé à une élite restreinte. Ils prônent l'exclusion des travailleurs manuels. L'aspiration à une démocratie modérée cache mal le désir de voir l'instauration d'un pouvoir oligarchique réservé aux « honnêtes gens », qui permettrait le rétablissement de la situation financière de la cité par la suppression des *misthoi* et des caisses de secours.

La défaite athénienne dans la guerre lamiaque (323-322) fournit l'occasion de l'instauration d'une démocratie censitaire imposée par le régent macédonien, Antipatros. Elle se traduit par l'exclusion de tous les citoyens qui ne possédaient pas au moins 2 000 drachmes : 22 000 citoyens, selon Diodore XVIII, 18, 5, perdent alors la citoyenneté et 9 000 seulement la gardent. De son côté, Plutarque, *Vie de Phocion*, 28, 7 indique seulement l'exclusion de 12 000 citoyens. Dès lors, il n'est plus besoin d'indemnités pour ceux qui exercent une magistrature. Il est vrai que le décret d'Antipatros est rapidement amendé, et que l'exclusion ne frappe plus que les citoyens possédant moins de 1 000 drachmes. Mais beaucoup d'exclus sont partis s'établir en Thrace, au dire de Plutarque, *Vie de Phocion*, 28, 7, ou dans des cités nouvelles d'Asie séleucide, et Athènes est durablement privée de leur participation à la vie politique.

Quelques grandes familles jouent alors un rôle dominant dans la vie de leur cité : par exemple la famille de Kallias, fils de Thymocharès, du dème de Sphettos, et de son frère Phaidros, honorés, l'un pour ses liens avec la monarchie lagide, le second pour son amitié avec le roi Antigone Gonatas, dans la première moitié du IIIe siècle, comme si la cité prenait grand soin à ne pas s'engager totalement dans un camp ou dans l'autre.

Ce pouvoir des citoyens les plus riches n'est pourtant pas absolu. Philippe Gauthier a raison de rappeler l'observation d'Aristote, vers 330 : « Maintenant que les cités se sont développées, il est peut-être difficile d'y instaurer un autre régime que la démocratie » (Aristote, *Politique*, III, 15 1286 b 20). En tenant compte des remarques présentées auparavant, on peut admettre cette généralisation d'une certaine démocratie qui profite à une classe moyenne assez large, et non aux seuls notables qui font parler d'eux davantage que les autres citoyens, par leur générosité[12].

La situation hors d'Athènes est moins connue faute de documents. Mais si on regarde bien le contenu de la ligue de Corinthe (ou *Koinon* des Hellènes) organisée par Philippe II après sa victoire de Chéronée (338), qui rassemble tous les États grecs à l'exception de Sparte, on doit constater les précautions prises par le fondateur pour interdire tout bouleversement social entraîné par un partage des terres ou l'affranchissement massif d'esclaves. La communauté grecque, par la volonté du roi macédonien qui rencontre certainement là l'assentiment de bien des habitants des cités grecques, s'installe dans le conservatisme social, la protection du *statu*

---

12. Ph. Gauthier, « Les cités hellénistiques : épigraphie et histoire des institutions et des régimes politiques », *Praktika* du Congrès épigraphique d'Athènes 1982, Athènes, Ministère de la Culture et de la Science, 1984, p. 82-107.

quo. Plus d'un siècle plus tard en effet, dans les années 227-224, lorsque les réformes de Cléomène III, dans l'État lacédémonien, aboutissent au recrutement de nouveaux citoyens et à la redistribution des terres, Aratos de Sicyone préfère changer totalement de politique extérieure en faisant appel à Antigone Dôsôn, par crainte de la propagation d'idées subversives qui seraient bien accueillies par les populations pauvres d'Argos ou de Corinthe, qui aspirent à la redistribution des terres, Aratos prend la défense de l'ordre social établi, qui lui paraît nécessaire à la survie de la Fédération achéenne.

Face à ce monde des notables, qui tiennent le pouvoir dans leurs cités respectives, le monde grec est parcouru par une foule de pauvres, dont beaucoup sont citoyens ou anciens citoyens exclus, devenus des apatrides. Le phénomène n'est pas absolument nouveau ; il était apparu en fait tôt dans le courant du IVe siècle et avait alimenté les armées en mercenaires, prêts à servir le plus offrant. Plus tard, lorsque Timoléon, après 344, cherche à repeupler Syracuse sortie de la tyrannie, ce sont 10 000 hommes qui se rassemblent à Corinthe et, finalement, 60 000 citoyens qui arrivent à Syracuse grâce aux volontaires venus également de Grande-Grèce et de Sicile. L'un des deux rescrits d'Alexandre le Grand proclamés à Olympie en 324 impose le retour des bannis dans leurs cités d'origine : selon Diodore de Sicile XVIII, 8, plus de 20 000 de ces bannis étaient présents à Olympie lors de cette proclamation. On peut imaginer sans peine les conséquences pratiques d'une telle décision : la réaction athénienne est très négative car le retour des Samiens exilés signifie l'expulsion des clérouques athéniens établis depuis une génération (à partir de 365/64) sur les terres de Samos confisquées. L'accueil de ces clérouques en Attique ne peut qu'aggraver les tensions sociales et beaucoup d'entre eux ont dû se retrouver deux ans plus tard parmi les 12 000 (ou 22 000) Athéniens privés du droit de cité.

Lorsqu'une cité comme Tégée essaie d'organiser dans le détail le retour des bannis, elle prend une série de dispositions législatives qu'une inscription a en partie conservées [13] :

---

13. M.N. Tod, 202 ; trad. d'A. Plassart, *BCH*, 38 (1914), p. 106-108.

on cherche alors à redonner à chacun une maison et une terre, en reprenant à ceux des habitants qui sont restés à Tégée une part de leurs biens pour la rendre aux bannis ; un tribunal étranger tranche les litiges, certainement nombreux.

On aurait tort de croire que la volonté d'Alexandre a résolu le problème des exilés et que le IIIᵉ siècle n'a plus connu ce problème des apatrides. Une décision comme celle d'Antipatros à l'égard du corps civique athénien, en 322, renforce le nombre des apatrides. Les luttes politiques qui déchirent les cités, par exemple chez les Achéens, au sujet de l'expulsion des tyrans promacédoniens, alimentent cette masse errante. Une partie va s'établir dans les nouveaux royaumes, au service des souverains lagides ou séleucides ; d'autres servent comme mercenaires dans les armées antigonides. Les exclus sont plus nombreux que jamais au cours du IIIᵉ siècle et constituent le revers de la médaille, qui présente par ailleurs le visage d'une Grèce des cités vivant dans l'aisance et les honneurs.

Une faiblesse qui pousse les cités à rechercher les protecteurs et à honorer les évergètes

En dehors des États fédéraux, comme l'Étolie et l'Achaïe, qui sont de taille à tenir tête au roi antigonide, il faut bien dire que les cités grecques sont toutes très affaiblies et incapables d'assurer leur propre destin. On l'a vu notamment en suivant l'histoire d'Athènes durant le IIIᵉ siècle. Puisque la solution n'est plus entre les mains des citoyens, ceux-ci se tournent naturellement vers ceux qui peuvent contribuer à améliorer leurs conditions de vie, parce qu'ils peuvent agir sur le cours des événements. Les rois sont, inévitablement, les seuls qui peuvent assurer une protection efficace et, en signe de gratitude, les cités s'efforcent de leur offrir des privilèges à la mesure de leur aide, quitte à emprunter au domaine cultuel qui règle les relations entre les hommes et les dieux.

Les honneurs accordés à Démétrios Poliorcète par les Athéniens en 307, puis en 294, témoignent notamment de la rapidité avec laquelle les descendants des Marathonomaques se sont jetés au pied de leur Sauveur, l'ont salué du titre royal, ont créé deux nouvelles tribus en l'honneur de Démétrios et de son père, puis l'ont honoré comme un dieu, en opposant l'efficacité de son action au silence et à la surdité des dieux traditionnels. Le culte des souverains, dans une cité comme Athènes, n'engage sans doute pas profondément ceux qui s'y adonnent ; quand la chance tourne, que le souverain protecteur se révèle inefficace, il est rapidement oublié et remplacé par un autre ; mais le souvenir des bienfaits perdure et les nouvelles tribus athéniennes sont maintenues jusqu'à la fin du IIIe siècle, même lorsque la cité est en opposition avec la monarchie antigonide (chapitre 2).

Il est frappant en particulier de voir les citoyens d'anciennes grandes cités se livrer à cette quête permanente de nouveaux protecteurs, parfois en essayant de nouer des liens auprès de plusieurs protecteurs à la fois. On l'évoquait précédemment à propos des deux frères Kallias et Phaidros de Sphettos : les Athéniens honorent Kallias, ami des deux premiers Ptolémées, quand la cité est indépendante, en 270/69, avant la guerre de Chrémonidès ; mais les mêmes honorent, quinze ans plus tard, son frère, lié à Antigone Gonatas, parce qu'Athènes est à nouveau occupée par des garnisons macédoniennes à l'issue de la guerre de Chrémonidès.

Le besoin de protection, qui témoigne de l'inaptitude de la cité à être maîtresse de son destin, s'accompagne, en raison de la faiblesse des ressources de la plupart d'entre elles et souvent de leur volonté de paraître plus belles ou plus grandes que les voisines et rivales, de la nécessité de transférer des charges, parfois très lourdes, du compte de la cité à celui de riches particuliers. Manifestement, un changement de mentalité s'est opéré entre le IVe et le IIIe siècle : alors que les riches s'indignaient des prélèvements, excessifs à leurs yeux, qui leur étaient imposés dans l'Athènes démocratique, ils acceptent volontiers ces transferts de charges au siècle suivant, à condition que leur dévouement et leur générosité soient clairement affichés et reconnus par leurs concitoyens qui en sont les bénéficiaires. Dès lors, les décrets honorifiques se multiplient et les cités décernent à leurs bienfaiteurs les plus grands honneurs : éloges publics, couronne d'or, statues érigées aux endroits les plus en vue de la cité ou du sanctuaire, invitation au prytanée, honneurs bien souvent accordés à la demande même de l'évergète, qui n'hésite pas, en échange, à dépenser des sommes importantes pour la construction de monuments publics. Cette pratique de l'évergétisme devient alors une véritable institution dans le monde hellénistique et elle connaît un brillant avenir jusqu'à l'époque romaine. Mais il subsiste des différences précises entre les honneurs accordés aux citoyens généreux et évergètes et ceux qui sont rendus aux souverains.

Sans doute faut-il d'abord distinguer nettement entre une haute époque hellénistique (fin IVe-IIIe siècle) et une basse époque hellénistique (à partir du IIe siècle) : c'est seulement dans la seconde période que les notables prennent complètement en main les affaires de la cité, en privant de leur rôle traditionnel l'assemblée populaire et les instances démocratiques. Comme le note justement Philippe Gauthier, les grands bienfaiteurs, durant la première période, la seule qui entre dans le cadre de ce livre, sont « des citoyens zélés, qui assument, avec d'autres, des ambassades ou des charges importantes et qui accomplissent des bienfaits dans le cadre de leurs fonctions (*archai*) [14] ». Voyons le cas de Boulagoras, fils d'Alexis, honoré par les Samiens en 243/42 [15] : dans une cité comme Samos, il devient de plus en plus difficile de trouver des citoyens capables d'assumer les liturgies, en particulier la gymnasiarchie. Boulagoras, désigné comme épistate du gymnase pour remplacer le gymnasiarque défaillant, a rempli parfaitement la fonction coûteuse en raison surtout des fournitures d'huile qu'elle entraîne ; il participe à des ambassades auprès d'Antiochos Hiérax et de Ptolémée III Évergète et de sa sœur Bérénice, consent de grosses avances sans intérêt pour payer les frais de la théorie qu'il conduit à Alexandrie, puis pour assurer les achats de blé nécessaires en période de disette. Par les actes accomplis, comme par les récompenses modestes qui lui sont accordées (éloge et couronne d'or), Boulagoras s'apparente aux bienfaiteurs de l'époque classique, tout en annonçant par l'ampleur de sa générosité la classe des riches évergètes du IIe siècle et de l'époque impériale : il faut insister, en particulier, sur les avances – et non les dons – qu'il consent à la cité et, d'autre

14. Ph. Gauthier, *loc. cit.,* p. 88-89.
15. J. Pouilloux, *Choix…, op. cit.,* n° 3.

part, sur son souci d'agir avec d'autres : dans le cas de l'approvisionnement en blé, si à la première et à la troisième commission d'achat il avance seul tout l'argent nécessaire à la garantie, « pour la deuxième, il a fait la promesse d'un versement égal à ceux des riches qui avaient donné le plus ».

Des constatations semblables peuvent être faites dans les cités d'Asie Mineure, comme le montre bien un article de Pierre Debord [16]. Les cités honorent des étrangers qui sont des personnes en vue et qui ont rendu des services à la cité, notamment sous forme d'aides frumentaires ; parfois elles sont prêtes à leur vendre le droit de cité [17]. Les inscriptions précisent généralement le nombre des ventes qu'il ne faut pas dépasser et le prix à payer : il est de deux mines à Thasos, six mines à Éphèse (*I. Ephesos*, 2001), un demi-talent à Byzance et même un talent à Dymè (*Syll.*[3], 531) ; seuls les riches métèques peuvent verser de telles sommes. L'inscription d'Éphèse, mentionnée ci-dessus, précise, au début du IIIe siècle, que quinze titres de citoyenneté sont vendus au prix de six mines de façon à réunir un demi-talent, pour couvrir des dépenses militaires. Certes, il s'agit là d'un expédient pour des cités contraintes de faire face à des charges imprévues, mais ces ventes de citoyenneté sont néanmoins révélatrices d'un changement des mentalités.

Les notables, anciens et nouveaux, participent assez largement aux dépenses de la cité par la pratique de l'*épidosis*, c'est-à-dire de dons collectifs pour faire face à une dépense que les finances de la cité ne peuvent couvrir. Un autre procédé est la vente de sacerdoces, observé par exemple à Érythrées (*I. Erythrai*, 201). L'achat paraît coûteux, mais l'acheteur en espère souvent, à long terme, de substantiels bénéfices qui échappent alors à la cité.

Si le rôle des notables est important dans la vie des cités, entre 323 et 188, on ne doit pas pour autant considérer qu'il traduit une désaffection de la part de la majorité du corps civique, ou un retrait complet des citoyens pauvres de toute participation à cette vie civique, à la différence de l'interpré-

---

16. P. Debord, « Stratifications sociales en Asie Mineure occidentale à l'époque hellénistique », in *Sociétés urbaines, Sociétés rurales dans l'Asie Mineure et la Syrie hellénistiques et romaines, op. cit.,* p. 29-40.
17. L. Robert, *Hellenica,* I, Paris, Maisonneuve, 1940, p. 36-42.

tation avancée par Paul Veyne : « Le système des notables
s'explique par la lassitude politique des masses [18]. »

En fait la participation des citoyens est attestée publique-
ment en certaines circonstances : ainsi, lors de la réintégration
de Calymna dans la cité de Cos [19], peu avant 200, tous les
citoyens, convoqués sur l'agora, prêtent le serment suivant :

> Je resterai fidèle à la démocratie établie, au rétablissement de
> l'*homopoliteia* [le terme désigne une forme de sympolitie],
> aux lois ancestrales de Cos, aux décrets de l'Assemblée et
> aux règlements sur l'*homopoliteia* [...] Je n'établirai, sous
> aucun prétexte, ni une oligarchie ni un tyran, ni un autre
> régime que la démocratie ; et je ne permettrai à quiconque
> d'établir [un tel régime], mais l'en empêcherai autant que je
> pourrai ; je n'occuperai ni un fort ni une citadelle, ni en me
> les appropriant moi-même ni en collaborant avec un autre,
> sous aucun prétexte ; je ne tolérerai pas que [le territoire] de
> Cos soit amoindri, au contraire je l'accroîtrai de tout mon
> pouvoir ; je serai aussi un juge juste et un citoyen impartial,
> votant à main levée ou par bulletin, sans céder à la complai-
> sance, toute décision qui m'aura paru être avantageuse pour
> le peuple [20].

A la fin du IIIe siècle, dans une cité qui appartient à l'alliance (la *symmachia*) du roi lagide, chaque citoyen s'engage
à participer activement à la vie politique et aux institutions
civiques, y compris en participant à la défense du territoire
comme soldat, en siégeant dans les tribunaux et à l'Assemblée populaire. C'est une communauté bien vivante qui
assure la vie de la cité de Cos, même si celle-ci ne peut évidemment pas affirmer sa pleine indépendance puisqu'elle
appartient alors au roi lagide. De nombreux autres décrets
révèlent que les citoyens prennent part en masse aux votes
de toute nature, notamment aux décrets honorifiques, qui
marquent la vie des assemblées populaires dans les cités du
IIIe siècle.

18. P. Veyne, *Le Pain et le Cirque*, Paris, Éd. du Seuil, p. 203.
19. H.H. Schmitt, *Die Staatsverträge des Altertums*, III, *Die Verträge
der griechisch-römischen Welt von 338 bis 200 v. Chr.*, *op. cit.*, n° 545.
20. Ph. Gauthier, *loc. cit.*, p. 94.

La Grèce des cités, au cours de ce grand IIIe siècle, a assurément abandonné certains des traits qui la caractérisaient à l'époque antérieure : la perte de son indépendance, la réduction de son corps civique bien souvent, le développement d'une oligarchie restreinte mais riche, la quête de protecteurs et l'épanouissement de l'évergétisme sont autant d'éléments totalement ou partiellement nouveaux. Mais ils ne doivent pas conduire, comme on l'écrit trop souvent, à conclure que la cité grecque est morte. Elle est autre, pour une bonne part, mais bien vivante, comme en témoignent les très nombreuses inscriptions du IIIe siècle qu'elles ont gravées et qui nous sont parvenues. Les cités de l'époque hellénistique connaissent une vie politique très active et, dans bien des cas, accèdent à une vie démocratique qu'elles n'avaient pas connue à l'époque classique, pour peu qu'on veuille bien s'intéresser à d'autres cités qu'à Athènes. Une oligarchie de fait (une ploutocratie) s'impose dans le cadre d'institutions démocratiques. Simplement il faut admettre que les votes de leurs assemblées, comme ceux émis à la Pnyx, n'influent que peu sur le cours des grands événements du IIIe siècle, comme ce pouvait être le cas, de façon presque miraculeuse, au temps des guerres médiques. Le pouvoir de décision est largement passé ailleurs, mais cela ne signifie en rien que les cités de la haute époque hellénistique soient entrées dans une phase « postpolitique » (M.I. Finley) où la vie publique se heurterait à l'apathie et à l'indifférence des citoyens. De toute façon, l'évergétisme n'est en rien une institution, mais une pratique courante qui se glisse dans la vie quotidienne de bien des cités qui en apprécient les bénéfices, sans en mesurer les dangers pour la démocratie.

5

La Grèce des *ethnè*

En 1855, pour rédiger le premier mémoire qu'il doit rendre à l'École française d'Athènes, l'archéologue Léon Heuzey explore la région du mont Olympe. Parti ensuite vers l'Acarnanie à dos de mulet, accompagné de son seul guide albanais Costas, solidement armé et pourvu d'une petite provision de quinine, il est étonné du contraste entre le monde égéen et celui qu'il découvre à l'ouest de Delphes : « A partir de Delphes, une région toute différente de celle que je venais de parcourir s'ouvrait devant moi. Il me semblait que j'entrais dans un autre pays, et que je n'étais plus en Grèce. Partout des forêts, partout des eaux courantes ; un sol à la fois embarrassé de bois, de ravins et de montagnes. La Grèce est, en plus d'un endroit, déserte, sauvage ; mais elle l'est autrement. Mes yeux, habitués depuis longtemps aux campagnes nues, brûlées par un soleil éclatant, à ces montagnes qui sont plutôt d'immenses rochers, et dont je venais de voir dans le Parnasse le plus magnifique exemple, étaient comme surpris de la végétation et de la verdure, et de tout le désordre d'une nature agreste et vivante. Toute cette partie du continent, montagneuse et boisée, qui s'étend jusqu'à la mer Ionienne, et qu'on appelait Locride, Étolie, Acarnanie, pays des Eurytanes, des Dolopes, des Amphilochiens, forma de tout temps une contrée à part, distincte du reste de la Grèce, autant par la nature du sol que par le caractère des tribus qui s'y établirent[1]. »

La Grèce du Nord se distingue en effet des régions de Grèce centrale et méridionale essentiellement par un mode de vie radicalement différent, comme le note Léon Heuzey à

1. L. Heuzey, *Le Mont Olympe et l'Acarnanie, exploration de ces deux régions, avec l'étude de leurs antiquités, de leurs populations anciennes et modernes, de leur géographie et de leur histoire*, Paris, Firmin Didot, 1860, p. 223-225.

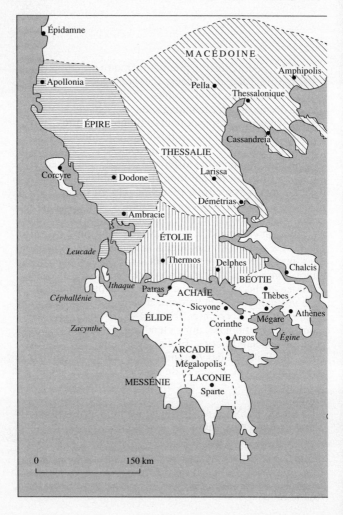

La Grèce

en 250

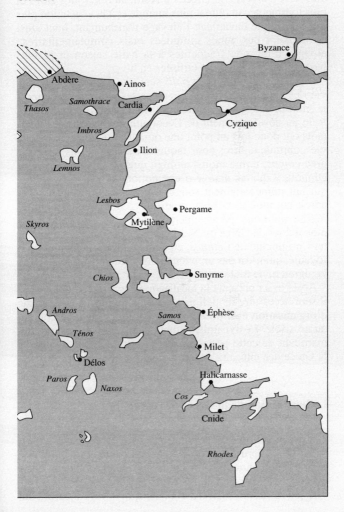

la suite de Thucydide I, 5. La Grèce des cités se caractérise par une agriculture sédentaire et s'est dotée d'un système d'organisation de la vie collective clos sur lui-même, qui permet une exploitation relativement intensive des ressources du sol. A l'inverse, la Grèce du Nord, au relief plus élevé et plus tourmenté, au climat plus humide et à la végétation plus riche, pratique davantage l'élevage transhumant, liant ainsi étroitement des zones éloignées mais complémentaires : alpages d'altitude fréquentés à la belle saison et plaines basses, souvent côtières, utilisées en hiver.

De ce fait, le cadre de la *polis* serait inadapté à ce genre de vie ; les populations ont besoin de vastes terres de parcours et la multiplication des entités politiques aurait constitué un frein au développement de l'économie pastorale. Les habitants ont donc mis au point une organisation différente de la vie communautaire, pour laquelle nous utilisons le terme grec *ethnos*, terme moins ambigu que ne le serait « groupe ethnique » qui est chargé d'une notion de race, ou « tribu » qui fait immédiatement songer à une société primitive. On aurait pu, tout aussi bien, qualifier ce domaine du nom du régime politique qui se superpose aux *ethnè*, en parlant des monarchies de Grèce du Nord. Mais ce titre risquait d'occulter l'originalité de l'*ethnos*, en ne mettant l'accent que sur la royauté, qui n'est pas un phénomène caractéristique de toute la région ni de toute notre période (323-189).

Après avoir présenté la localisation des régions concernées, il sera nécessaire de définir avec plus de précision ce mode d'organisation et d'observer son évolution dans le courant du IIIe siècle. Le dynamisme de la Grèce du Nord est un trait marquant de cette période, par opposition à la faiblesse de la Grèce des cités, à l'exception de quelques États fédéraux.

La localisation de la Grèce des *ethnè*

L'organisation des populations sous la forme d'*ethnos* apparaît au nord-ouest de Delphes et caractérise une vaste région qu'on aurait tort d'exclure de la Grèce, en dépit de ce qu'affirme l'historien du IVe siècle Éphore (*FGrH* 70 F 143, cité par Strabon VIII, 13 c 334), qui, « vers l'ouest, fait commencer l'Hellade à l'Acarnanie, premier pays qui confine aux *ethnè* épirotes ». Cette affirmation erronée aboutit en effet à faire commencer la Grèce au golfe d'Ambracie, comme le croyait déjà Thucydide. Le Pseudo-Scylax, dans son *Périple* (§ 28-33), vers le milieu du IVe siècle, n'est pas d'un avis différent : après avoir présenté les Illyrioi, il cite les peuples d'Épire dont la caractéristique essentielle, à ses yeux, est de vivre en villages (*kata kômas*) ; arrivé à Ambracie, qualifiée de *polis* grecque, il précise : « De là commence la Grèce qui est ininterrompue jusqu'au fleuve Pénée et à Homolios, cité magnète qui est sur ce fleuve. » On en viendrait dès lors, en le suivant trop fidèlement, à réduire la Grèce au Péloponnèse et à la Grèce centrale, rejetant hors d'elle une partie de l'Étolie, l'Épire, le nord de la Thessalie et toute la Macédoine. Trop souvent, des historiens contemporains ont eu tendance à ne considérer que la Grèce des cités, ce qui aboutit à un rétrécissement, à un appauvrissement sérieux de l'Antiquité grecque

En réalité, la Grèce des *ethnè* est bien partie intégrante de l'ensemble grec, surtout durant le IIIe siècle. Qui oserait par exemple, de nos jours, présenter Alexandre le Grand comme un étranger ou un barbare ? Certes, c'était l'opinion de Démosthène à l'égard de Philippe II comme de son fils, mais son souci polémique était évident ; il fallait convaincre ses compatriotes athéniens du danger que représentait la puissance macédonienne, dont la croissance foudroyante impressionnait tous les contemporains. En insistant sur les différences, Démosthène allait jusqu'à faire du roi macédonien un barbare, ce qui facilitait sa démonstration destinée à amener les Athéniens à réagir avant qu'il ne soit trop tard. La différence entre Grecs des cités et Grecs des *ethnè* est rappelée encore au IIe siècle, il est vrai sous la plume de Polybe, toujours prêt à s'en prendre à l'ennemi héréditaire étolien. C'est lui (XVIII, 15) qui prête à Philippe V de Macédoine cette réponse et la question qui la suit, lors de la conférence de Nikaia (en 198), en présence de T. Quinctius Flamininus : « Les Étoliens, eux-mêmes, pour la plupart, ne sont pas des Grecs. Et les régions habitées par les Agraioi, par les Apodotes et par les Amphilochiens ne sont pas la Grèce. Serait-ce alors que vous me les laissez ? »

Il est naturellement excessif d'imaginer une séparation

brutale, une frontière hermétique entre le pays des *poleis* et celui des *ethnè*. Le mode de vie ne se transforme que progressivement, il existe une zone dans laquelle cités et *ethnè* se mêlent. C'est le cas en Acarnanie où les cités, souvent de fondation corinthienne, sont très majoritaires, mais encore au IIIe siècle il y subsiste quelques *ethnè*, comme celui des Dérieis (*IG* IX, 1^2, 3A, ligne 23 ; IV^2, 1, 96, l. 61, 64 ; Diodore XIX, 67, 3-5). La situation est plus équilibrée en Étolie : la zone méridionale, proche de la côte du golfe de Corinthe et autour du lac Trichonis, est au IIIe siècle le domaine des cités, complété par les cités locriennes absorbées par le *Koinon* des Étoliens ; mais l'intérieur reste le pays de l'*ethnos* : Apodotes, Ophionées, Eurytanes sont énumérés par Thucydide (III, 94, 5) ; il cite même deux autres *ethnè* membres de l'ensemble des Ophionées (III 96, 3). Encore, au IIe siècle, Polybe (XVIII, 5, 8) mentionne les Apodotes avec les Agraioi ; plus tard, Strabon (X, 451, 465) évoque les Eurytanes, les Agraioi et les Ophieis (ou Ophionées) ; des Ophieis sont également présents dans les inscriptions *SGDI* 1862 et 1978.

Parfois, dans ces régions où les deux types d'organisation de la vie collective coexistent, les cités sont de création récente et se sont substituées à une organisation antérieure qui était celle des *ethnè* : selon Diodore de Sicile (XIX, 67, 4), c'est Cassandre, en 314, qui pousse les Acarnaniens à venir vivre dans des villes et à se sédentariser à Stratos et à Oiniadai : « Il leur conseilla d'abandonner leurs bourgades, petites et non fortifiées pour venir habiter dans quelques cités. »

Il en est, semble-t-il, de même dans les régions septentrionales de la Thessalie, dans la vallée du haut Titarèse [2] : les cités comme Azoros, Dolichè, Pythion n'y sont pas attestées avant 316 (Diodore XIX, 52, 6) et peuvent être des créations du règne de Philippe II, qui a autoritairement déplacé les populations, regroupé les habitants dans des cités nouvelles pour mieux contrôler des régions de conquête récente, notamment en haute Macédoine.

La situation de la Macédoine n'est pas, non plus, uniforme : la basse Macédoine et la Chalcidique connaissent depuis longtemps, notamment du fait des fondations coloniales, l'or-

---

2. Voir, à ce sujet, G. Lucas, *Les Cités antiques de la haute vallée du Titarèse*, thèse dactylographiée, Lyon, 1992.

ganisation en cités, sur lesquelles s'exerce l'autorité royale. Ces *poleis* sont nées, à l'est comme à l'ouest de l'Axios, soit à la suite de fondations coloniales, comme Méthoné fondée par les Érétriens, soit du fait du développement économique, des transformations sociales et de l'adaptation des structures politiques locales. En revanche, la haute Macédoine est le pays des villages (*kômai*) regroupés en *ethnè* comme ceux des Élimiotes, des Lyncestes, des Derriopes, des Orestes, qui ont constitué de véritables États, souvent dirigés par une famille princière, jusqu'au jour où Philippe II leur impose l'autorité des Argéades. Pour être complet, il faut préciser que certains royaumes de haute Macédoine, comme l'Élimiotide, ont vu la naissance de véritables villes importantes, avant même la soumission à l'autorité des Argéades, comme le révèlent les fouilles actuelles sur le site d'Aianè, proche de Kozani.

Pour faciliter le contrôle des habitants, Philippe II organise donc des déplacements de populations, leur regroupement dans des villes de plaines ou de vallées, mais des traditions d'autonomie subsistent longtemps, comme on peut le pressentir en constatant le soin avec lequel Alexandre le Grand fait disparaître les derniers membres de la famille royale des Lyncestes : deux de ces princes sont exécutés avec Pausanias, le meurtrier de Philippe II ; le dernier, chef de la cavalerie, est tué à son tour lors du procès de Philotas, fils de Parménion, comme s'il présentait encore un danger pour la dynastie argéade. Les Orestes affirment encore leur particularisme en se ralliant à Rome dans la deuxième guerre de Macédoine, nous apprend Polybe (XVIII, 47, 6).

C'est certainement en Épire, d'Ambracie aux monts Acrocérauniens, que l'*ethnos* règne le plus complètement, sans partage. En réalité, la situation est la même qu'en haute Macédoine et il est manifeste que certains *ethnè* chevauchent les crêtes du Pinde, comme c'est le cas des Orestes, dont les pâturages d'été s'étendent sur les deux versants. La facilité avec laquelle, en 288, l'armée macédonienne se rallie à Pyrrhos, selon Plutarque, *Vie de Pyrrhos,* 15, confirme qu'il n'existe pas de frontière réelle entre ces deux versants ; Pyrrhos n'est pas un étranger pour les soldats recrutés en haute Macédoine, il est un des leurs, il parle comme eux et il a le grand avantage d'être le meilleur chef.

Aussi haut que les sources permettent de remonter, l'Épire

apparaît divisée en grands *ethnè* : Thucydide II, 80 oppose
celui des Molosses qui est organisé autour de la dynastie des
Éacides aux *ethnè* des Thesprôtes et des Chaones qui sont
abasileutoi, sans roi, au début de la guerre du Péloponnèse.
Au IVe siècle, Théopompe (*FGrH* 115 F 382, cité par Strabon
VII, 7, 5) précise que les *ethnè* épirotes sont au nombre de
quatorze, et Strabon en énumère onze. Ces nombres ne rendent pas réellement compte de l'organisation pyramidale de
l'espace épirote ; suivant que l'on présente seulement les
grandes communautés ethniques ou, au contraire, de plus
petites unies au sein d'ensembles plus larges, le nombre de
ces *ethnè* peut varier considérablement. Les inscriptions
de Dodone font connaître, au sein de la seule communauté
des Molosses, soit dix, soit quinze *ethnè* différents, dans les
années 370-344.

Il est fréquent dès lors qu'une personne soit désignée par
plusieurs ethniques qui rappellent les différentes communautés dont elle est membre, de la plus petite à la plus
grande : dans les plus anciens décrets gravés à Dodone [3], par
exemple, le premier des *damiorgoi* est un Molosse Arktane
d'Euryménai. Cette superposition d'ethniques montre bien
l'appartenance de chacun à des communautés qui commencent au niveau du village pour réunir finalement un ensemble
beaucoup plus vaste. Le terme d'*ethnos* est même employé
comme nom officiel pour qualifier l'État épirote, dans une
inscription de la fin du IIIe siècle, sur le même plan que la
polis des Magnètes [4].

Cette organisation de la population en *ethnè* n'interdit pas
l'absorption par le royaume éacide de grandes cités, comme
Ambracie, Corcyre et probablement Apollonia d'Illyrie, à
l'époque de Pyrrhos, mais ces *poleis* sont des corps étrangers
dans une organisation édifiée globalement sur d'autres fon-
dements. Elle n'empêche pas non plus la construction de
villes importantes : on le constate chez les Chaones, avec
les deux grandes villes de Phoiniké, dans le bassin de la
Bistrica, et d'Antigoneia, dans la vallée du Drino. L'une et
l'autre se développent beaucoup au IIIe siècle, mais demeu-

---

3. Ils ont été publiés par D. Evangelidis, « Décret du roi Néoptolème à
Dodone » (en grec), *Archaiologikè Éphèmeris,* Athènes, 1956, p. 1-13.
4. Inscription de Magnésie du Méandre, publiée par O. Kern, *Die
Inschriften von Magnesia am Meander,* Berlin, 1900, n° 32, l. 42.

rent au sein de l'*ethnos* des Chaones, lui-même intégré dans la communauté (*Koinon*) des Épirotes ; jusqu'à la conquête romaine, à l'issue de la troisième guerre de Macédoine (168/167), rien n'indique en outre des velléités de changer de cadre politique, pour passer de l'*ethnos* à la *polis*.

C'est donc une très vaste région de la Grèce continentale qui a adopté l'organisation en *ethnè* – de préférence au système de la *polis* plus répandu, quant à lui, en Grèce centrale et méridionale – et qui lui reste fidèle durant tout le IIIe siècle et au-delà.

On pourrait cependant élargir ce domaine, en examinant les régions du royaume séleucide ; celui-ci utilise le terme d'*ethnos* pour désigner des « peuples » sujets dont l'organisation nous échappe le plus souvent, mais le vocabulaire ne doit pas faire illusion : ces peuples ont sans doute peu en commun avec les Étoliens et les Molosses. Des communautés comme celle des Nabatéens connaissent aussi une économie pastorale, mais les conditions climatiques et végétales y sont très différentes de celles de la péninsule balkanique. Le terme d'*ethnos* est aussi utilisé par les Grecs pour désigner la communauté des Juifs, structurée au sein du royaume lagide en État sacerdotal, sous l'autorité du grand prêtre ; celui-ci étend ses compétences, mais non son autorité politique, sur tous les Juifs de la *diaspora,* ce qui donne un caractère très original à l'entité judéenne, au sein du royaume lagide.

L'organisation politique de l'*ethnos,* de 323 à 188

L'*ethnos* en Grèce du Nord est très souvent intégré, à la mort d'Alexandre le Grand, au sein de royaumes que Démosthène, dans sa volonté de convaincre ses concitoyens du danger macédonien, assimilait un peu vite à la monarchie achéménide. Mais c'est une évolution récente. Ainsi, par exemple, en Épire, les Chaones et les Thesprôtes étaient encore qualifiés d'*abasileutoi* en 429 [5]. Deux éléments paraissent caractériser ce mode d'organisation : l'existence de struc-

---

5. Même si Thucydide II, 80 souligne que cet abandon de la royauté était récent chez les Chaones.

tures politiques à tous les niveaux représentés par les diverses communautés, des plus petites à la plus grande ; et d'autre part, l'évolution vers des regroupements et vers une unification des *ethnè* sous la forme de royaumes plus importants.

Les structures politiques locales

Il serait tout à fait inexact, en effet, de considérer l'*ethnos* comme un type d'organisation primitive de communautés qui n'auraient pas encore atteint un degré de développement suffisant pour accéder au modèle de la *polis* grecque. Bien des inscriptions permettent aujourd'hui d'affirmer que, dès le IVe siècle, période à partir de laquelle les documents épigraphiques commencent à être suffisamment nombreux et explicites, plusieurs de ces *ethnè* ont su se doter d'institutions très diversifiées, qui témoignent au contraire du caractère élaboré de ce système politique.

Certes, on pourra discuter indéfiniment des emprunts faits aux cités méridionales pour expliquer la modernité des institutions de certains *ethnè* : Justin (XVII, 3, 11-12) attribue ainsi à Tharyps (*ca* 430-390), de retour d'un long séjour à Athènes, la mise en place d'institutions régulières chez les Molosses, au début de la guerre du Péloponnèse. On peut, au moins, douter que la création d'un « sénat », c'est-à-dire d'un conseil des Anciens, soit une innovation de cette période ; il s'agit en effet d'une institution qui existe dès l'origine dans la plupart des sociétés politiques, à côté du chef, du roi qui dirige la communauté.

L'exemple de la communauté ou *Koinon* des Molosses est actuellement le mieux connu, grâce à des inscriptions de Dodone : elles révèlent la présence, à côté du roi, choisi au sein de la famille éacide, de magistrats annuels (*prostatès* et secrétaire), d'une assemblée populaire, d'un collège de représentants des grands *ethnè* fédérés au sein de l'ensemble molosse et sans doute d'un conseil (le « sénat » dont parle le Justin). Cet État possède une *politeia,* une citoyenneté commune qu'il accorde, y compris à des femmes. On peut cependant s'étonner de l'emploi du terme de *politeia* pour désigner l'appartenance à une communauté qui n'est en rien une *polis* ; il s'agit, évidemment, d'un emprunt au vocabulaire des cités, semblable à celui qui figure dans une question oraculaire de Dodone, posée par la *polis* des Chaones, ce qui équivaut à l'*ethnos* des Chaones [6]. Il faut attendre en fait une inscription du IIe siècle avant J.-C. [7], qui émane d'une communauté inconnue auparavant, le *Koinon* des Ballaïtes, pour noter l'emploi d'une formule mieux appropriée : le péripolarque et ses secrétaires reçoivent le privilège de « participer aux affaires communes », aux *koina*.

L'État lève des impôts, dont il peut accorder l'exemption (l'*atéleia*) ; il dispose d'une armée qui peut assurer la sécurité des personnes et des biens. Dans cette monarchie, le roi n'est en rien un souverain absolu, mais bien plutôt le *primus inter pares,* lié à son peuple par un contrat garanti par un échange de serments (Plutarque, *Vie de Pyrrhos,* 5). Cette royauté modérée, qu'Aristote, *Politique,* V, 11, 1313a 17-28, cite en exemple, laisse au peuple le droit de déposer le souverain lorsque celui-ci n'assure pas la sécurité de ses sujets, comme Diodore XIX, 36, 4 l'affirme pour Éacide, le père de Pyrrhos, déposé « par une décision commune » en 317.

A l'échelon fédéral – si l'on veut bien considérer cette réunion d'*ethnè* en un ensemble plus vaste comme une fédération, une *sympolitie* – mais aussi au niveau local, les institutions semblent très structurées. Le document le plus éloquent sur ce sujet est une inscription de Passaron [8], qui date du dernier tiers du IIIe siècle, donc de la période où la dynastie éacide s'est éteinte, où elle a fait place à une communauté républicaine des Épirotes dirigée chaque année par un stratège. Cette inscription fait connaître le renouvellement de l'amitié et de la proxénie accordée par la communauté des Atérargoi à celle des Pergamioi, l'une et l'autre réunies au sein de l'ensemble molosse, lui-même partie intégrante du *Koinon* des Épirotes. Le document montre qu'à côté du *prostatès* des Molosses il existe un *prostatès* des Atérargoi et un autre *prostatès* des Pergamioi, ce dernier portant un ethnique correspondant à une communauté plus restreinte, celle des Akralestoi. Ainsi, chaque petite communauté possède son

---

6. D. Evangelidis, *PAAH,* 1952, p. 297, n° 1.
7. N. Ceka, *Iliria,* 1987, 2, p. 92, n° 42, fig. 25 ; voir P. Cabanes, *CRAI,* 1991, p. 202-207.
8. Elle a été publiée par D. Evangelidis, *Epeirotica Chronica,* 10 (1935), p. 261-263.

magistrat et, vraisemblablement, son assemblée. Elles délibèrent, prennent des décisions dont la portée n'est sans doute pas considérable, mais qui témoignent d'une vie politique active. Dans ce document, l'amitié et la proxénie renouvelées peuvent recouvrir des engagements matériels : par exemple, des concessions mutuelles pour favoriser les déplacements des troupeaux des Pergamioi qui montent de la côte ionienne vers les alpages du Pinde et, réciproquement, l'hivernage des troupeaux de la région de Passaron, c'est-à-dire du bassin de Jannina, dans les plaines côtières.

La haute Macédoine n'offre pas actuellement d'exemples aussi anciens d'une vie locale active, mais il n'est pas interdit de considérer que les institutions en exercice sous l'Empire romain remontaient également assez loin ; elles pourraient donc témoigner de la même vitalité que celle observée chez les Molosses au IIIe siècle avant J.-C.

Le décret voté en 193 après J.-C. par le *Koinon* des Battynaioi, en Macédoine, pour arrêter les empiétements de personnes étrangères à l'Orestide sur les terrains communaux[9], offre une image intéressante de la vie dans une petite communauté, qui se manifeste par le vote de son assemblée (*ekklesia*) présidée par le *politarque* annuel, vote obtenu ici à l'unanimité. Cette communauté, qui semble réduite à cinquante-huit membres énumérés à la fin de l'inscription, doit passer par l'intermédiaire des trois délégués de l'*ethnos* oreste pour faire porter le décret au gouverneur de la province.

L'évolution vers l'unité

L'autre caractéristique de la vie de ces *ethnè* de Grèce du Nord est, entre 323 et 188, la marche vers l'unification en

---

9. Th. Rizakis et G. Touratsoglou, *Inscriptions de Haute-Macédoine* (en grec), Athènes, Ministère de la Culture, Centre de la recherche scientifique, 1985, I, n° 186, avec bibliographie antérieure ; voir K. Buraselis, « Bemerkungen zum Dekret der Battynäer », *Ancient Macedonia,* V, Thessalonique, Institute for Balkan Studies 240, 1993, p. 279-292, qui situe le décret après une décision de l'empereur Pertinax en faveur de la mise en culture des terres en friche, qui aurait abouti à favoriser l'extension de la grande propriété agricole aux dépens des terres communales dont les pauvres étaient les utilisateurs principaux ; voir M.B. Hatzopoulos, *Bull. épigr.,* 1994, 384.

deux grands ensembles, constitués de part et d'autre de la chaîne du Pinde.

1) L'unité macédonienne a été certainement réalisée plus tôt que celle de l'Épire à l'ouest. On peut même affirmer qu'elle est achevée par Philippe II, qui contraint tous les États de haute Macédoine à se plier à son autorité. Si de réelles aspirations à l'autonomie demeurent vivantes en Orestide et si Alexandre le Grand veille à la destruction de la famille princière des Lyncestes, cette unité du royaume n'est pas remise en question, même au pire moment de l'invasion celte, en 279. Antigone Gonatas rencontre des résistances en 277, mais elles viennent des cités, comme Cassandreia, qui ont dû faire face, seules, à la menace gauloise, en raison de la disparition de tout pouvoir royal en Macédoine ; les régions de haute Macédoine, quant à elles, ne bougent pas.

L'unité de la Macédoine a été voulue et imposée par un pouvoir royal très fort. Les transformations imposées par Philippe II, accompagnées de transferts autoritaires de populations, de fondations de villes neuves pour regrouper les habitants des villages de haute Macédoine, ont réussi à façonner très vite un État puissant qui a pu s'imposer à la Grèce entière, comme aux barbares des frontières septentrionales du pays. Aristote, qui a bien connu cette royauté des Argéades durant son préceptorat auprès du jeune Alexandre, salue le caractère modéré, tempéré de la royauté éacide chez les Molosses ; il se garde bien toutefois de reconnaître ces mêmes qualités à la royauté de Philippe ou d'Alexandre.

Cette royauté nationale, qui était à l'origine de même nature que celle des Éacides, a connu en effet une dérive spécifique durant le règne de Philippe II, et c'est pour cette raison que Démosthène n'avait sans doute pas tout à fait tort lorsqu'il mettait en évidence le caractère inquiétant, non grec à ses yeux, de cette évolution.

Bien avant la campagne d'Alexandre dans le royaume achéménide, Philippe II tient à manifester que sa famille et lui-même se situent au-dessus des hommes, dans la proximité des dieux : c'est après Chéronée, en 338, qu'il fait construire à Olympie, dans l'Altis, le Philippéion, de plan circulaire, à proximité de l'Héraion, et qu'il y place les statues chryséléphantines de ses parents Amyntas et Eurydikè, d'Olympias, sa femme, d'Alexandre et de lui-même; les matériaux utilisés témoignent de la nature surhumaine des personnes représentées. En 336, lors du mariage de sa fille Cléopatre avec son beau-frère Alexandre le Molosse, le roi macédonien joint sa propre statue au cortège de celles des douze dieux, à Aigai même. Cette volonté de se placer auprès des dieux est le signe, à la fin de son règne, d'une évolution brutale du pouvoir royal chez les Argéades, alors que rien de comparable ne semble se produire chez les Éacides voisins, même si, on l'a déjà rappelé, Pyrrhos passe pour avoir un don de thaumaturge, qui fait de lui un héros protégé des dieux (chapitre 2). Le roi n'est plus, dès lors, le *primus inter pares,* il est d'une autre essence. Alexandre le Grand suit la pratique de son père, et les usages achéménides qu'il veut adopter heurtent ses compagnons macédoniens.

La mort prématurée d'Alexandre, alors qu'il avait prescrit aux Grecs de lui rendre des honneurs divins, brise cette évolution. On peut, certes, observer chez les diadoques des exigences semblables, et les cités, comme Athènes et beaucoup d'autres en Grèce et en Asie Mineure, ne sont pas avares de marques de respect et de dévotion envers les rois libérateurs. En Macédoine, les réticences sont plus nettes, déjà du vivant d'Antipatros; on signale toutefois un sanctuaire d'Amyntas III à Pydna et un culte de Philippe à Amphipolis, donc dans deux cités de fondation grecque et non dans le vieux royaume argéade.

Après l'invasion celte et l'avènement d'Antigone Gonatas, à partir de 277, les souverains antigonides renouent avec la tradition de la royauté nationale.

Une question divise encore les historiens en ce qui concerne l'organisation du royaume macédonien, au moins à partir d'Antigone Dôsôn (229-221) et peut-être dès le règne d'Antigone Gonatas (277-239) : existait-il ou non, à côté du pouvoir royal, une communauté, un *Koinon* des Macédoniens, comme on peut le voir en Épire ? La question nous est suggérée par une inscription de Délos (*IG* XI, 4, 1102 = F. Durrbach, *Choix,* 55) par laquelle le *Koinon* des Macédoniens honore le roi Philippe (V), fils du roi Démétrios; la formule a été rapprochée de celle qui figure sur la dédicace faite par Antigone Dôsôn à Délos après sa victoire de Sellasia : « Le

roi Antigone, fils du roi Démétrios, les Macédoniens et leurs
alliés » (*Syll.*[3], 518). Polybe (IV, 9, 4) mentionne les Macédoniens parmi les membres de la grande alliance conclue au
moment de la guerre contre Cléomène de Sparte au côté des
Achéens, des Épirotes, des Phocidiens, des Béotiens, des
Acarnaniens et des Thessaliens ; on observera que l'alliance
voulue par Antigone Dôsôn est composée de fédérations et
non de cités.

Sans reprendre en détail un débat qui oppose les tenants
d'une « ligue » ou d'une « confédération » de cités macédoniennes[10] à ceux qui en nient l'existence, au moins à
l'époque d'Antigone Dôsôn[11], les formules employées dans
ces textes demandent néanmoins explication. Il n'est pas
nécessaire de croire à une fédération macédonienne, comme
il en existe en Épire voisine, le terme *koinon* pouvant désigner simplement une communauté, sans aucun lien fédéral ;
en revanche, la mention des Macédoniens à côté du roi, participant sans doute au financement des offrandes et dédicaces
faites à Délos ou à Cos[12], est importante, car elle marque
l'affirmation d'une entité distincte et parallèle à la monarchie.

Il est certain que la Macédoine des Antigonides a connu
un développement important de cités, surtout dans la basse
Macédoine : Cassandreia, Philippes, Amphipolis, Pella,
Thessalonique, Gazoros, Beroia, etc., sont autant de *poleis*
au sein du royaume antigonide. Elles n'ont qu'une autonomie restreinte mais réelle : la grande liste des théarodoques
de Delphes, au début du IIe siècle, indique la visite d'une
trentaine de villes de Macédoine par les théores venus de
Delphes. Les *ethnè* de haute Macédoine sont dans une situation voisine à l'égard du pouvoir royal. Il est très douteux
que le règne d'Antigone Dôsôn ait été marqué par une
concession du roi entraînant un affaiblissement de son
pouvoir en face de communautés civiques et ethniques ren-

---

10. En dernier lieu, F. Papazoglou, *Les Villes de Macédoine à l'époque
romaine,* BCH Suppl. XVI, p. 43-47.
11. Pour faire le point sur ce débat, S. Le Bohec, *Antigone Dôsôn, roi
de Macédoine,* Presses universitaires de Nancy, 1993, p. 239-247.
12. R. Herzog et G. Klaffenbach, « Asylieurkunden aus Kos », *Abhand-
lungen der deutschen Akademie der Wissenschaften zu Berlin, Philo-
logisch-historische Klasse,* Berlin, 1952, n° 1, inscr. 6 et 7.

forcées. Simplement, ces différentes communautés existent et certainement, depuis Antigone Gonatas, le roi doit en tenir compte.

2) L'unité de l'Épire est, elle aussi, bien avancée en 323. Une dizaine d'années plus tôt, la liste des théarodoques d'Argos témoigne de la transformation de la carte politique de l'Épire. La reine Cléopatre est seule chargée de l'accueil des théores d'Argos pour un ensemble géographique appelé Épire ; la comparaison avec la liste des théarodoques d'Épidaure (*IG* IV^2, 95) montre que la reine, qui exerce la régence en l'absence de son mari Alexandre le Molosse ou après sa mort (231), a réuni dans son domaine, outre la communauté molosse, celle des Thesprôtes, des Cassopéens, les colonies éléennes. Seule lui échappe la communauté des Chaones groupée autour de Phoiniké. Le nouvel État ainsi constitué autour de la dynastie éacide a su faire participer ses membres récents au même titre que ses membres fondateurs à la vie politique et aux magistratures.

Son nom lui-même a été longuement débattu ; il a pu, un temps, correspondre à ce qu'une inscription de Dodone (*SGDI* 1336) nomme « ceux des Épirotes qui sont alliés » (*symmachoi*), mais il est très douteux que ce nom lui soit resté durant tout le règne de Pyrrhos et jusqu'à la chute de la dynastie éacide, en 232. En effet, cet État épirote, peut-être déjà le *Koinon* des Épirotes, entre 330 et 232, est beaucoup plus qu'une simple alliance militaire ; il est fondé sur une *sympolitie,* c'est-à-dire sur une citoyenneté fédérale commune qui se surimpose aux citoyennetés locales, au sein des *ethnè*, à leurs différents niveaux.

La dernière étape de l'unité épirote a dû être franchie durant le règne de Pyrrhos, au plus tard, puisque les Chaones participent à l'expédition en Italie que dirige ce grand souverain. Il est sûr que cette intégration plus tardive de la région septentrionale correspond à un particularisme très vivace des populations chaones par rapport à l'ensemble molosse.

On ne peut pas certifier que ces deux éléments continuent à s'affirmer, bien distincts, sous la monarchie des Éacides jusqu'à sa disparition en 232. C'est faute d'une documentation suffisante, à la suite des destructions opérées par les Étoliens de Dorimachos dans le sanctuaire de Dodone en 219. Il est

certain cependant que, durant les deux générations qui suivent la chute de la dynastie éacide (232-167), le *Koinon* des
Épirotes est constitué par la fédération de deux ensembles,
l'un chaone, l'autre molosse, sous l'autorité d'un stratège
annuel (pris sans doute dans l'une et dans l'autre des deux
entités, sans qu'on puisse affirmer une alternance régulière).
Ce stratège est assisté d'un *prostatès* des Molosses lorsqu'il
s'agit d'une décision prise à Dodone ou dans l'ensemble
sud-est de la communauté, ou d'un *prostatès* des Chaones
lorsque la décision concerne la zone du Nord-Ouest et
qu'elle est gravée à Phoiniké ou à Bouthrôtos.

Le fédéralisme épirote est toujours bien vivant dans cette
phase républicaine de son histoire, mais le *Koinon* des Épirotes est composé de deux pyramides, l'une chaone, l'autre
molosse. Cet État ne parvient pas à conserver sa cohésion,
lorsque la troisième guerre de Macédoine met en évidence
des intérêts trop divergents : de même que l'Orestide avait
affirmé son particularisme vis-à-vis de la Macédoine de Philippe V durant la deuxième guerre de Macédoine, la partie
chaone de l'État épirote, conduite par Charops le Jeune, opte
pour l'amitié romaine et rompt avec la Molossie fidèle à l'alliance macédonienne.

Le dynamisme de la Grèce des *ethnè*, de 323 à 188

Alors que la Grèce des cités est profondément marquée par
une baisse de sa population, dont Polybe souligne les effets
au IIe siècle (chapitre 3), et par une perte d'efficacité dans son
action internationale, la Grèce des *ethnè* manifeste un dynamisme remarquable qui est à l'origine de toutes les grandes
transformations du monde connu à partir de 350. Cette aptitude à mener une action efficace n'est pas propre aux deux
grands royaumes dont on a vu l'unification progressive ; elle
marque également des États comme le *Koinon* des Étoliens,
au sein duquel *poleis* et *ethnè* sont étroitement associés.

Si on est bien en peine de démontrer une croissance démographique dans toutes ces régions de Grèce du Nord, faute
de données statistiques, d'autres signes sont là qui l'attestent
à leur manière : les nombreuses fondations de villes et les

levées considérables de combattants, répétées pendant des années, témoignent de la vitalité extraordinaire de l'Étolie, de la Macédoine et de l'Épire, de l'Illyrie même, dont le roi Bardylis Ier, dans la première moitié du IVe siècle, a infligé de cruelles défaites tant aux Macédoniens qu'aux Molosses, au point de contraindre les premiers à lui payer tribut.

Avançons quelques hypothèses susceptibles d'expliquer cette attitude différente des Grecs du Nord et des Grecs du Sud. Dans le cadre étroit et clos de la cité-État, les citoyens n'ont plus de perspectives pour agir sur leur propre destin, qui est entre les mains de souverains lointains ou de protecteurs plus modestes mais plus efficaces ; l'insécurité du lendemain pousse les couples à restreindre le nombre de leurs enfants, comme le souligne Polybe. Au pays de l'*ethnos,* il en va différemment, non pas que la natalité ait connu une croissance invraisemblable : le taux de natalité reste proche du taux de fécondité féminine ; simplement, le mariage reste la norme imposée par la tradition à tous les jeunes gens, comme jadis dans les sociétés crétoise et lacédémonienne, et l'exposition ou l'abandon des enfants est moins pratiqué. L'important est que le taux de mortalité soit légèrement inférieur au taux de natalité et laisse apparaître régulièrement un excédent des naissances sur les décès, même faible.

Cet excédent explique que le mode de vie pastoral fondé sur la transhumance se révèle, dans le courant du IVe siècle, insuffisant pour nourrir toutes les bouches et assurer du travail pour tous. Le trop-plein de population se tourne vers l'agriculture sédentaire. Des villes se créent aussi bien en Macédoine qu'en Épire ou en Illyrie. La volonté des princes peut accélérer l'évolution, comme c'est le cas de Philippe II, d'après le discours d'Opis transmis par Arrien, *Anabase,* VII, 9, 2-3, ou de Pyrrhos, fondateur de la ville d'Antigoneia, qui porte le nom de sa femme, dans la vallée du Drino. Ces changements dans le mode de vie contribuent encore à renforcer l'autorité royale, qui peut plus aisément contrôler les populations vivant dans le royaume, prélever l'impôt et organiser la mobilisation des guerriers indispensables pour soutenir sa politique extérieure.

La Macédoine constitue ainsi, au temps de Philippe II et d'Alexandre, un inépuisable réservoir de combattants ; durant un quart de siècle, entre 349 et 323, le père et le fils peuvent, chaque année, lever de nouveaux contingents de troupes, sans provoquer de révoltes devant une ponction jugée insupportable. Non seulement la Macédoine doit fournir une partie des soldats indispensables pour remplacer ceux qui sont morts au combat, de maladie ou d'accident ; mais elle doit aussi envoyer des colons qui vont peupler toutes les fondations semées par Alexandre au long de sa campagne contre Darius. Certes, tous les colons, pas plus que tous les soldats, ne sont macédoniens ; des Grecs y sont associés en grand nombre, mercenaires ou transfuges des armées de Darius. Mais c'est une ponction annuelle considérable qui est opérée parmi les Macédoniens, même si Antipatros garde auprès de lui une force suffisante pour surveiller la Grèce et les frontières balkaniques.

Le problème démographique n'échappe pas, en réalité, à Alexandre : Arrien, *Anabase,* I, 24, 1, raconte ainsi qu'au début de l'hiver 334-333 Alexandre fait partir en permission pour la Macédoine les jeunes mariés que Ptolémée, fils de Séleucos, doit ramener au printemps suivant, en compagnie des nouvelles recrues. S'il était encore possible de revenir de Carie en Macédoine, une telle solution n'est plus concevable lorsque l'armée opère à l'est de la Mésopotamie. En revanche, chaque année, les jeunes Macédoniens qui atteignent l'âge d'être enrôlés rejoignent l'armée royale, tandis que des vétérans regagnent la terre natale.

Le réservoir d'hommes que constitue la Macédoine continue à fonctionner au temps des diadoques. Les nouveaux États qui s'organisent en Égypte et en Asie ont besoin de colons gréco-macédoniens. Les grandes fondations, comme Alexandrie d'Égypte, attirent de nombreux Macédoniens, vétérans qui ont suivi Ptolémée, fils de Lagos, en Égypte, ou jeunes gens venus directement de Macédoine. Le réservoir n'est pourtant pas sans fond, et les ponctions ont été excessives au point que la Macédoine n'est plus en état de s'opposer efficacement à la menace d'invasion des Celtes en 279. L'effondrement du pays face à cette migration de bandes gauloises est le témoignage sûr de l'épuisement de la Macédoine, qu'Antigone Gonatas s'efforce de redresser durant un long règne trop souvent jugé comme peu glorieux.

Le dynamisme des États voisins de Grèce du Nord est à peu près comparable. A partir d'une population moins nombreuse que celle de la Macédoine, l'Épire d'Alexandre le Molosse, comme celle de Pyrrhos, montre une vitalité remarquable. Les interventions en Grande-Grèce et en Sicile sont exécutées avec des armées fort nombreuses. Au dire de Plutarque, *Vie de Pyrrhos*, 15, 2, sans doute inspiré par les *Mémoires* de Pyrrhos lui-même, les effectifs de l'armée qui traverse le canal d'Otrante au printemps 280 sont composés de 3 000 cavaliers, 20 000 fantassins, 2 000 archers et 500 frondeurs, soit en tout 25 500 hommes, sans compter les 3 000 soldats déjà envoyés en Italie avec Cinéas et Milon. Tous ne sont peut-être pas épirotes ; certains ont pu être fournis par Ptolémée Kéraunos qui règne de façon éphémère sur une Macédoine exsangue ; une partie de la cavalerie est thessalienne, comme on l'apprend au récit de la bataille d'Héraclée. Renforcé par ses alliés d'Italie du Sud, Pyrrhos inflige des échecs sérieux à la jeune puissance romaine à Héraclée, puis à Ausculum, et, après son expédition de Sicile, subit une défaite à Bénévent ; mais il peut regagner Tarente sans être poursuivi par des Romains craintifs et regagner l'Épire, tout en laissant une garnison épirote à Tarente qui garantit l'indépendance de la cité jusqu'à la mort du roi, en 272.

Les dernières années en Grèce témoignent encore d'une vitalité étonnante du royaume de Pyrrhos qui, non content de tenir l'Illyrie du Sud, peut reconquérir la Macédoine, avant de pénétrer dans le Péloponnèse jusqu'au voisinage de Sparte. Après la mort de Pyrrhos à Argos, son fils Alexandre maintient la Grande Épire sous son autorité.

L'Étolie, enfin, a su prouver aussi son poids dans la vie internationale. Son apogée intervient au moment où les deux grands royaumes de Grèce du Nord s'efforcent de reconstituer leurs forces. C'est en effet le repli des Celtes et le sauvetage du sanctuaire de Delphes par les Étoliens qui marquent le début d'une période d'expansion étolienne très remarquable ; les Étoliens tiennent alors la haute main sur le sanctuaire d'Apollon delphique et sur l'amphictyonie, ils intègrent en outre progressivement toute la Grèce centrale, de la mer Ionienne au canal de l'Eubée, dans leur État fédéral. De plus, le rôle de leurs pirates sur mer est considérable, sans qu'il soit possible d'affirmer qu'ils sont bien natifs de la vieille Étolie. Militairement, les Étoliens sont capables de tenir tête à la royauté antigonide, il est vrai avec l'aide des

Achéens, comme on le voit dans la guerre démétriaque, puis pratiquement seuls, en raison des soucis romains face à Hannibal, dans la première guerre de Macédoine face à Philippe V (212-206).

On aurait tort de limiter aux règnes de Philippe II et d'Alexandre le Grand, à celui de Pyrrhos, la période de dynamisme des royaumes argéade et éacide. En réalité, la Macédoine, après une cure de repos, une phase de reconstitution de ses forces, retrouve, sous Philippe V, une puissance qui sème l'inquiétude chez tous ses voisins, Pergaméniens, Rhodiens ou Athéniens ; elle tient tête également aux légions romaines dans la deuxième guerre de Macédoine pendant trois ans avant la défaite de Cynoscéphales. Même amputée de tous les territoires conquis par Philippe II, elle parvient encore à reconstituer une armée imposante que Rome met près de quatre ans à vaincre dans la troisième guerre de Macédoine. Du côté épirote, après la crise des années 232-229, le *Koinon* bénéficie d'une prospérité sans pareil, comme l'attestent son monnayage et les constructions imposantes réalisées à Dodone après le raid étolien de 219. En réalité, tout au long du grand IIIe siècle (323-188), la Grèce des *ethnè* a joué un rôle majeur dans l'histoire de l'ancienne Grèce, alors que le poids des cités s'était réduit. Ce rôle a, bien souvent, débordé le cadre de la péninsule balkanique pour peser sur les destinées de l'Anatolie, comme de l'Italie du Sud et de la Sicile, malgré la croissance romaine.

6

Les grands royaumes
hellénistiques

Mille pays, qu'habitent mille nations humaines, nourrissent des moissons que fait prospérer la pluie de Zeus ; mais aucun n'en produit autant que la basse terre d'Égypte, quand l'eau du Nil jaillissant brise la glèbe humide. Aucun non plus ne contient autant de cités peuplées de mortels industrieux ; trois centaines de villes y sont construites, trois milliers s'ajoutant à trois myriades, deux fois trois et ensuite trois fois neuf ; de toutes est seul roi le brave Ptolémée. De plus, il se taille un morceau de la Phénicie, de l'Arabie, de la Syrie, de la Libye, du pays des noirs Éthiopiens ; il commande à tous les Pamphyliens, aux Ciliciens guerriers, aux Lyciens, aux Cariens épris de combats, et aux îles Cyclades ; car il a des navires excellents qui sillonnent les flots ; toute la mer et la terre et les fleuves sonores obéissent à Ptolémée. Autour de lui se rassemble une foule de cavaliers, une foule de fantassins bardés d'airain étincelant. Par sa richesse, il peut écraser tous les rois ; tant d'or afflue chaque jour, de toutes parts, dans son opulente demeure. Et ses peuples vaquent en sécurité à leurs occupations. Jamais ennemi, franchissant le Nil fertile en monstres, n'est venu par terre faire entendre des clameurs belliqueuses dans des bourgades où il n'est pas chez lui ; jamais il n'a bondi en armes d'un vaisseau rapide sur le rivage, animé d'intentions hostiles, pour ravir les vaches égyptiennes. Si puissant est celui qui règne dans ces vastes plaines, Ptolémée à la blonde chevelure, habile à manier la lance, qui, en bon roi, a grand soin de conserver entier l'héritage paternel, et lui-même y ajoute.

C'est ainsi que Théocrite présente le royaume de Ptolémée II vers 270, dans son *Éloge à Ptolémée*, v. 77-105. L'idylle XVII est naturellement un panégyrique écrit par un courtisan et doit donc être utilisée avec précaution, elle constitue néanmoins une bonne entrée en matière pour un chapitre

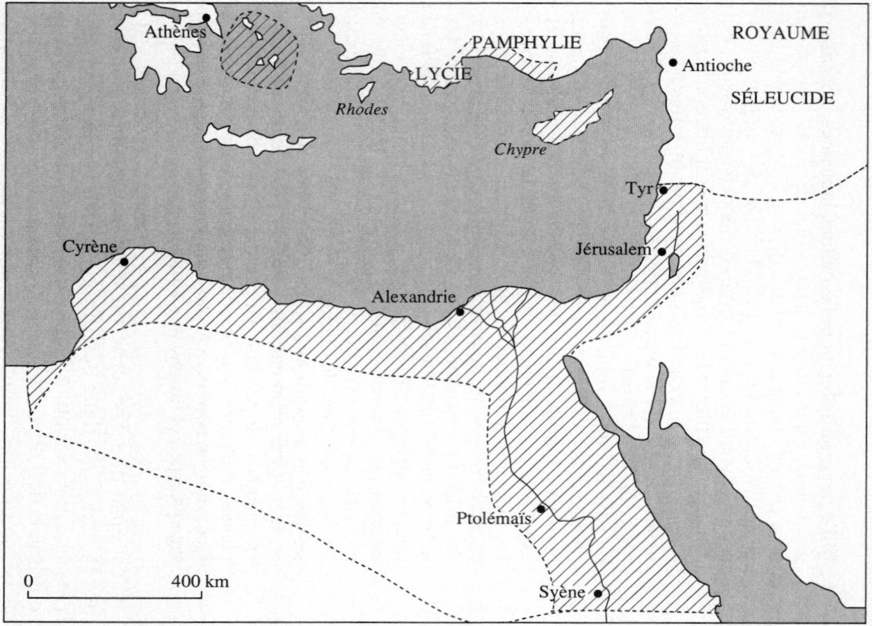

*Le royaume
lagide
vers 270*

ROYAUME
SÉLEUCIDE

• Antioche

PAMPHYLIE

LYCIE

Chypre

Tyr

Jérusalem

Rhodes

Alexandrie

Athènes

Ptolémaïs

Syène

Cyrène

0   400 km

destiné à suivre durant le grand IIIᵉ siècle l'évolution des grands royaumes hellénistiques, qui sont surtout celui des Lagides et celui des Séleucides, auxquels on doit ajouter le royaume attalide dont les débuts sont beaucoup plus modestes.

Il va sans dire que le lecteur aurait tort de prendre à la lettre le nombre de villes du royaume lagide, qui peut apparaître ici comme un nombre parfait, comme le symbole mystique de l'inépuisable richesse de ce royaume ; il est évident aussi que le terme de *polis* ne saurait s'appliquer à des cités-États, car l'Égypte lagide se caractérise, au contraire, par la rareté de cette forme d'organisation de l'espace : seules Alexandrie, Naucratis et Ptolémaïs jouissent de ce statut. En revanche, il est vrai que les campagnes égyptiennes ont été organisées en grandes circonscriptions administratives, les *nomes,* et que les chefs-lieux de ces nomes et de leurs subdivisions sont de véritables villes, comme Crocodilopolis et Philadelphie dans le nome Arsinoïte, au Fayoum. Mais la population indigène vit essentiellement dans les innombrables villages égrenés le long de la vallée du Nil ou dans le delta.

Plusieurs autres traits sont remarquables dans cette rapide description de la puissance de Ptolémée II par Théocrite : l'hétérogénéité des pays composant le royaume lagide et la diversité des possessions extérieures, le fondement agricole et, plus précisément, céréalier de la prospérité du royaume, sa grande richesse en métal précieux, la puissance militaire qui assure la sécurité de l'Égypte inviolable. Et finalement la personne du roi, assimilé aux héros danaens, « à la blonde chevelure » – que chante Pindare dans la IXᵉ *Néméenne* – et « habile à manier la lance ». C'est ce dernier élément qui mérite d'être exposé en premier lieu, en raison de l'importance de la personne du roi, chez les Séleucides comme chez les Lagides.

L'Égypte lagide au service d'une politique

Comme Théocrite le chante dans son *Éloge de Ptolémée*, le royaume de Ptolémée II, vers 270, domine, par sa richesse et sa puissance, tous ses rivaux. Cet éclat se ternit quelque peu avant la fin de ce règne et sous ses successeurs ; les batailles navales de Cos et d'Andros, même si elles demeurent mal datées, rappellent que la flotte lagide ne domine plus la mer Égée aussi totalement. La difficulté de la lutte contre Antiochos III et l'appel aux troupes indigènes marquent un changement considérable dans l'histoire du royaume.

Malgré cette évolution, toutefois, le royaume lagide joue un rôle majeur dans la vie du monde hellénistique au IIIe siècle. Il le peut, on l'a vu, grâce à la richesse de la terre égyptienne fertilisée par les crues du Nil ; mais celle-ci ne peut être bien exploitée que grâce à une administration remarquable, mise en place par les premiers Ptolémées. L'originalité du royaume lagide, dans le courant du IIIe siècle, réside donc surtout dans le dynamisme de sa politique extérieure soutenue par une exploitation méthodique et sans doute excessive du royaume. C'est un trait qui a déjà été souligné et sur lequel il n'est pas nécessaire de revenir ici ; en revanche, il est utile d'examiner le fonctionnement de l'administration lagide et de mettre en évidence notamment le contraste entre les cités, très peu nombreuses, surtout en Égypte, où domine Alexandrie, et la *chôra* dans laquelle les malaises sociaux affaiblissent la fidélité à l'autorité royale.

Une bureaucratie efficace ?

Ce sont les deux premiers Ptolémées – et surtout le second – qui ont imposé une bureaucratie qui passe pour efficace. Le roi se conduit alors comme un propriétaire terrien qui veut que son domaine lui rapporte le plus possible ; le « mercantilisme d'État », suivant l'expression d'Édouard Will, impose une exploitation méthodique de l'Égypte, afin de laisser au roi les revenus les plus considérables, qui lui permettent une active politique extérieure. Le souverain est secondé par le *diœcète*, dont Apollonios est l'exemple le plus connu dans les années 268-246, grâce aux papyrus de Zénon ; mais ce grand personnage semble dépossédé de sa *dôrea* à l'avènement de Ptolémée III, ce qui prouve la fragilité de cette position de ministre. En dehors de la gestion de ses propres biens, que l'économe Zénon assure de son mieux, le diœcète dirige depuis Alexandrie l'administration des affaires économiques du royaume à travers les différents *nomes*, qui en sont les circonscriptions administratives. Par les services du secrétaire à la correspondance (*épistolographe*), le roi fait connaître sa volonté sous forme de décrets (*diagrammata*) ou d'édits (*prostagmata*), en réponse aux nombreuses pétitions qui remontent des provinces vers la cour royale.

La division en nomes n'est pas une innovation lagide, elle est bien antérieure, mais le nombre et les chefs-lieux de ces circonscriptions ont pu changer d'une période à l'autre. A titre indicatif, retenons les renseignements fournis par Strabon, au livre XVII, qui compte 10 nomes dans le Delta, 10 dans la Thébaïde et 16 pour la Moyenne-Égypte, soit 36 nomes en tout. Le gouverneur porte le titre de stratège, c'est un Grec qui réunit les pouvoirs civil et militaire pour le nome ; le titre de nomarque paraît revenir à un subordonné du stratège, plus spécialement chargé du domaine royal et des travaux publics. D'autres fonctionnaires du nome concourent à sa bonne administration : l'*épistate* chargé de la justice, un *épimélète* responsable des finances du nome, des secrétaires (notamment le *basilikos grammateus*). Le nome est lui-même subdivisé en *toparchies,* qui comprennent un certain nombre de villages ou *kômai*, administrés par les toparques et les komarques, escortés de scribes de district et de village, qui doivent connaître la langue locale parallèlement à la langue officielle, le grec.

La perception des impôts est assurée au niveau local, tant pour les redevances en céréales que pour les impôts en espèces (impôts personnels, droits de mutation, droits de douane aux frontières mais aussi entre nomes) ; de vastes magasins royaux reçoivent les redevances en blé qui sont ensuite transportées par voie fluviale vers Alexandrie ; les impôts en espèces sont affermés par nome, mais le fermier est surveillé de près par l'*économe* du nome, c'est une garantie pour le roi.

Dans le domaine judiciaire, coexistent le droit local et le droit civique qui s'applique aux Grecs. Les procès civils entre Égyptiens sont tranchés par des juges indigènes ; les procès criminels, comme les procès entre Grecs, sont du ressort de juges nommés par le roi ; la procédure se complique lorsque le litige oppose Grecs et indigènes. Les *chrématistes* sont des magistrats grecs chargés de rendre la justice au cours de tournées. Lorsque le fisc royal est partie prenante dans un procès, il est jugé par le nomarque et le stratège du nome. Enfin la police est assurée sur terre et sur le fleuve par un corps de gendarmes, dont les officiers, au IIIe siècle, sont tous recrutés parmi les Gréco-Macédoniens.

Dans un article récent[1], A.E. Samuel rappelle deux interprétations du gouvernement de l'Égypte lagide, tenu pour novateur et positif par les uns (en particulier Michael Rostovtseff[2], ce qui recoupe les débats avec M.I. Finley autour de la modernité ou de l'archaïsme des économies antiques), pour excessif et destructeur par d'autres (par exemple Eric Turner[3]). Sans arbitrer ce conflit, A.E. Samuel reconnaît que Turner a raison d'insister sur l'action militaire entreprise par Ptolémée II, car l'image traditionnelle d'un roi pacifique ne lui paraît pas correspondre à la réalité de ce règne. Pour autant, faut-il établir avec Turner que, prisonnière de l'effort de guerre, l'administration mise en place par les Ptolémées pillait littéralement le pays, dans les années 250 ?

Après avoir donné plusieurs exemples significatifs du développement de la bureaucratie lagide, A.E. Samuel entreprend en effet de démontrer que cette évolution ne s'accompagne pas nécessairement d'une exploitation plus efficace du pays et, surtout, qu'elle n'est pas le résultat d'un plan rationnel. Selon lui, il faut d'abord prendre ses distances avec une conception moderne de l'économie qui distingue clairement le privé et le public : à la suite de Dorothy Crawford notamment[4], A.E. Samuel indique que « la frontière entre activité officielle et activité privée était floue, chacun pouvant utiliser une autorité conférée par l'administration à des fins personnelles, des ressources privées permettant en retour d'accomplir des tâches administratives[5] » ; il tire ses exemples des

1. A.E. Samuel, « The Ptolemies and the Ideology of Kingship », in P. Green (éd.), *Hellenistic History and Culture*, Berkeley-Los Angeles-Oxford, University of California Press, 1993, p. 168-192.

2. M. Rostovtseff, *Histoire économique et sociale du monde hellénistique*, Paris, Robert Laffont, 1989.

3. E. Turner, « Ptolemaic Egypt », in *Cambridge Ancient History*[2] VII, 1, p. 134-159.

4. D. Crawford, « The Good Official of Ptolemaic Egypt », in *Das Ptolemäische Ägypten, Akten des internationales Symposions 27-29 September 1976 in Berlin*, éd. H. Maehler et V. M. Strocka, Mayence, Ph. von Zabern, 1978.

5. A.E. Samuel, *loc. cit.,* p. 172.

archives de Zénon. En l'absence de distinction entre intérêts privés et intérêts publics, il est évident en outre que la corruption avait tendance à se développer, d'autant plus que les agents de l'administration lagide ne recevaient pas de salaires réguliers. Selon A.E. Samuel, les « directives royales contre les abus traduisaient un optimisme aveugle et un manque de compréhension de ce qui se développait dans le pays[6] ».

Pourquoi, dès lors, un tel accroissement de la bureaucratie dans l'Égypte lagide ? Cette évolution ne répond pas seulement à des objectifs spécifiques fixés par le roi ; elle fait surtout écho au souhait d'une partie des Grecs d'Égypte de trouver des emplois administratifs et donc de tirer profit de leur position officielle. Selon A.E. Samuel, une part importante de la bureaucratie des années 250 est le fruit de cette pression. En un mot, donc, selon lui, « la monarchie lagide existait plutôt à côté de l'administration, et n'en faisait pas véritablement partie[7] ». L'affirmation peut paraître excessive ; elle a le mérite d'attirer l'attention sur une administration qui s'entretient sur le pays, qui prolifère, et tend à l'épuiser plus qu'à enrichir le roi et à assurer la prospérité du royaume. Créée à l'origine comme un moyen à la disposition du pouvoir royal, elle prend peu à peu son autonomie, et devient une fin en soi que les fellahs doivent toujours mieux satisfaire.

Par ailleurs, la constitution d'une armée sans participation de soldats égyptiens ne s'est pas effectuée immédiatement, lors de la conquête de l'Égypte par Alexandre. Lors de la bataille victorieuse livrée par Ptolémée contre Démétrios Poliorcète, à Gaza, en 312, Diodore (XIX, 80, 4) précise que l'armée de Ptolémée comprenait « un grand nombre d'Égyptiens, dont les uns assuraient les transports des armes de jet et des autres équipements et les autres étaient armés et compris dans les unités combattantes ». Sans doute ne sont-ils pas équipés comme les hoplites macédoniens, et forment-ils des unités auxiliaires. Mais même sous cette forme, après cette bataille, les Égyptiens semblent totalement exclus des fonctions militaires jusqu'aux dernières

6. *Ibid.*, p. 179.
7. *Ibid.*, p. 192.

décennies du IIIe siècle, à l'exception de quelques unités de police et de quelques fantassins embarqués sur la flotte de guerre lagide, recrutés probablement dans la caste des guerriers égyptiens, ceux que les Grecs qualifient de *machimoi*.

En 217, lors de la bataille de Raphia, selon Polybe (V, 65, 9), Sôsibios « commande à 20 000 phalangites égyptiens ». On a alors discuté pour savoir si ce corps d'hoplites s'ajoutait aux 25 000 phalangites commandés par Andromachos et Ptolémaios, ce qui aurait donné à Ptolémée IV une supériorité considérable sur l'armée d'Antiochos III. S'il était compris dans les 25 000 phalangites, ce serait reconnaître l'extrême infériorité numérique des Gréco-Macédoniens dans l'armée lagide, ce qui est douteux. Quoi qu'il en soit, au terme de près d'un siècle d'exclusion, les indigènes recommencent à participer activement à la défense du royaume lagide. L'appel lancé à ces soldats indigènes modifie nécessairement, mais lentement, la nature des relations entre colons et population locale. Les effets s'en font sentir davantage au IIe siècle qu'avant 189.

La description faite par Polybe de l'armée lagide préparée avant la bataille de Raphia révèle aussi l'importance des troupes de mercenaires employées par les Ptolémées : ce sont 10 000 hommes (2 000 cavaliers et 8 000 fantassins) qui ont été recrutés par des officiers envoyés sans doute au cap Ténare ou à Aspendos : Grecs, Thraces, Gaulois, Crétois y sont représentés. Après la campagne, les mercenaires peuvent être établis en Égypte sur des terres concédées par le roi. L'attrait de cet engagement au service du roi lagide est déjà ancien, comme le révèle l'idylle XIV de Théocrite, écrite sous le règne de Ptolémée Philadelphe. Aischinès raconte à son compère Thyonichos ses malheurs en amour, du fait de l'inconstance de Kynisca, et envisage de s'engager dans une armée lointaine :

> Je m'embarquerai moi aussi, je passerai la mer ; le soldat que je ferai ne sera ni des pires ni des meilleurs peut-être, mais un soldat comme tant d'autres.
> Thyonichos : Je voudrais que ce que tu désirais eût marché à ton idée, Aischinès. Mais si, comme tu dis, tu es vraiment d'avis de t'expatrier, en fait de bailleur de solde, Ptolémée, pour un homme libre, est ce qu'il y a de mieux.
> Aischinès : Et autrement, quelle sorte d'homme est-il ?

Thyonichos : Ce qu'il y a de mieux pour un homme libre : bon cœur, ami des arts, galant, agréable au plus haut point, connaissant bien qui l'aime, et qui ne l'aime pas encore mieux, donnant beaucoup à beaucoup, ne refusant pas quand on lui demande, en vrai roi ; mais il ne faut pas demander à tout propos, Aischinès. Donc, s'il te plaît de porter le manteau agrafé par un pan sur l'épaule droite, si tu te sens le courage d'attendre, bien campé sur tes deux jambes, l'assaut d'un guerrier résolu, en route pour l'Égypte ! [v. 55-68].

L'un des éléments du statut, fréquemment accordé par le roi à ceux qui le servent comme soldats, est l'attribution d'un *kléros,* d'un lot de terre ; le soldat est ainsi fixé théoriquement en un point précis du pays, où il doit à la fois remplir certaines obligations militaires et cultiver la terre qui lui est confiée. Le système aurait dû permettre au roi de disposer d'une armée territoriale sûre tout en assurant une exploitation plus complète de la terre. En réalité, trop souvent, le clérouque sous-loue sa terre et va vivre de sa petite rente à Alexandrie, ce qui prive le roi de la présence militaire gréco-macédonienne ou barbare dans l'intérieur du pays. De ce système des clérouques, A.E. Samuel donne une interprétation divergente ou, au moins, complémentaire, mais qui a son intérêt : « Les lopins de terre n'étaient pas donnés pour payer les soldats ; le revenu en grains aurait suffi, le véritable problème était différent : il n'y avait personne, par exemple à Tebtunis, qui parlait la langue des administrateurs. Pour y remédier, on pouvait amener des Grecs à s'établir dans le pays [8]. »

Le contraste entre les cités et la chôra

A travers la situation des clérouques, apparaît l'un des éléments du malaise social qui se manifeste dans le royaume lagide au IIIe siècle. La cité, et spécialement Alexandrie, attire tous ceux qui espèrent y retrouver l'anonymat que la *chôra* ne peut leur assurer, et devient peu à peu leur lieu de refuge. La vie dans les villages est difficile, on l'a vu, en raison des contrats de bail de plus en plus lourds qui sont impo-

8. A.E. Samuel, dans la discussion qui suit son article, *loc. cit.,* p. 206.

sés à ceux qui cherchent un travail et acceptent des charges auxquelles ils ne peuvent faire face. Mais d'autres aspects de la vie quotidienne sont rapidement insupportables : traditionnellement, dans la vallée du Nil, pour cultiver toute la terre inondable, fertilisée chaque année par la crue du fleuve, les habitations sont édifiées sur les buttes ou au pied de la falaise et occupent le minimum de surface. L'arrivée de clérouques, le passage de fonctionnaires royaux entraînent la réquisition de logements – le *stathmos* – que le fellah ne peut refuser. Le *stathmos* est le logement assigné au nom du roi dans des maisons particulières ou dans des bâtiments publics. Trop souvent, la présence de l'étranger se prolonge, celui-ci estime avoir des droits sur la partie de maison qu'il a habitée et, lorsqu'il ne l'occupe plus, il la sous-loue sans égard pour le véritable propriétaire qui n'en peut mais. Le clérouque ne peut pas toujours édifier sa propre maison, il est vrai, en raison de l'absence d'emplacement convenable hors des zones inondables ; il ne souhaite probablement pas non plus faire de dépenses pour se loger, alors qu'il peut bénéficier du *stathmos* chez l'indigène.

Les abus sont si nombreux que Ptolémée II est déjà obligé de prendre des mesures pour tenter de rectifier les défauts du système, comme on le voit dans un texte adressé à un fonctionnaire de Haute-Égypte :

> Le roi Ptolémée à Antiochos, salut ! Au sujet du logement des gens de guerre, il nous est revenu qu'il y a multiplication des voies de fait parce qu'ils n'occupent pas les logements que leur assignent les économes et qu'ils font irruption dans les maisons dont ils chassent les habitants pour s'y établir par la force. Donne donc des ordres pour qu'à l'avenir ces agissements ne se reproduisent pas. Il est préférable qu'ils se procurent eux-mêmes un toit. En tout cas, s'il faut que les économes leur assignent des logements, ils doivent se borner au strict nécessaire. Lorsqu'ils quittent leurs quartiers, ils doivent remettre les logements en bon état et ne pas les réserver jusqu'à leur retour comme il nous est revenu que cela leur arrive, lorsqu'ils s'en vont, de les louer et de mettre les scellés sur les pièces avant de partir [9].

9. M.-Th. Lenger, *Corpus des ordonnances des Ptolémées*, Bruxelles, Académie royale de Belgique, Cl. Lettres, Mémoire, t. LVII, fasc. 1, 1964, rééd. mise à jour 1980, 24.

Les papyrus font fréquemment état d'abus qui se poursuivent, malgré les décisions royales. En 241, donc un peu plus tard que le texte précédent, un rapport est adressé par un fonctionnaire du nom d'Andronicos au stratège du nome Arsinoïte, Aphtonétos. Il est révélateur de la détérioration du climat social qui règne dans la ville :

> Nous avons trouvé à Crocodilopolis certaines maisons précédemment utilisées pour le logement des gens de guerre dont le toit avait été détruit par leurs propriétaires qui avaient aussi muré les portes des maisons en y appuyant des autels. Le but de ces actes était d'échapper au logement des gens de guerre. Si donc tu le juges bon, étant donné que nous manquons de logements, écris à Agénor pour qu'il oblige les propriétaires des maisons à transporter les autels aux emplacements les plus appropriés et les mieux situés des terrasses des maisons et à les reconstruire en meilleur état qu'auparavant afin que nous puissions les donner aux contremaîtres des travaux qui viennent d'arriver [10].

Les tensions sociales dans la *chôra* prennent l'aspect d'oppositions entre colonisés et colons, entre Grecs et indigènes, mais progressivement, durant le IIIe siècle, les difficultés liées au *stathmos* frappent aussi des habitants grecs établis le long de la vallée du Nil. Parallèlement, des solidarités se créent entre voisins : elles sont d'abord imposées par les travaux agricoles, l'entretien des canaux d'irrigation ; elles sont aussi développées sous forme de sociétés de secours mutuels, qui, moyennant une cotisation, assurent le règlement des frais de sépulture et d'entraide au profit de la famille frappée par le deuil. La communauté villageoise aide l'individu à échapper à l'isolement, comme dans les grandes cités, à Alexandrie par exemple, certaines communautés ethniques font corps comme celle des Juifs, du fait de son particularisme religieux. D'autres créent des *politeumata*, qui remplacent en quelque sorte la cité qui manque, puisque la terre égyptienne en abrite seulement trois : on connaît ainsi le *politeuma* des Iduméens venus de Palestine voisine, un autre de Crétois, un autre de Béotiens.

10. J.P. Mahaffy et J.G. Smyly, *The Flinders Petrie Papyri*, Dublin, 1891-1905, 3 vol., II, 12.

Rapports du roi avec le clergé indigène

Bien souvent, ces solidarités sont renforcées par des cultes communs à des divinités traditionnelles, qu'elles soient égyptiennes ou d'importation. Le trait important qu'il faut souligner tient aux rapports du pouvoir lagide avec le clergé égyptien. La conquête de l'Égypte par Alexandre a placé le nouveau pouvoir en face d'un clergé égyptien nombreux, réparti entre différents sanctuaires propriétaires de vastes terres sacrées, et influent sur la population indigène. La politique des Ptolémées vise donc à la fois à contrôler de près ce clergé pour qu'il soit soumis à l'autorité royale, mais aussi à l'utiliser pour qu'il enseigne l'obéissance au pouvoir établi et ne serve en rien un mouvement de résistance nationaliste. Il est dès lors nécessaire d'exercer une surveillance discrète, ce qui oblige les souverains successifs à beaucoup de prudence dans leurs rapports avec ce clergé local. En vue de s'attirer des sympathies précieuses, Ptolémée Sôter prête par exemple, selon Diodore (I, 84, 8), cinquante talents d'argent au clergé pour les funérailles de l'Apis, un prêt sans intérêt et dont le roi n'a sans doute jamais réclamé le remboursement.

Pour parvenir à l'équilibre recherché, le roi envoie fréquemment auprès du grand prêtre de chaque temple un surveillant (*épistate*). Ptolémée II réussit aussi, après la mort d'Arsinoé (270), à modifier l'emploi de la redevance d'un sixième sur la production des vignobles et des vergers, qu'on appelle l'*apomoira* : ce prélèvement, effectué auparavant par les sanctuaires à leur profit, est désormais perçu par le roi à l'intention du culte de la déesse Philadelphe [11]. Ce n'est pas vraiment une spoliation, mais le roi a l'habileté de favoriser ainsi le culte dynastique et le clergé sait que l'intervention royale est désormais possible s'il n'est pas assez docile.

Sous le règne de Ptolémée III Évergète, le décret de Canope (*OGIS*, 56), en 238, fait connaître les décisions prises par une assemblée du clergé des sanctuaires indigènes convoquée par le roi. Il révèle la politique royale à l'égard des sanctuaires : le roi est loué pour la paix et la bonne adminis-

---

11. J. Bingen, « Papyrus Revenue Laws », in *Sammelbuch griechischer Urkunden aus Ägypten*, I, Göttingen, 1952, coll. 24-37.

tration qu'il assure à l'Égypte, pour son souci d'éviter la famine à la suite d'une crue du Nil insuffisante ; il « ne cesse, nous dit ce décret, de combler de nombreux et grands bienfaits les sanctuaires du pays et d'accroître de plus en plus les honneurs des dieux » ; en échange, le culte dynastique est soutenu par le clergé égyptien : « Plaise aux prêtres du pays que les honneurs déjà conférés dans les sanctuaires au roi Ptolémée et à la reine Bérénice, dieux Évergètes, à leurs parents les dieux Adelphes et à leurs ancêtres les dieux Sôtères, soient accrus. » En conséquence, des fêtes sont organisées régulièrement en l'honneur du couple régnant, ou de leur fille défunte. Le décret mentionne enfin, à côté du grand prêtre établi dans chaque sanctuaire, l'*épistate*, fonctionnaire préposé à l'administration du sanctuaire.

La fameuse pierre de Rosette fournit le texte du décret du synode des prêtres indigènes réunis à Memphis en 196, sous le règne de Ptolémée V Épiphane (*OGIS*, 90). Il est intéressant de comparer les décrets de Canope et de Memphis, à quarante-deux ans de distance. Le synode se réunit à Memphis, vieille capitale pharaonique, et non à la périphérie d'Alexandrie comme précédemment : le delta est en pleine révolte et sans doute peu sûr. Les formules employées sont celles qui étaient traditionnellement appliquées aux pharaons, elles n'apparaissaient pas dans le décret de Canope. Surtout, le clergé est exempté de nombreuses redevances, et le roi est salué parce qu'il a « pris beaucoup plus de soin que les rois ses prédécesseurs de ce qui concerne les animaux sacrés, en toute circonstance ». Les révoltes indigènes dans le delta, la minorité du roi contribuent à affaiblir le pouvoir royal et, manifestement, le clergé indigène en tire avantage pour renforcer son influence sur la population, sans que le roi puisse s'y opposer. Après plus d'un siècle de présence lagide, le particularisme égyptien réapparaît et le clergé en est le moteur le plus actif.

Diversité des structures dans le royaume séleucide

Le contraste entre le royaume séleucide et celui des Lagides est considérable : alors que les Ptolémées règnent sur l'Égypte entourée par tout un glacis protecteur, les Séleucides ont un royaume sans homogénéité, dont l'étendue immense, même si elle se réduit progressivement, ne permet pas à l'administration royale une exploitation aussi méthodique que celle entreprise par les Lagides. On pourrait également souligner l'opposition entre une Égypte aux cités rares et un royaume séleucide parsemé de cités, dont beaucoup sont des fondations d'Alexandre ou des premiers rois séleucides.

L'organisation du royaume séleucide

Le royaume séleucide peut se diviser en deux parties : la zone d'administration royale immédiate (la *chôra* royale) et des zones où l'administration est médiatisée par des cités, des dynastes, des « peuples » (*ethnè*), des sanctuaires, dans la plus grande diversité. A certaines de ces entités, le roi a accordé des libertés ; sous la suzeraineté royale, les cités envoient des ambassades, forment entre elles des communautés fédérales (comme la confédération des cités de Troade) et s'administrent conformément à leur constitution.

Mais la tutelle royale reste vigilante et, sans nommer généralement de représentants permanents dans les anciennes cités, le roi veille à ce que leur gestion soit entre les mains de citoyens fidèles à la dynastie. En changeant de camp, la cité change aussi l'équipe de magistrats chargés de l'administrer, comme Smyrne félicitée vers 245 pour sa fidélité aux Séleucides (*OGIS*, 228), et un quart de siècle plus tard complimentée pour avoir été « plus que toute autre loyale envers Attale » (Polybe V, 77, 4). A côté des anciennes cités, surtout nombreuses à l'ouest de l'Anatolie, le royaume compte beaucoup de fondations nouvelles. Là, le roi délègue généralement un *épistate*, qui est son représentant, choisi souvent parmi les citoyens de la colonie.

Le seul *ethnos* dont les institutions sont connues dans le royaume séleucide est celui des Juifs, lorsque la Palestine échappe au roi lagide en 200, mais certainement d'autres peuples disposent d'institutions aristocratiques analogues. Le roi séleucide doit aussi compter avec des dynastes locaux, les uns héritiers de royaumes indépendants, comme les princes de Cappadoce, d'Arménie, que l'on s'efforce d'amener à

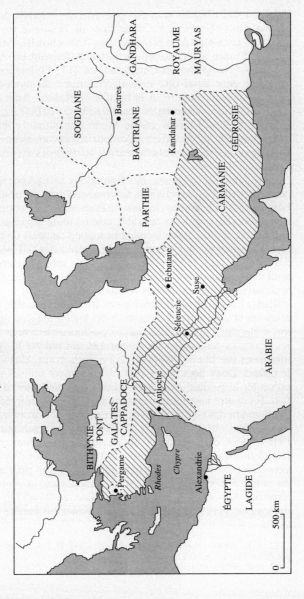

Le royaume séleucide vers 250 avant J.-C.

l'obéissance ; d'autres sont des gouverneurs nommés par le roi mais qui cherchent à s'émanciper de la tutelle royale, comme Achaios en Asie Mineure sous Antiochos III. Polybe (V, 90, 1) cite ainsi, comme « dynastes régnant en Asie, Lysanias, Olympichos et Limnaios » en 217 ; Philétairos de Pergame peut aussi être considéré comme un dynaste à l'époque d'Antiochos Ier. A la bataille de Raphia, dans l'armée séleucide, Zabdibélos commande à 10 000 Arabes (Polybe V, 79, 8) tandis que le Mède Aspasianos conduit 5 000 hommes, mèdes, kissiens, cadousiens et carmaniens. Ce sont sans doute d'autres chefs de tribu ou dynastes au sein du royaume séleucide.

Hors des cités grecques, des fondations macédoniennes, des principautés et sanctuaires autonomes, le roi est propriétaire de tout le territoire (la _chôra_). Pour autant les premiers rois séleucides n'ont pas fait table rase de toute organisation antérieure : il existe certainement beaucoup de chefs de tribu (les _phylarchoi_), mentionnés par exemple dans II Macc, 8,32, dont l'autorité reste identique à celle qu'ils avaient au temps des souverains achéménides ; il en va de même des sanctuaires indigènes que les conquérants respectent.

Seule, l'Asie Mineure fournit des informations plus précises sur la situation des paysans et des terres, mais on aurait tort d'étendre à tout le royaume des pratiques observées dans les régions occidentales de l'Anatolie, qui ont été les plus marquées par la civilisation grecque, bien avant Alexandre le Grand. Deux documents sont régulièrement utilisés pour présenter le mode d'exploitation de la terre : ce sont, d'une part, les quatre inscriptions gravées sur une stèle trouvée par Schliemann dans les fouilles de Troie en 1873 – trois lettres d'Antiochos Ier à Méléagre, gouverneur de la satrapie de l'Hellespont, et une lettre de Méléagre à la cité d'Ilion, relatives à une donation de terre royale à Aristodicidès d'Assos, vers 275 (?)[12] – et, d'autre part, une inscription provenant du sanctuaire d'Apollon de Didymes rapportant la vente de terre par Antiochos II à la reine Laodice, en 254/53[13]. Ces documents révèlent que le roi peut donner ou vendre une

12. C.B. Welles, _Royal Correspondence in the Hellenistic Period_, _op. cit._, n°s 10-13, p. 60-71.
13. _Ibid._, n°s 18-20, p. 89-104.

part de la terre royale, cultivée par les paysans royaux (*laoi basilikoi*) qui vivent groupés en villages auxquels ils sont attachés. Ils suivent le sort du village, même s'ils changent de domicile : si la terre et le village sont donnés à un ami du roi, les paysans restent liés à la localité et travaillent donc pour le nouveau maître. Antiochos II vend par exemple à Laodice « le village de Pannos et le château et le territoire qui en dépend et les *laoi* avec toute leur maison et tout ce qui leur appartient ». Ces *laoi* paient les redevances en nature et en travail à leur maître, mais aussi le tribut (*phoros*) au trésor royal. Lorsque la terre est donnée ou vendue à un particulier, elle doit être rattachée à la terre civique d'une cité ou d'une autre et échappe ainsi à l'autorité directe du roi.

Le roi séleucide dispose, par là, de revenus non négligeables, mais on ne peut pourtant pas comparer le système séleucide au mercantilisme d'État mis au point par Ptolémée II. Même l'organisation du gouvernement central paraît moins structurée chez les Séleucides que chez les Lagides. A côté du roi, qui dicte la loi, commande les armées et rend la justice (rarement seul, mais c'est bien Antiochos III qui condamne à mort Achaïos selon Polybe VIII, 21, et c'est Antiochos IV qui décide seul du sort de Ménélas, selon II Macc 4,44-50 et 13,4), le seul ministre connu est le « préposé aux affaires », comme Herméias auprès d'Antiochos III (Polybe, V, 41-56) ; mais il semble n'avoir occupé ce poste qu'en l'absence du roi. Ses fonctions sont multiples (militaires, diplomatiques, policières, judiciaires) et sa mise à mort n'entraîne pas son remplacement immédiat. Le Conseil du roi, appelé parfois *synedrion,* n'est pas non plus une institution permanente : ce sont, en réalité, les « amis » du roi, ses *philoi,* qui sont occasionnellement invités à délibérer des intérêts du royaume ; à titre d'exemple, Tite-Live (XXXV, 19, 1) montre comment, en 193, Hannibal n'est plus admis au Conseil parce qu'Antiochos III doute de sa fidélité, à la suite des conversations que le Carthaginois a eues avec l'ambassadeur romain.

Le royaume est donc divisé en circonscriptions qui ont gardé le nom perse de satrapies, mais le gouverneur porte des titres variés, comme celui de stratège pour Méléagre dans l'inscription d'Ilion signalée à propos de la donation de terre à Aristodicidès. Par ailleurs, les divisions territoriales sont fréquemment remaniées. Au sein de chaque province, sous les ordres du gouverneur, il existe toute une hiérarchie de fonctionnaires : l'« économe » est l'intendant des domaines royaux, l'hyparque est sous ses ordres. L'organisation de la justice est mal connue, le droit coutumier indigène est respecté par les Séleucides comme par les Lagides.

Il est donc difficile de cerner complètement l'organisation du royaume séleucide, du fait de la diversité de son organisation (*chôra* royale et zones qui bénéficient de quelques éléments d'autonomie), de la diversité des structures de la vie collective et de l'activité économique, de son immense étendue enfin. On ne peut que souligner son manque d'unité et définir, ici ou là, mais surtout à l'ouest, grâce à quelques inscriptions, le statut des habitants et des biens.

Les fondations de villes

L'abondance des cités nouvelles, fondées par Alexandre ou par les premiers rois séleucides, est l'autre originalité de ce royaume, surtout en comparaison avec celui des Ptolémées qui, en Égypte, cœur du royaume, n'a donné naissance qu'aux cités d'Alexandrie, de Naucratis et de Ptolémaïs. Au total, on attribue à Alexandre la fondation de 70 villes et plus de 50 à Séleucos Ier. En réalité, ces cités n'ont pas toutes été édifiées *ex nihilo* : souvent, une ville préexistante a été rebaptisée. C'est le cas de la plupart des 20 Alexandries fondées dans les « hautes satrapies » de l'Empire achéménide, comme Alexandrie de Margiane (Merv), Alexandrie d'Arie (Hérat), Alexandrie de Drangiane (Nad i Ali), Alexandrie d'Arachosie (Kandahar), Alexandrie de Bactriane (Bactres), Alexandrie Maracanda (Samarcande). Les vraies créations sont peu nombreuses : une Alexandrie dans l'Hindou Kouch, une Alexandrie sur l'Oxus (Amou Daria), une sur le Tanaïs (Syr Daria), Alexandrie Eschatè.

Parmi les fondations séleucides, certaines cités sont aussi des refondations, après leur destruction par les barbares : Merv devient ainsi Antioche de Margiane. D'autres encore sont de nouvelles fondations comme Termez, sur la rive droite de l'Oxus, et Aï-Khanoum, sur la rive gauche. Cette dernière est implantée à l'extrémité méridionale d'une plaine riche, dans un site défendu par le confluent de l'Oxus et de la Kok-cha. Plus à l'ouest, la Tétrapole de Syrie du Nord (Séleucie, Antioche, Laodicée, Apamée) est l'œuvre de Séleucos Ier : Henri Seyrig a mis l'accent sur la fonction commerciale de ces fondations, permettant les échanges entre la Mésopotamie et la Méditerranée [14] ; Pierre Leriche, quant à lui, n'écarte pas cette explication mais il souligne aussi que chacune de ces cités est située « dans une région dont le potentiel agricole devait assurer son développement [15] ». La terre civique a été soigneusement lotie : 10 000 lots à Antioche, 6 000 à Séleucie de Piérie. Par ailleurs, ce sont aussi des villes qui ont une fonction administrative et militaire. Cette seconde Macédoine constitue en effet, grâce à sa population de colons, un réservoir de combattants grecs ou macédoniens, dans une région vitale pour le royaume séleucide puisqu'elle est la seule fenêtre ouverte sur la Méditerranée.

Les villes de Syrie peuvent servir de référence pour l'étude de l'urbanisme hellénistique dans l'Orient séleucide. Les villes nouvelles y sont organisées selon un quadrillage de type hippodamien ; malheureusement, les destructions et les reconstructions successives ne permettent généralement pas de connaître exactement l'étendue et le plan de la ville d'origine, et ce qui ressort aujourd'hui des recherches archéologiques correspond plutôt à un état postérieur, celui de la fin de la période hellénistique ou déjà de l'époque impériale romaine.

A titre d'exemple, la fouille de Doura Europos fournit une belle illustration de ce plan en damier. Ses remparts de pierre ont d'abord été datés de l'époque parthe, mais certains auteurs ont cherché à les remonter à la période hellénistique, sans qu'une date sûre puisse être avancée. A Apamée, la ville hellénistique se situe bien sous la ville romaine ; ici, comme à Doura Europos, Antioche, Djerach ou Lattaquié (Laodicée), les grandes directions définies par les architectes séleucides et l'emplacement des remparts se retrouvent très probablement dans l'urbanisme d'époque romaine, mais on ne peut pas affirmer que tous ces éléments datent de

14. H. Seyrig « Séleucus et la fondation de la monarchie syrienne », *Syria*, XLVIII (1970), p. 290-311.

15. P. Leriche, « Urbanisme défensif et occupation du territoire en Syrie hellénistique », in *Sociétés urbaines, Sociétés rurales dans l'Asie Mineure et la Syrie hellénistiques et romaines, op. cit.*, p. 57-79.

l'époque de Séleucos Ier, le fondateur d'Apamée, ou, au contraire, si la ville s'est agrandie jusqu'à atteindre les limites de l'urbanisme romain seulement dans le courant du IIe siècle avant J.-C. Il semble bien que les limites définitives de la cité aient été fixées à la fin du IIIe siècle avant J.-C.

P. Leriche s'est intéressé également aux fouilles faites dans la ville hellénistique d'Ibn Hani, à sept kilomètres au nord de Lattaquié. Il s'agit d'une fondation des Lagides dans le courant du IIIe siècle, destinée à servir de base maritime sur la côte séleucide. Après la bataille de Panion, en 200, qui consacre la victoire d'Antiochos III sur son voisin lagide, la ville aurait été désertée, et c'est seulement au début du Ier siècle avant J.-C. qu'une forteresse aurait été reconstruite dans un angle de l'enceinte abandonnée. Le premier état correspond certainement à la situation dans la seconde moitié du IIIe siècle et n'a pas été recouvert par des constructions postérieures. Il révèle un urbanisme orthogonal régulier ; l'enceinte est un rempart de 3 mètres d'épaisseur, renforcé de tours quadrangulaires et semi-circulaires avec un espacement de 30 mètres.

Le royaume séleucide a été certainement un vaste chantier durant le IIIe siècle, et les régions frontalières des États voisins ont connu la même activité. Plus d'une centaine de villes ont été, ainsi, édifiées totalement ou réaménagées à partir d'un habitat antérieur et cette activité des métiers du bâtiment s'étend jusqu'aux confins de l'empire d'Alexandre, comme le montrent les recherches françaises sur le site d'Aï-Khanoum en Afghanistan actuel. Il faudrait encore y ajouter des colonies militaires qui n'ont pas obtenu le statut de *poleis* : Tite-Live (XXXIII, 18, 4) rapporte qu'en 197 la guerre entre les Rhodiens et les Macédoniens sur le territoire de Stratonicée de Carie se développa autour de *castella*, forteresses qui peuvent devenir progressivement de véritables agglomérations, mais sans avoir le statut de *polis*.

Le royaume de Pergame

Le terme est impropre pour la majeure partie du grand IIe siècle. En effet, Philétairos n'est longtemps que le modeste gouverneur de la citadelle de Pergame, qui offre, par exemple, ses services, son trésor et ses troupes à Séleucos, en 283-282, après le meurtre d'Agathoklès, fils de Lysimaque de Thrace. A la mort de Séleucos, Philétairos se rallie à Antiochos et rachète à Ptolémée Kéraunos la dépouille mortelle de Séleucos pour la remettre à son fils (Appien, *Syriakè*, 63). Mais à partir de 275/74, le monnayage, toujours à l'effigie de Séleucos et d'Athéna assise au revers, porte le nom de Philétairos. Cette montée en puissance s'explique notamment par le renforcement de l'armée qui vaut à Philétairos quelques succès sur les Galates et une indépendance presque totale vis-à-vis d'Antiochos Ier.

A la mort de Philétairos (263), son neveu Eumène remporte une victoire importante sur le roi séleucide à Sardes (261). L'indépendance de la principauté d'Eumène est alors établie ; elle s'étend le long de la vallée du Caïque et dans le massif de l'Ida, riche en bois. De manière significative, Eumène remplace l'effigie de Séleucos par celle de Philétairos sur le monnayage pergaménien. Toutefois, il faut bien noter que l'appellation d'Eumène Ier, trop souvent employée, ne correspond pas du tout à la prise du titre royal par le neveu de Philétairos.

On ne sait rien de l'attitude d'Eumène dans la deuxième guerre de Syrie ni dans la guerre laodicéenne. Tout ce qui affaiblit le voisin séleucide est évidemment bon pour le prince de Pergame, sans doute plus proche de la cause lagide, mais il ne semble pas la soutenir activement.

Après la disparition d'Eumène de Pergame en 241, son cousin Attale lui succède, en pleine « guerre fratricide » qui oppose les deux fils d'Antiochos II, Séleucos II et Antiochos Hiérax. Ce dernier remporte une brillante victoire sur son frère. Il veut, ensuite, entraîner ses alliés galates contre Pergame, mais Attale est vainqueur de Hiérax, sans doute vers 237, et prend alors le titre de roi et l'épiclèse de Sôter. Une seconde guerre oppose Antiochos Hiérax et Attale Ier vers 229-227 ; Attale Ier conquiert l'Asie Mineure séleucide jusqu'en Carie. Il semble se constituer alors une alliance (*symmachia*) des cités grecques de la côte ionienne avec le roi de Pergame, pour faire face aux menaces toujours réelles des Galates ou d'un retour des Séleucides. De toute façon, son existence est brève, puisque, dès l'avènement d'Antiochos III, commence en 223 la reconquête de l'Asie Mineure par

Achaios pour le compte du roi séleucide. Le succès est rapide et total. Attale Ier ne garde que Pergame.

Pourtant, dès 218, Attale Ier, avec des Gaulois venus d'Europe, repart à la conquête d'un domaine plus vaste, contre Achaios. Il s'empare alors de cités grecques d'Éolide, d'Ionie et de la région des Détroits jusqu'à Ilion et Alexandrie de Troade. Pour venir à bout de l'usurpateur Achaios, Antiochos III, juste après sa défaite à Raphia, passe alliance avec Attale. Il réussit à capturer Achaios et doit payer le soutien de Pergame en lui reconnaissant des agrandissements en Ionie jusqu'à Colophon. Par la suite, Attale Ier participe à la première guerre de Macédoine au côté des Romains et des Étoliens, dont le roi de Pergame est proclamé stratège en 209. Son histoire rejoint celle des relations extérieures à l'époque de l'intervention romaine, qui fera l'objet du dernier chapitre. C'est seulement en 201 que les Panathénées de Pergame sont transformées en Niképhoria. Les grandes constructions de Pergame datent seulement du règne d'Eumène II, à partir de 197.

A la fin du IIIe siècle – si on laisse de côté les royaumes indigènes de Bithynie, du Pont et de Cappadoce, plus ou moins hellénisés –, des trois royaumes hellénistiques retenus dans ce chapitre, c'est le plus petit, celui de Pergame, qui paraît en croissance réelle, croissance qui devient fulgurante lors de la paix d'Apamée en 188, puisqu'il s'étend jusqu'au Taurus. Il n'en va pas de même des deux grands royaumes : celui des Lagides finit le siècle dans la défaite, à Panion en 200, face à l'armée d'Antiochos III, et toute la Cœlé-Syrie est annexée à l'Empire séleucide. Rome intervient diplomatiquement pour empêcher un partage du royaume lagide entre Philippe V et Antiochos III, qui profitent de la minorité de Ptolémée V. L'abaissement du royaume séleucide intervient à son tour à l'extrême fin de notre période lorsque Rome, victorieuse aux Thermopyles, poursuit son adversaire séleucide en Asie Mineure pour l'emporter à Magnésie du Sipyle en 189 et démembrer le royaume séleucide à la paix d'Apamée. Certes, ces royaumes survivent encore, jusqu'à Actium pour l'Égypte lagide, mais de toute évidence avec moins de force et d'influence.

Les grandes métropoles

Sur un chantier des temps modernes, la foreuse d'une entreprise de construction perce la voûte d'une chambre funéraire et poursuit sa course jusqu'au cercueil de verre où repose, comme maintenu artificiellement dans une jeunesse éternelle, le cadavre d'un homme aux cheveux blonds. Ces fantasmes de l'Alexandrie moderne, mis en scène par le cinéaste égyptien Youssef Chahine dans son film *Alexandrie, encore et encore,* révèlent à leur manière le cœur du dispositif architectural de la métropole du IIIe siècle : le tombeau d'Alexandre, après que Ptolémée eut décidé de rapporter le corps du Macédonien[1]. Ville-reliquaire, Alexandrie aurait-elle donc profité de ce transfert de sacralité au point de devenir, après Athènes à l'époque classique, la métropole où se concentrent tous les savoirs du monde grec ?

En réalité, l'époque hellénistique est caractérisée par un éclatement du centre de l'hellénisme en plusieurs pôles : au Ve siècle, et encore durant la majeure partie du IVe siècle, Athènes accueillait et réunissait philosophes et savants ; désormais Alexandrie surtout, mais aussi Antioche, Pergame et Syracuse développent également une riche culture urbaine, des relations existant naturellement d'un centre urbain à l'autre, malgré les tempêtes, les pirates et la fatigue des traversées. Cet éclatement en plusieurs centres de culture favorise en même temps l'ouverture aux « sagesses barbares » (A. Momigliano) et contribue à l'enrichissement d'un hellénisme assimilateur. En outre, ce sont ces grandes métropoles qui font qu'il existe une civilisation grecque, la civilisation

---

1. Je dois à Christian Jacob et François de Polignac cette référence au film de Chahine. Voir « Le mirage alexandrin », in *Alexandrie IIIe siècle av. J.-C.,* Paris, Autrement, série « Mémoires », n° 19, p. 15, en particulier l'article de François de Polignac, « L'ombre d'Alexandre », dans ce même recueil (même si celui-ci n'est pas en tout point satisfaisant), p. 37-48.

que les Romains cherchent à découvrir et à adapter à leur propre mode de pensée.

La survie d'Athènes et son rôle culturel

Le spectacle qu'offre la cité athénienne après la mort d'Alexandre est très paradoxal : parce que la cité se révèle incapable de résister efficacement à la puissance macédonienne, les rois antigonides interviennent sans cesse dans ses affaires intérieures et l'occupent avec des garnisons établies jusque sur la colline des Muses. Dès lors, les périodes durant lesquelles Athènes est libre et autonome sont courtes : entre 281 et la guerre de Chrémonidès, puis après 229. Dans les deux cas, la liberté n'a pas été conquise par les seuls Athéniens, qui ont tout juste réussi en 286 à libérer la ville ; pour obtenir la libération du Pirée et du territoire civique, il a fallu l'intervention des troupes à la solde des rois lagides, comme en témoigne le décret en l'honneur de Kallias de Sphettos ; en 229, il est encore nécessaire d'acheter le départ des dernières garnisons, dont les officiers sont fréquemment citoyens athéniens et qui bénéficient de décrets honorifiques, comme celui que les gens de Rhamnonte votent en l'honneur de Dicaiarchos, commandant la forteresse d'Érétrie pour le compte de Démétrios II, vers 235 [2]. Par ailleurs, le rayonnement économique d'Athènes appartient au passé : la flotte de guerre athénienne a disparu dans le désastre d'Amorgos qui mit fin à la guerre lamiaque sur mer en 322, et le port du Pirée laisse à Alexandrie et à Rhodes le rôle de redistribution des denrées dans le monde méditerranéen.

Cependant, Athènes est un centre intellectuel qui exerce son influence sur la majeure partie du bassin oriental de la Méditerranée. Pour s'en convaincre, il suffit de rappeler l'origine des nombreux philosophes venus à Athènes à cette époque : au Lycée, après la mort d'Aristote en 322 à Chalcis d'Eubée, la direction de l'école est assurée par Théophraste de Lesbos, puis Straton de Lampsaque et Lycôn de Troade. Diogène le Cynique est originaire de Sinope. Épicure est

---

2. J. Pouilloux, *Choix d'inscriptions grecques, op. cit.*, p. 75-78.

athénien, mais son père Néoclès était un clérouque établi à Samos, et sa famille a subi cruellement les effets du retour des Samiens bannis ; il vit lui-même à Colophon, puis à Mytilène de Lesbos et à Lampsaque, avant de gagner Athènes en 306, alors qu'il a déjà près de trente-cinq ans. Parmi les stoïciens, Zénon est natif de Kition de Chypre, Chrysippe vient de Cilicie, Apollodore de Séleucie en Chaldée, Posidonios de Syrie, Cléanthe d'Assos, Panétios de Rhodes. Bref, un monde très cosmopolite se rassemble ainsi à Athènes, le poids d'un Orient déjà hellénisé et plus spécialement de l'Asie Mineure est considérable, tandis que la Grèce continentale semble moins y participer.

Les différents cénacles philosophiques d'Athènes subissent, après la mort d'Alexandre, tous les aléas de l'histoire de la cité : les sièges, les occupations militaires, les périodes de tyrannie et la restauration de la démocratie. Sans postuler nécessairement une évolution en parallèle de l'histoire culturelle et de l'histoire politique, et dénier à la vie des idées son autonomie, cette situation de crise quasi permanente n'est pas sans effet sur les réflexions que suscite l'observation du monde contemporain. Le cynisme de Diogène, par exemple, est une forme d'anticonformisme, issu du socratisme, qui rejette volontiers l'idée de patrie. La doctrine d'Épicure qui encourage à fuir la vie politique, à éviter l'engagement social, ou le mépris des stoïciens pour les biens de ce monde, la richesse matérielle, la réputation, la santé, révèlent également les inquiétudes du temps.

Si Athènes continue à être un grand centre de la vie intellectuelle, il faut constater que c'est surtout dans le domaine de la philosophie qu'elle garde un monopole à peu près absolu. Par philosophie, on entendait alors la logique et l'éthique, et également la physique, l'étude de la matière dans ses constituants ultimes. Pour l'enseignement et la recherche dans d'autres disciplines, les savants vont ailleurs, et surtout à Alexandrie.

Dans certains cas même, il apparaît que des genres d'expression s'éteignent totalement, à moins que leur extinction soit simplement le résultat d'une défaillance dans la transmission d'œuvres importantes. Ainsi l'art oratoire semble disparaître avec la fin de la guerre lamiaque (322), l'assassinat d'Hypéride et le suicide de Démosthène ; Lycurgue est mort un an avant Alexandre ; seul Eschine survit, mais exilé, il enseigne l'éloquence à Rhodes durant quelques années, sans que l'on connaisse la date exacte de sa mort. Sans doute, les débats à l'Assemblée et au tribunal continuent à susciter les vocations de nouveaux orateurs : Démocharès, le neveu de Démosthène, a pu être un orateur brillant durant sa longue carrière à Athènes, mais rien ne permet aujourd'hui de l'affirmer ; il a succédé à Démétrios de Phalère, le protégé de Cassandre, qui a gouverné Athènes en tyran éclairé de 317 à 307, avant de se réfugier à Alexandrie où il participe à la fondation du Musée. Ce départ est en quelque sorte le symbole même de cette transmission du flambeau de capitale intellectuelle, qui passe d'Athènes à Alexandrie.

D'autres genres littéraires encore sont peu représentés : ainsi la tragédie, qui continue néanmoins à occuper une grande place dans les concours. C'est pour elle que chaque cité nouvelle se dote d'un théâtre ou que d'anciens sanctuaires fédéraux bénéficient de constructions monumentales. On peut, par exemple, penser au théâtre de Dodone édifié durant le règne de Pyrrhos (297-272) et évoquer l'inscription de Tégée *IG* V, 2, 118 qui date très probablement du début du IIe siècle : le vainqueur anonyme triomphe, lors des Naïa de Dodone, dans l'*Archélaos* d'Euripide et un *Achille* de Chairémon qui n'a pas été conservé jusqu'à nos jours ; ailleurs, il obtient de fréquents succès dans des tragédies d'Euripide : *Oreste* aux grandes Dionysies d'Athènes, *Héraclès* et *Archélaos* aux Héraia d'Argos, tandis qu'aux Sôteria de Delphes il l'emporte avec *Héraclès* d'Euripide et *Antée* d'Archestratos, cette dernière pièce étant aussi perdue. Euripide reste donc au répertoire, certainement avec Eschyle et Sophocle, et d'autres auteurs tragiques sont mentionnés ; toutefois, leurs œuvres sont perdues.

La comédie nouvelle n'a pas entièrement disparu, grâce à des papyrus qui nous en donnent des fragments ; mais, sur la centaine de comédies écrites par l'Athénien Ménandre (340-292), seule la comédie intitulée *Le Misanthrope* (*Le Dyskolos*) a été conservée dans sa totalité, sur un papyrus trouvé en 1958. Il est vrai que Térence l'a souvent imité de très près, ce qui permet d'imaginer partiellement l'œuvre de Ménandre. Les thèmes retenus par l'auteur ne sont pas, comme chez Aristophane, en relation avec les événements du moment.

Ménandre dépeint surtout des personnages dont il trace le portrait psychologique, à la façon des *Caractères* de Théophraste, son contemporain, qui dirige le Lycée après l'exil et la mort d'Aristote (en 322). Ses comédies se déroulent dans un petit monde de riches bourgeois, de marchands et d'esclaves à leur service. De Philémon, fils de Damon (361-263), qui a souvent inspiré Plaute, et de Diphile de Sinope, né vers 350, en revanche, il ne nous reste rien.

La philosophie à Athènes est représentée, après la mort d'Alexandre et dans le siècle qui suit, par une série de cénacles ou d'écoles, qui ont chacun leur auditoire, leurs disciples ; certains disposent de véritables installations permanentes, d'autres restent attachés à la seule personne du maître.

1) Le plus ancien est l'*Académie*, l'école de Platon, qui est mort en 347. Elle fonctionne dans le jardin voisin du gymnase d'Académos, et elle est dirigée successivement par Speusippos, neveu de Platon (347-339), par Xénocratès (339-315), par Polémôn (311-270), par Cratès (270-268), par Arcésilas de Pitané en Éolide (268-241). Si l'interprétation du platonisme diffère entre Speusippos et Xénocratès, Arcésilas semble attirer un auditoire nombreux par son goût de la dialectique, qui rejette tous les dogmatismes des sectes qui l'entourent ; il ne veut pas en particulier de la synthèse définitive des stoïciens.

2) Le *Lycée* est dirigé par le disciple d'Aristote, Théophraste (*ca* 372-*ca* 287 av. J.-C.), auteur des *Caractères* qui réunissent une trentaine de portraits, et de près de deux cents traités indépendants, bref une œuvre monumentale dans des disciplines aussi diverses que la politique, la rhétorique, la botanique ou la métaphysique.

Protégé de Démétrios de Phalère, il reçoit, comme métèque puisqu'il est natif de Lesbos, l'*enktésis*, c'est-à-dire le droit d'acquérir un bien foncier. L'école est alors structurée comme une association cultuelle, consacrée aux Muses, et propriétaire des bâtiments et jardins légués par Aristote ; les membres de l'association procèdent à l'élection du chef d'école. Trop liée à Démétrios de Phalère, l'école aristotélicienne est accusée ensuite de compromission avec le parti macédonien :

en 307, Théophraste doit donc s'exiler et certains des membres de l'école émigrent à Alexandrie.

L'érudition, qui est un peu la spécialité des Alexandrins, n'est pas pour déplaire aux gens du Lycée qui, à la suite d'Aristote, s'intéressent aux recherches expérimentales : météorologie, astronomie, botanique, géométrie. Théophraste introduit néanmoins certaines objections aux théories d'Aristote, plutôt d'ailleurs en critiquant leurs applications qu'en mettant en cause l'ensemble de la doctrine du maître : ainsi, dans son essai sur la *Métaphysique,* il revient sur la doctrine des causes finales, en reconnaissant que bon nombre de choses dans la nature se produisent au hasard et sans but particulier ; de même, dans les *Causes des plantes*, Théophraste refuse de généraliser la théorie de la « génération spontanée » qui s'applique selon lui à certains cas particuliers, tandis que, pour d'autres cas, une enquête supplémentaire s'avère plus raisonnable : « Si en réalité, écrit-il, l'air apporte aussi des germes, en les soulevant et en les transportant ici et là, comme le dit Anaxagore, il est beaucoup plus vraisemblable que l'explication soit là. » A la suite de Théophraste, Straton de Lampsaque dirige l'école de 287 à 268, après avoir été, à Alexandrie, le précepteur de Ptolémée II de 300 à 294. Ses travaux se caractérisent par la place qu'ils accordent à l'expérimentation, notamment dans les domaines de la dynamique et de la pneumatique. Et à la différence des auteurs alexandrins, l'expérimentation a pour objet de démontrer certaines propositions, non de créer des effets frappants ou d'obtenir des applications technologiques. Remplacé par Lycôn de Troade (268-224) qui développe la formation rhétorique au sein de l'école, à une époque où celle-ci est peu populaire, trop spécialisée, Straton de Lampsaque n'est cependant pas parvenu – pas plus que Théophraste d'ailleurs – à fonder une théorie physique unifiée qui puisse rivaliser avec celle d'Aristote.

3) Le *cynisme*, dont le premier représentant est Antisthène (440-336 av. J.-C. environ), est généralement classé parmi les écoles dites socratiques. Soucieux de diriger les hommes, les cyniques prétendent le faire par l'exemple, en offrant des modèles, Héraklès puis Diogène, dont chacun doit s'efforcer d'égaler la valeur par l'effort et l'exercice. Cette valorisation

de l'exemple s'accompagne d'un refus de la dialectique et de ce qui est strictement spéculatif. En outre, tout ce qui n'est pas légitimé par un travail critique de la raison – les conventions sociales en général – est dénoncé avec violence, notamment à l'aide de provocations. Diogène de Sinope (environ 413-327 av. J.-C.) est souvent cité comme le type même du cynique, anticonformiste par le vêtement, le genre de vie et le franc parler, observateur et dénonciateur des vices et des erreurs des hommes ; mais Diogène est aussi l'ascète, le chantre du travail et de l'effort, de cet effort raisonné qui peut rendre heureux. Au refus du spéculatif et des conventions sociales répond donc une valorisation de l'effort et de l'idéal naturel. Après Diogène, le cynisme, qui n'a jamais pris corps comme école organisée matériellement, évolue vers un certain hédonisme qui se traduit par une sorte de sans-gêne brutal, auquel on a attaché le plus souvent le terme de « cynique ». Exilé d'Athènes, Théodore, l'un de ses propagateurs, enseigne à Alexandrie durant le règne de Ptolémée Sôter, qui l'envoie en ambassade auprès de Lysimaque de Thrace ; on l'accuse d'athéisme ; pour lui, le sage n'a pas besoin d'amis ni de patrie, il est au-dessus de tout et de tous.

4) Épicure, fils d'un clérouque de Samos, commence à enseigner à Mytilène en 310 puis il se rend à Athènes en 306 ; il achète alors le *Jardin* pour quatre-vingts mines et y crée une société dotée de règles de vie commune. Après sa mort (270), l'école poursuit encore son existence sous la direction d'Hermachos, tout en essaimant dans les villes d'Ionie et même en Égypte. Dans l'épicurisme – comme dans le stoïcisme d'ailleurs –, deux traits sont inséparablement liés, le calme de l'âme et la lumière de l'esprit, la motivation principale de ceux qui étudient la physique et la logique se trouvant dans la tranquillisation qu'apporte la connaissance des causes cachées.

Pour Épicure et ses disciples, héritiers des atomistes du ve siècle, Leucippe et Démocrite, il n'est rien d'autre que le vide et un nombre infini d'atomes, qui forment les êtres en s'agrégeant les uns aux autres. L'origine de ces agrégats pose problème : selon Leucippe et Démocrite, ils viennent de ce que les atomes se meuvent dans des directions différentes et forment des mondes lorsqu'ils entrent en collision.

Épicure quant à lui introduit sa doctrine de la « déclinaison » : avant la création d'un monde, les atomes se déplacent tous dans la même direction, « vers le bas » ; mais à l'occasion, sans cause véritable, un atome dévie de la verticale. Les mondes naissent alors au hasard de ces déclinaisons.

Cette théorie fut souvent tournée en ridicule à l'époque, soit qu'elle ait remis en cause la conception générale des lois physiques qui ne connaissent, selon les Grecs, aucune exception – alors que nous pensons plutôt aujourd'hui en termes de probabilités statistiques –, soit qu'elle ait choqué par ses implications morales : en postulant l'existence d'atomes d'âme dont les interactions et les configurations expliquent les « événements mentaux », la doctrine d'Épicure suppose que tout acte libre est en fait le résultat d'une déclinaison d'atome, c'est-à-dire paradoxalement d'un événement sans cause[3].

En définitive, pour les épicuriens, les dieux existent mais ne s'occupent pas des hommes. La mort n'est pas à craindre : l'âme est la cause de la sensibilité ; son retrait du corps prive alors celui-ci de la sensibilité. La vie doit conduire à l'*ataraxie,* à un état exempt de troubles ; la connaissance apporte la tranquillité au sage. Toutefois l'ataraxie n'est pas une fin en soi : c'est le plaisir qui est le premier des biens naturels, mais ce n'est pas celui « des débauchés et des jouisseurs ». « Pour vivre en dieu parmi les hommes », l'épicurien cherche un plaisir en repos, un heureux équilibre du corps, et la prudence l'aide à éviter les plaisirs qui engendrent la douleur. L'épicurien mène une vie cachée et laisse à d'autres le soin de gérer la vie de la collectivité.

5) Le Portique (*Stoa* en grec) est l'école stoïcienne, fondée par Zénon de Kition de Chypre ; elle rassemble surtout des non-citoyens athéniens, venus d'Orient. L'école est successivement dirigée par Zénon, qui la fonde vers 300 et meurt vers 262, par Cléanthe, originaire d'Assos (262-232), puis par Chrysippe de Cilicie (232-204). Sensibles au rayonnement d'Athènes, Zénon et ses disciples ne sont toutefois pas

---

3. Pour une présentation plus nuancée des implications morales de la théorie physique d'Épicure, voir G.E.R. Lloyd, *Une histoire de la science grecque*, Paris, Éd. du Seuil, coll. « Points Sciences », p. 202 *sq.*

attachés à la cité et sont plus attirés par les grands royaumes :
Antigone Gonatas admire Zénon et vient l'écouter lors de
ses passages à Athènes, sans parvenir à le convaincre néanmoins de s'établir en Macédoine ; Zénon préfère envoyer à
Pella son disciple Persée, également originaire de Kition,
tandis que Cléanthe délègue, auprès de Ptolémée III Évergète, Sphaéros du Bosphore qui avait aussi enseigné à
Sparte, notamment chez Cléomène, le roi réformateur.

Dans le domaine de la physique, les stoïciens partagent
avec les épicuriens cette idée selon laquelle la connaissance
des phénomènes naturels permet d'accéder à la tranquillité
de l'âme. Pour autant, les deux doctrines diffèrent sur l'essentiel : à la différence des épicuriens, les stoïciens nient
l'existence du vide à l'intérieur du monde ; par ailleurs, selon
eux, et contre la théorie atomiste, la substance est divisible à
l'infini. A la physique épicurienne qui est globalement quan-
titative – les différences de qualité s'expliquent par l'arran-
gement des atomes – correspond une physique stoïcienne
qualitative, distinguant le principe passif, c'est-à-dire la
substance sans qualités, et le principe actif, notamment le
pneuma (souffle, esprit), tous deux corporels, inengendrés
et indestructibles, dont la combinaison donne forme au
monde [4].

« Le dieu des stoïciens n'est ni un Olympien ni un Dionysos ; c'est un dieu qui vit en société avec les hommes et avec
les êtres raisonnables et qui dispose toute chose dans l'univers en leur faveur ; sa puissance pénètre toute chose, et à sa
providence n'échappe aucun détail, si infime qu'il soit »,
note l'historien des idées Émile Bréhier pour qui ce dieu
tout-puissant gouverne la destinée des hommes et des choses
est une idée sémitique venue de Chypre et non une idée issue
de la tradition grecque.

La morale stoïcienne repose alors sur l'adhésion libre à
l'ordre des choses. Le sage accepte avec réflexion les événements qui résultent du destin : ce n'est donc pas une obéissance passive, mais une adhésion aux volontés divines. Par
là, le stoïcisme ne conduit pas au quiétisme de l'homme parfait qui assiste, impassible, à tous les événements. Cette
morale invite à l'action, dans les fonctions de citoyen, de

4. *Ibid.*, p. 206 *sq.*

membre d'une famille et d'une société ; cette invitation ne vise pas cependant à un succès, mais à la vertu de celui qui agit quel que soit le résultat de son action. La morale stoïcienne a connu un rayonnement considérable jusqu'au IIᵉ siècle de notre ère. Elle a contribué à former des générations d'hommes, dont certains ont joué un rôle majeur, depuis Antigone Gonatas et Cléomène III de Sparte, jusqu'à Sénèque, l'empereur Hadrien, en passant par les Gracques.

Par la diversité des courants philosophiques qui y rivalisent et malgré la perte de la liberté et de l'autonomie de la cité durant la majeure partie du IIIᵉ siècle, Athènes conserve un rôle éminent dans l'histoire de la philosophie antique. La rencontre des hommes porteurs de la sagesse grecque et de ceux qui véhiculent les « sagesses barbares », selon l'expression d'Arnaldo Momigliano, fait de cette période une des plus importantes dans l'histoire de l'édification de la culture occidentale et Athènes y tient une grande place.

L'histoire, de la mort d'Alexandre à la paix d'Apamée

L'historiographie hellénistique [5] n'appartient pas à une métropole ou à une autre ; c'est pourquoi il est nécessaire de la séparer aussi bien d'Athènes que d'Alexandrie. D'autre part, on ne peut aborder le domaine de l'histoire à la période hellénistique sans rappeler la remarque très exacte d'Hermann Bengtson : « La tradition historique du premier siècle après la mort d'Alexandre est un vaste champ de ruines. Des grandes œuvres historiques contemporaines, aucune n'est conservée en entier. » C'est le cas aussi de bien des œuvres littéraires et scientifiques ; elles n'en ont pas moins eu leur importance en leur temps. Beaucoup de ces auteurs intéressés par l'histoire de leur temps ont été des acteurs et parfois des victimes des événements qu'ils ont voulu rapporter : on pense, naturellement, aux derniers orateurs athéniens, Démosthène et Hypéride, victimes dès 322 de la rancune

5. Voir en particulier le bulletin de bibliographie critique « Historiographie hellénistique pré-polybienne » de J.A. Alonso-Nunez, *REG*, CII (1989), p. 160-174.

d'Antipatros à l'issue de la guerre lamiaque, qui sont intéressants pour décrire le rejet athénien de la tutelle macédonienne, même si le texte du discours *Sur le traité avec Alexandre*, publié à la suite des *Harangues* de Démosthène [6], n'est certainement pas l'œuvre de celui-ci. Autre victime des événements, Timée de Tauroménion aurait été bien utile pour l'histoire de l'Occident (époque d'Agathoclès et de Pyrrhos), si son œuvre n'avait disparu presque totalement; malgré les critiques parfois injustes de Polybe, Timée, qui a dû vivre un demi-siècle à Athènes en raison de l'hostilité d'Agathoclès qui ne voulait pas de lui en Sicile, a été utilisé ensuite par Diodore, sans doute indirectement.

Les historiens d'Alexandre [7] ont été aussi largement des personnages actifs sur la scène de leur temps : c'est le cas, évidemment, de Ptolémée, le futur fondateur de la dynastie lagide; son œuvre historique n'est connue qu'à travers l'*Anabase* d'Arrien et quelques allusions chez Strabon, Plutarque, Étienne de Byzance et Synésios. Si son sujet n'est pas directement celui de la période qui suit la mort d'Alexandre, Ptolémée a rédigé son œuvre après le transfert de la dépouille mortelle d'Alexandre en Égypte et, sans doute, après avoir pris le titre royal en 305. Parmi les autres, Callisthène est mort, victime d'Alexandre lui-même, en 327, après son rejet de la proskynèse; Onésicrite participe également à l'expédition d'Asie et exerce les fonctions de chef pilote, lors du voyage de retour, avec Néarque qui rédigea aussi le récit du voyage le long des côtes de l'embouchure de l'Indus juqu'au golfe arabo-persique. Aristoboulos a participé, lui aussi, à l'expédition d'Asie et a écrit son histoire tardivement, à partir de 286 environ.

Hiéronymos de Cardia (*ca* 350-260), ami et compagnon d'Eumène de Cardia, s'est rallié après la mort de son compatriote à Antigone le Borgne et à son fils Démétrios Poliorcète, avant de servir Antigone Gonatas en occupant des postes administratifs élevés. Son *Histoire des diadoques* est la source principale de tous les écrits concernant les deux premières décennies qui suivent la mort d'Alexandre; son

---

6. Paris, CUF, 1959, t. II, p. 162 *sq.*

7. P. Pédech, *Historiens compagnons d'Alexandre*, Paris, Les Belles Lettres, 1984.

œuvre, qui se terminait probablement à la mort de Pyrrhos, en 272, a été utilisée par Diodore de Sicile (livres XVIII-XX jusqu'en 302, la suite est perdue), par Arrien dans son *Histoire des diadoques* dont il ne reste que de pauvres fragments, par Plutarque (*Vies d'Eumène, de Démétrios, de Pyrrhos*).

Douris de Samos (*ca* 340-270) est, en même temps, disciple de Théophraste, tyran de sa cité et historien ayant rédigé des *Makedonika* et une *Vie d'Agathoclès*, le tout étant perdu en dehors de quelques fragments, mais son œuvre a été utilisée par Diodore et par Plutarque (*Vies d'Eumène, de Démétrios, de Pyrrhos*). Il s'agit donc là encore d'un homme engagé dans les affaires de sa cité et dans les événements de son temps. Plutarque est sévère envers lui, en écrivant dans la *Vie de Périclès*, 28, 3 : « Même lorsqu'il n'est pas aveuglé par une passion personnelle, Douris n'a pas l'habitude de s'en tenir dans ses récits à l'exacte vérité. »

A la génération suivante, Phylarque d'Athènes (ou de Naucratis) est le principal auteur pour le demi-siècle qui suit la mort de Pyrrhos (272) ; son œuvre, à peu près totalement disparue, a été utilisée par Polybe, par Trogue-Pompée (voir Justin, livres XXV-XXVIII), par Plutarque (*Vies de Pyrrhos, d'Aratos, d'Agis et Cléomène*) ; on lui attribue un goût immodéré pour l'anecdote, un souci moralisant, un parti pris laconophile ; il est, semble-t-il, bienveillant envers les Ptolémées et critique envers les Séleucides.

Polybe de Mégalopolis, dans son *Histoire*[8], s'attache surtout à faire une histoire universelle du monde méditerranéen à partir de 220 ; mais, soucieux de prendre la suite de l'œuvre de Timée de Tauroménion, il a rédigé une introduction (livres I et II) consacrée à la période 264-220 : son récit de la première guerre punique intéresse directement le monde grec occidental (Grande-Grèce et Sicile) ; de plus, les livres suivants sont riches d'allusions aux événements des deux premiers tiers du IIIe siècle. Fils de Lycortas, haut magistrat du *Koinon* des Achéens, il est transféré comme otage en Italie après Pydna, en 168, et vit ensuite dans l'entourage des Scipions, surtout de Scipion Émilien, ce qui lui vaut de connaître de près la destruction de Corinthe comme celle

8. Trad. complète D. Roussel, Paris, Gallimard, coll. « La Pléiade », 1970 ; livres I-XII, trad. P. Pédech *et al.*, Paris, CUF.

de Carthage et de suivre la politique romaine jusqu'au siège de Numance en 133. Indigné de la dureté romaine en face des États grecs, il rédige pourtant une histoire qui est à la gloire de l'expansion romaine dans tout le bassin méditerranéen.

Si ces auteurs ont largement inspiré tous les auteurs plus tardifs, on doit encore citer quelques écrivains secondaires dont il ne reste que des fragments : Diyllos d'Athènes (*ca* 340-290), Démocharès, neveu de Démosthène (350-*ca* 271), Démétrios de Phalère, *épimélète* d'Athènes à l'époque de Cassandre avant de devenir conseiller de Ptolémée II à Alexandrie, Pyrrhos lui-même qui a rédigé des *Mémoires,* Aratos de Sicyone, le stratège achéen, dont l'œuvre a inspiré Plutarque dans la *Vie* qu'il lui a consacrée.

La période qui va de la mort d'Alexandre à la paix d'Apamée est donc une période brillante pour l'historiographie, même si peu d'œuvres ont survécu. Il est remarquable d'observer que, comme au Ve siècle dans le cas de Thucydide, historien et stratège malheureux, beaucoup des historiens du début de la période hellénistique sont aussi des acteurs de la vie politique de leur temps : souverains comme Ptolémée Ier ou Pyrrhos, proches des diadoques comme Hiéronymos de Cardia, ou plus simplement responsables politiques que ce soit à Athènes, à Samos, auprès de souverains hellénistiques ou à la tête de la Fédération achéenne. L'histoire ne paraît pas liée à une cité particulière, pas même à Athènes ou à Alexandrie ; c'est pourquoi il est opportun de lui faire une place particulière, non sans observer, tout de même, le rôle probable de la Bibliothèque d'Alexandrie dans l'élaboration d'une histoire érudite qui s'ouvre en particulier à des traditions non grecques.

L'histoire bénéficie en effet grandement de la curiosité pour les « sagesses barbares » : Hécatée d'Abdère rédige ainsi, vers 315, ses *Aigyptiaka* et il est le premier à fournir aux Grecs une connaissance des Juifs à travers l'examen de leur tradition. Dans les fragments qui en sont conservés par Diodore XL (*FGrH,* 264 F 3), l'auteur révèle comment les Juifs étaient vus par des Grecs. Il témoigne de l'incompréhension grecque sur la nature de la loi. Comme le rappellent Édouard Will et Claude Orrieux : « Les Grecs, pour lesquels la loi est un contrat social modifiable, amendable et dont la "sacralité" n'est plus guère que symbolique, ne peuvent comprendre que, pour les Juifs, la loi est un contrat (un traité) entre un dieu tout-puissant (qui échappe d'ailleurs à leur compréhension) et son peuple [9]. »

Mais ce ne sont pas seulement les Grecs, comme Hécatée d'Abdère, qui vont à la découverte des autres cultures à la manière des ethnologues. Des autochtones entreprennent aussi d'écrire en langue grecque l'histoire de leur pays : l'œuvre la plus importante, malheureusement perdue, est certainement celle de l'Égyptien Manéthon, grand prêtre d'Hiérapolis, qui rédige, à l'époque de Ptolémée II, les *Égyptiaca*, une histoire de l'Égypte, avec cette division devenue classique entre l'Ancien, le Moyen et le Nouvel Empire. Il est intéressant d'observer qu'à la même époque le Babylonien Bérose, prêtre de Bêl, écrit pour Antiochos Ier (288-262) une *Histoire de Babylone* en trois livres.

Le rôle d'Alexandrie

Le Pseudo-Aristote, *Économique*, II, 33 décrit les procédés utilisés par Cléomène de Naucratis pour peupler la cité nouvelle d'Alexandrie :

> Le roi Alexandre lui avait donné l'ordre de bâtir une ville près de l'île de Pharos et d'y transporter le centre commercial qui se trouvait jusque-là à Canope. Cléomène débarqua à Canope et fit savoir aux prêtres et aux propriétaires fonciers de l'endroit qu'il était venu pour les faire changer de résidence. Les prêtres et les fermiers recueillirent des contributions et lui donnèrent l'argent pour obtenir l'autorisation de garder leur port à sa place. Cléomène, cette fois-là, se contenta de prendre l'argent et s'en alla. Mais, peu après, il revint et comme l'aménagement de la nouvelle ville était achevé, il leur demanda une somme considérable, bien supérieure à leurs moyens ; cette somme était la différence qu'il devait obtenir pour que le port fût maintenu à son ancienne place ; mais comme ils se déclaraient incapables de la verser, il les fit changer de ville.

9. Éd. Will et Cl. Orrieux, *Ioudaïsmos-Hellénismos : essai sur le judaïsme judéen à l'époque hellénistique*, Presses universitaires de Nancy, 1986, p. 83-93.

Ce transfert impératif de population rappelle la description de la politique volontariste de Philippe II en Macédoine et dans les territoires illyriens occupés (Arrien, *Anabase*, VII, 9, 2-3, et Justin VIII, 5, 7-8 et 6, 1-2) ; ce sont des procédés de même nature qui permettront à Octave de peupler Nicopolis.

On a insisté par la suite sur les défauts du site retenu par Alexandre : côte inhospitalière et présence de récifs barrant l'entrée du port occidental, plateau aride sur lequel la ville est édifiée et menace des bergers hostiles établis autour du lac Maréotis. Le choix cependant ne devait pas être si mauvais, si l'on en juge par l'extraordinaire réussite d'Alexandrie qui fait d'elle très rapidement l'une des premières villes du bassin méditerranéen. Il faut croire, en fait, que le choix du site a été fait avec beaucoup de sagacité, par quelqu'un qui connaissait bien l'hydrographie régionale, sans doute Cléomène de Naucratis. Le plan de la ville neuve reste mal connu, en raison des constructions sans cesse renouvelées sur l'emplacement de la ville antique, et de la destruction des remparts antiques au IXe siècle après J.-C. Selon toute vraisemblance, l'architecte Deinocratès de Rhodes adopta un plan en damier, mais les fouilles du XIXe siècle n'ont pas permis de restituer avec certitude l'emplacement des rues. Strabon affirme que la ville s'étendait sur 30 stades (5 600 m) d'est en ouest, et sur 7 à 8 stades (de 1 300 à 1 500 m) du nord au sud.

Roland Martin suppose alors l'existence de deux agoras : une agora marchande annexée au port et une place publique à l'intérieur de la ville. C'est là qu'aurait été érigé le tombeau d'Alexandre, qui a certainement compté pour beaucoup dans le rayonnement de la cité. La ville était divisée en cinq quartiers, et Philon attribue le quartier Delta aux Juifs, très nombreux dans la ville avant même la fin du IVe siècle. Sur la côte, l'île de Pharos, reliée au continent par une jetée, séparait les deux ports : celui de l'Ouest très ouvert sur la mer, celui de l'Est plus fermé. Le palais royal était construit sur sa côte méridionale, au cap Lochias.

Le peuplement de la ville s'est opéré, comme le rappelle le texte du Pseudo-Aristote, d'abord par déplacement de populations indigènes de l'ouest du delta. S'y sont ajoutés très vite de nombreux colons grecs et macédoniens, des Perses, des Juifs. La ville a reçu le statut de cité grecque, disposant de sa *chôra*, son territoire civique, séparé du reste de l'Égypte par la pratique de la propriété privée du sol accordée aux citoyens d'Alexandrie. Mais elle ne peut être une cité comme une autre puisqu'elle est aussi la résidence royale. Dès lors si, dans le courant du IIIe siècle, la ville est calme, elle connaît quelques tentatives de soulèvement, comme celui de Cléomène, l'ancien roi de Sparte, en 219 ; surtout, à la mort de Ptolémée IV Philopator, les Alexandrins se dressent contre Sôsibios, Agathoklès et sa sœur Agathokleia qui tentaient de se faire désigner par un faux testament du roi défunt comme tuteurs de l'héritier Ptolémée V Épiphane (205-180) ; le palais royal est pillé et les usurpateurs sont massacrés, selon le récit de Polybe (XV, 25-33).

La présence de la cour entraîne par ailleurs l'établissement d'une foule de compagnons du roi, rapidement classés en « parents du roi », « premiers amis », « amis ». Chacun tente de se faire apprécier du roi et le quartier royal est le théâtre d'intrigues et de courses aux honneurs inépuisables. L'administration centrale du royaume est également établie à Alexandrie : ministres, hauts fonctionnaires, haut clergé, troupes diverses qui composent la garnison d'Alexandrie.

Si la ville a été tracée du vivant d'Alexandre, à partir de 331, les constructions se sont poursuivies au temps de Ptolémée Ier qui, selon Tacite, *Histoires* (IV, 83), donna à Alexandrie « des remparts, des temples et des cultes ». C'est lui aussi qui décida la construction du Musée et de la Bibliothèque réalisés sous Ptolémée II, lequel fait aussi construire le Phare de 120 mètres de hauteur, destiné à faciliter l'entrée dans le port, et l'Arsinoeion. A Ptolémée III, on attribue en outre la construction du Serapeion. Le Phare, construit par Sostratos de Cnide, était éclairé par un feu qui brûlait à son sommet et il était visible à 300 stades (60 km), selon Flavius Josèphe. Le Musée, qui n'est en rien un lieu de conservation d'œuvres d'art, comme nous l'entendons de nos jours, rassemblait les hommes les plus éminents dans les disciplines littéraires et scientifiques ; ceux-ci étaient pensionnaires de ce sanctuaire des Muses. La Bibliothèque, dont le premier directeur est Démétrios de Phalère, après sa fuite d'Athènes en 307, est une annexe du Musée. Elle aurait compté 400 000 volumes (ou, plus exactement, rouleaux de papyrus), dont 90 000 originaux ; au Ier siècle avant J.-C., ses collections seraient montées à 700 000 volumes.

Grâce à l'attrait de ces instruments de travail et des conditions matérielles avantageuses consenties aux savants, hôtes du Musée, Alexandrie est devenue rapidement une métropole du savoir, si l'on en excepte les philosophes demeurés essentiellement à Athènes.

On attribue souvent à l'« École » d'Alexandrie, selon l'expression usuelle au XIXe siècle, un goût particulier pour l'érudition, surtout dans les disciplines littéraires. Dans son *Histoire de la littérature grecque*, André Croiset propose alors cette définition :

> Le mot d'*alexandrinisme* est devenu synonyme, en art, d'une
> délicatesse un peu mièvre et d'une habileté trop savante, trop
> bornée à l'extérieur des choses. Il s'applique avec une entière
> justesse à toute la poésie de cette période, dont il exprime
> bien les défauts, en même temps que la qualité essentielle
> aussi, c'est-à-dire un goût persistant de la beauté, une
> recherche de la perfection, qui, même en des tentatives
> incomplètement heureuses, méritent pourtant d'être loués. Il
> faudrait un autre mot pour caractériser les prosateurs de ce
> temps, si généralement étrangers au souci de l'art. Disons
> que leur malheur est peut-être de s'être trop bornés à faire, en
> tout genre, des *inventaires*. La Grèce classique était morte,
> embaumée dans les bibliothèques et les musées. Il
> s'agissait de la cataloguer et de l'expliquer, de la faire
> connaître aux nouveaux venus, qui étaient en partie des
> étrangers. Le sentiment qui animait ces travailleurs avait son
> côté noble : l'admiration et le respect du passé, une curiosité
> infatigable. Leur défaut, ce fut de vivre trop exclusivement
> dans ce passé sans assez le comprendre.

On écartera certainement le postulat de la mort d'une Grèce classique, qui rejoint les affirmations trop fréquentes sur la disparition de la cité à partir du règne d'Alexandre : les contemporains, de toute évidence, n'ont pas senti qu'ils vivaient une telle mutation. L'édification de la Bibliothèque d'Alexandrie, dès lors, n'a donc rien d'un embaumement de la culture classique, mais elle traduit simplement la volonté d'assurer la protection d'œuvres manuscrites qui n'existaient qu'en un très petit nombre d'exemplaires ; elle est un moyen de faire connaître la pensée grecque aux nouveaux venus, elle offre aussi la possibilité de recueillir la pensée de mondes étrangers à l'hellénisme. Mais il reste des caractères très justement relevés par A. Croiset, comme le goût des inventaires, de l'érudition, de la perfection.

Callimaque (*ca* 310-243) est le parfait exemple de cette science érudite, alliée de manière originale et nouvelle à la création poétique. Né à Cyrène dans une famille aristocratique, il se fixe à Alexandrie à partir de 278 et bénéficie de la protection de Ptolémée II au Musée. Il succède peut-être alors à Zénodote comme bibliothécaire, avant Apollonios. Du moins joue-t-il un rôle important au sein de cette institution, en particulier par le travail d'inventaire qu'il y accomplit. Il rédige notamment les *Tables* de la Bibliothèque d'Alexandrie, pour faciliter le catalogage et les recherches bibliographiques. En d'autres termes, entreprendre une bibliographie universelle, maîtriser tous les savoirs du monde, « recenser les titres, classer les ouvrages, assigner les textes » (Roger Chartier). Le titre exact de cette opération d'inventaire, sous la forme de 120 livres, est révélateur de la monumentalité de l'entreprise : *Tables des auteurs qui se sont illustrés dans tout le secteur de la culture et des œuvres qu'ils ont écrites.*

L'œuvre poétique de Callimaque témoigne en outre d'une réelle continuité avec son œuvre d'érudit : même goût des formes dialectales qui rappelle le philologue, même intérêt pour les références savantes, tirées de la mythologie, qui rappelle l'historien. Elle comporte des *Hymnes* (six sont conservés : à Zeus, à Apollon, à Artémis, à Délos, pour le bain de Pallas et à Déméter) qui permettent aux lecteurs de découvrir dans le passé l'héritage mythique de la Grèce. Les *Aitia* (Origines), dont seuls quelques fragments sont conservés, puisent au même fonds thématique – un récit des temps héroïques –, le plus souvent sous la forme d'une alternance de questions et réponses qui offrent au lecteur grec « un point de vue dépaysant, quasi ethnographique, sur sa propre culture, réduite à un ensemble d'énigmes » (Christian Jacob). Les *Épigrammes,* transmises par l'*Anthologie palatine*, sont moins originales, en ce qu'elles témoignent surtout de la virtuosité de leur auteur dans un genre très à la mode, qui aborde les thèmes funéraires, érotiques ou les dédicaces, dans une langue poétique recherchée et délicate.

Le disciple de Callimaque, Apollonios de Rhodes, est né à Alexandrie, où il a dirigé la Bibliothèque, sans doute avant Ératosthène et après Callimaque. Une controverse littéraire semble avoir opposé le maître et son disciple, mais on n'en sait guère plus. Apollonios choisit finalement le départ et se retire à Rhodes, qui devient sa terre d'adoption. Le thème de ses *Argonautiques* s'apparente tout à fait à ceux qui ont été développés par Callimaque dans les *Aitia*.

Théocrite est l'autre grand représentant de la poésie alexandrine, même s'il ne passe dans la ville qu'une partie de sa vie. Né peut-être en Sicile d'une famille originaire de Cos entre 310 et 300, il écrit les *Charites* pour Hiéron de Syracuse vers 275, puis il se rend à Cos et à Alexandrie où il rédige les *Syracusaines*, l'*Éloge de Ptolémée* vers 270, *Les Magiciennes* vers 260. Théocrite est un bel exemple de la mobilité d'une élite cultivée et savante à travers la Méditerranée, d'une cité à l'autre. C'est là que la communauté grecque prend tout son sens, par-delà les découpages politiques entre royaumes et cités. Théocrite écrit volontiers une poésie de complaisance à la demande. Il place ses *Idylles* dans une nature artificielle, peuplée de faux bergers et de personnages allégoriques.

Hérondas a vécu aussi à Cos, puis à Alexandrie sous Ptolémée II et Ptolémée III. Il a choisi le mime pour genre littéraire, c'est-à-dire un monologue, ou un dialogue, mais sans acteur et sans scène, qui donne l'illusion de la réalité. Huit de ses petites pièces ont été retrouvées sur papyrus en 1889 : les unes sont de petites scènes familières et réalistes, *Le Maître d'école*, *Le Cordonnier*, *Le Songe*, *La Visite au temple d'Asklépios* ; d'autres tournent à la farce et à l'obscénité, notamment *L'Entremetteuse*, *Le Souteneur*, *La Conversation intime*, *Le Jaloux*.

C'est donc une réelle émulation intellectuelle qui se produit autour du Musée et de la Bibliothèque d'Alexandrie : scientifiques et chercheurs littéraires se partagent la protection des rois lagides. Ceux-ci attirent vers leur capitale les savants appartenant à d'autres civilisations, de façon à rassembler dans cette cité toute la connaissance de l'humanité. On a par exemple souvent débattu, à propos de la traduction du Pentateuque par les Septante, pour savoir quelle était la cause majeure de cette traduction : fallait-il répondre à une demande des Juifs hellénisés vivant à Alexandrie et en Égypte, qui avaient besoin d'un texte en grec pour leurs prières ? ou bien privilégier la volonté royale d'enrichir la Bibliothèque en y introduisant une traduction savante des cinq premiers livres de la Bible ? Seule la seconde explication doit être retenue, semble-t-il, car au IIIᵉ siècle il est interdit aux Juifs de mettre par écrit les traductions orales des textes hébreux présentés à l'assemblée [10].

Alexandrie est en outre le grand centre du développement des sciences et des techniques, notamment au IIIᵉ siècle. Cette période a hérité des résultats des recherches des Milésiens (Thalès, Anaximandre et Anaximène) pour comprendre les phénomènes naturels, de celles des pythagoriciens dans le domaine mathématique, de celles des hippocratiques dans le domaine médical et de celles d'Héraclite, de Parménide, d'Empédocle et d'Anaxagore qui s'intéressaient aux conditions du changement dans le monde.

Dans le secteur des techniques, les héritages sont souvent extérieurs au monde grec : métallurgie du bronze, puis du fer, procédés de filage et de tissage, emploi du tour dans la poterie, principe de la roue, techniques de l'irrigation, de la domestication des animaux, de l'écriture.

Les conditions nouvelles du développement des sciences à l'époque hellénistique ne sont guère différentes de celles qui ont favorisé l'activité littéraire :

• L'élargissement du monde hellénistique facilite les contacts scientifiques entre Grecs et Barbares ; la science n'est plus seulement grecque : ainsi, en astronomie, les Babyloniens peuvent apporter aux Grecs des relevés d'éclipses effectués depuis longtemps.

• La protection royale et notamment l'édification du Musée et de la Bibliothèque à Alexandrie créent des conditions de travail favorables pour les savants ; certains interdits disparaissent, les Ptolémées autorisent la pratique de la dissection du corps humain. Les princes s'intéressent surtout aux applications de la science et encouragent la pratique d'expériences multiples favorables aux progrès : Philon de

---

10. Voir sur ce sujet A. Le Boulluec, « Sagesses barbares », in *Alexandrie IIIᵉ siècle av. J.-C., op. cit.*, p. 63-79, et J. Mélèze-Modrzejewski, *Les Juifs d'Égypte (de Ramsès II à Hadrien)*, Paris, Errance, 1991.

Byzance, *Sur la construction des pièces d'artillerie* III, 50, 20 souligne, vers 200, la difficulté de parvenir à un calibre uniforme ; il écrit : « Les ingénieurs d'Alexandrie sont parvenus récemment à mener cette entreprise jusqu'au succès : ils avaient reçu une aide considérable de la part de rois qui cherchaient avidement la gloire et qui étaient fort bien disposés envers les arts et métiers [...]. Beaucoup de découvertes ne peuvent être faites qu'au terme d'une série d'essais. » L'art militaire est particulièrement soutenu par les souverains.

• Dans certains cas, les savants poursuivent leurs recherches grâce à leur fortune personnelle, comme Archimède de Syracuse, allié à la famille royale d'Hiéron II ; d'autres travaillent parallèlement à leurs recherches, en enseignant ou en exerçant la médecine ou l'architecture.

1) **Les mathématiques :** C'est Aristote qui a commencé à distinguer physique et mathématique, selon le degré d'abstraction. Les œuvres des mathématiciens grecs du ve siècle étant perdues, le premier texte mathématique majeur qui soit conservé est le traité des *Éléments* d'Euclide. Celui-ci vivait à l'époque de Ptolémée Ier et a dû enseigner à Alexandrie. Son traité rassemblait des théorèmes mis au point par Eudoxe de Cnide et Théétète. En treize livres, son auteur a su « élaborer systématiquement une série de démonstrations mathématiques fondamentales » (G.E.R. Lloyd) : géométrie plane et géométrie dans l'espace, théorie des proportions, nature et propriétés des nombres entiers, irrationnels. Sa géométrie repose sur des postulats comme l'affirmation que les droites non parallèles se rencontrent en un point. Telle qu'elle était, son œuvre a été à la base de l'enseignement des mathématiques jusqu'au xxe siècle.

Plus jeune qu'Euclide, puisqu'il meurt de mort violente au siège de Syracuse en 212 à soixante-quinze ans, Archimède a visité Alexandrie, où il a connu Ératosthène. Son œuvre, plus originale que celle d'Euclide, mérite d'être analysée au sein de sa cité, Syracuse ; il n'est pas isolé cependant, il est en relation avec ses pairs, il appartient à cette grande communauté des savants qui travaillent de Syracuse à Alexandrie, à Pergame, à Cos, à Cnide, à Rhodes et à Antioche, malgré la difficulté des communications à cette époque.

Ératosthène de Cyrène est un contemporain d'Archimède ;

il dirige la Bibliothèque d'Alexandrie, après Apollonios de Rhodes, donc à partir de 245. Il s'intéresse à tous les domaines du savoir (mathématiques, géographie, astronomie, musique, philosophie, philologie, littérature). Précepteur de Ptolémée IV Philopator, il reste connu surtout par la mise au point de la première carte du monde construite avec un système de méridiens et de parallèles (chapitre 3). Il a notamment mesuré l'arc terrestre compris entre Syène et Alexandrie, en observant qu'au solstice d'été, à midi, il n'y a pas d'ombre à Syène, alors qu'à Alexandrie l'ombre sur le cadran solaire est de 7° 12', ce qui donne la mesure de l'angle sous-tendant l'arc Syène-Alexandrie. Il arrive ainsi à une circonférence terrestre de 250 000 stades ; on a supposé qu'il utilisait un stade de 157,5 mètres, d'où une distance de 39 690 kilomètres (au lieu de 40 009 km) pour la circonférence polaire. Si Ératosthène est surtout connu pour son œuvre de géographe, il a donné également un traité *Sur l'ancienne comédie*, une *Chronographie*, et des recherches mathématiques sur les nombres premiers.

Apollonios de Pergé, un peu plus jeune, est actif entre 220 et 190. On a conservé de lui un traité *Des coniques,* considéré comme l'un des chefs-d'œuvre des mathématiques grecs.

L'œuvre des mathématiciens grecs du IIIe siècle, poursuivie au siècle suivant, fournit « les plus beaux exemples de démonstration systématique d'un corps de connaissances » (G.E.R. Lloyd), et le rôle d'Alexandrie a vraiment été celui d'une capitale, si l'on excepte le cas notable d'Archimède de Syracuse.

2) **L'astronomie :** Selon la théorie d'Eudoxe, la Terre était au repos au centre d'un système de sphères concentriques. Mais déjà, au IVe siècle, Héraclide du Pont suggère la rotation de la Terre autour de son axe en vingt-quatre heures. Au IIIe siècle, Aristarque de Samos présente la proposition de l'héliocentrisme ; si malheureusement aucun texte de lui ne permet cette attribution, Archimède le cite à ce sujet. Toutefois, les autres astronomes grecs rejettent l'hypothèse héliocentrique et conservent la théorie géocentrique, avec Apollonios de Pergé. Celui-ci a conçu tout un travail d'explication des mouvements des corps célestes et de l'inégalité des saisons dans le cadre du géocentrisme, qui recoupe naturelle-

ment des préoccupations d'ordre religieux. Ainsi Cléanthe, le stoïcien, « pensait, nous dit Plutarque, que les Grecs devraient traduire Aristarque de Samos en jugement pour cause d'impiété, parce qu'il avait mis en mouvement le Foyer de l'univers » (c'est-à-dire la Terre). Par ailleurs, le lien avec l'astrologie, le désir de prévoir l'avenir en interrogeant les astres et en tirant des horoscopes, n'étaient pas de nature à faciliter une recherche désintéressée.

3) **La médecine :** Les noms des médecins du IIIe siècle – Dioclès de Carystos, Praxagoras de Cnide, Chrysippe de Cnide, Hérophile de Chalcédoine, Érasistratès de Céos – ne sont attachés à aucun traité qui nous serait parvenu dans son intégralité, et c'est plutôt par leurs successeurs comme Celse au Ier siècle après J.-C., Rufus, Soranos et Galien au IIe siècle après J.-C., que leurs travaux sont connus. Les progrès de la recherche médicale doivent alors beaucoup à la levée du tabou touchant la dissection du corps humain, notamment par Hérophile et Érasistratès issus de l'école de Cnide. Ont-ils aussi pratiqué des vivisections sur des condamnés fournis par la justice, avec l'autorisation du roi ? Tertullien décrit Hérophile comme ce « médecin ou ce boucher, qui a coupé en morceaux d'innombrables corps pour les besoins de la science naturelle et qui poursuivait l'humanité de sa haine au profit de la connaissance » (*Sur l'âme*, chap. X). Mais il faut aussi replacer ce témoignage dans son contexte moral des années 200 après J.-C., lorsque l'auteur chrétien s'efforce manifestement de diffamer les investigations des médecins païens. La lecture de Celse vient toutefois confirmer l'existence de la vivisection.

Plutôt que des arguments moraux, ce sont des réticences méthodologiques qui s'opposent parfois au développement de la dissection. Elles sont le fait de ceux que Celse appelle les empiristes, pour qui la connaissance des organes et de leurs fonctions, *a fortiori* après que la mort les a corrompus pour toujours, est inutile pour soigner efficacement :

> Ni la couleur, ni la mollesse, ni le poli, ni la dureté, ni la plupart des autres qualités, ne sont dans un corps qu'on vient d'ouvrir, telles qu'elles étaient avant qu'on l'eût ouvert : car si la crainte, la douleur, la faim, une indigestion, la lassitude et mille autres légères incommodités, sont capables de pro-

duire du changement sur les corps des personnes intactes, à combien plus forte raison les parties intérieures, qui sont beaucoup plus molles, et qui ne sont point faites à l'air, doivent-elles changer sous le couteau et par une mort aussi violente [11].

Quels sont les principaux résultats de ces médecins alexandrins du IIIᵉ siècle ? L'observation du foie et du duodénum, celle du cerveau, de l'œil, des nerfs sensitifs et des nerfs moteurs, du cœur et des vaisseaux sanguins proches de lui sont sans doute les découvertes les plus notables en anatomie. Dans le domaine de la médecine clinique, Hérophile, après son maître Praxagoras, étudie le pouls et parvient à montrer l'usage qu'on pouvait en faire comme symptôme en pathologie. Physiologiste remarquable, en particulier pour sa connaissance du système vasculaire, Érasistratès critique l'emploi de remèdes comme les saignées et les purgatifs énergiques, très utilisés dans la médecine grecque de l'époque. Il cherche aussi à comprendre le circuit des aliments dans la digestion, tout comme celui de la bile et de l'urine ; dans le circuit sanguin, il voit bien la distinction entre les veines et les artères, mais il pense que les secondes contiennent de l'air. La distinction n'est pas faite non plus, dans l'œuvre d'Érasistratès, avec les conduits respiratoires (trachée-artère et bronches).

Le trait le plus saisissant est la coexistence d'observations très justes et de grossières erreurs, s'expliquant notamment par l'inadéquation des schémas interprétatifs. Par exemple, Hérophile découvre l'existence des ovaires et compare fort justement leur structure et leur fonction à celles des testicules. Mais il va trop loin, car cette analogie recoupe le modèle du sexe unique, en vigueur jusqu'au XVIIIᵉ siècle, selon lequel hommes et femmes ne sont pas fondamentalement différents, leurs organes génitaux, analogues, étant pour les uns tournés vers l'extérieur, et pour les autres vers l'intérieur. Hérophile donne alors aux ovaires le nom de *didymoi* (les jumeaux), mot grec classique pour désigner les testicules, « laissant le contexte préciser de quel sexe il

---

11. Celse, *Traité de médecine*, Paris, 1855, p. 9, cité par D. Le Breton, *La Chair à vif. Usages médicaux et mondains du corps humain*, Paris, A.-M. Métailié, 1993, p. 31.

s'agit[12] ». La rigueur de l'observation est donc indissociable de son schéma interprétatif, faussé dans ce cas, qui doit beaucoup, comme souvent, au modèle mécaniste.

Notons en outre, à la suite de G.E.R. Lloyd, que les auteurs médicaux se servent volontiers de leurs travaux dans des débats sur le statut de la connaissance qui divisent alors dogmatiques et empiristes, chacun se demandant si, pour soigner ses patients, le médecin doit avoir recours à des théories générales. Tous s'accordent cependant sur le rôle social des médecins qui est bien sûr considérable ; de très nombreuses inscriptions l'attestent qui honorent médecins publics et médecins privés. Leur formation est assurée très souvent auprès des sanctuaires d'Asklépios (Épidaure, Cos), mais Alexandrie est le grand centre de recherches.

4) **Mécanique appliquée et technologie :** L'impulsion des États et des princes explique aussi la prééminence de la conception et de la construction des engins de guerre dans les travaux des mécaniciens grecs, au détriment d'autres domaines moins sensibles, par exemple l'extraction des métaux. Balistes et catapultes bénéficient notamment des recherches nouvelles sur le principe de torsion, avec des écheveaux de crin ou des tendons enroulés sur eux-mêmes : la poliorcétique fait ainsi de rapides progrès parallèlement à la technique des fortifications.

La capacité d'invention des mécaniciens s'exerce toujours selon le principe de l'utilité du savoir, ce qui n'exclut pas pour autant l'aspect ludique de certaines découvertes : un « théâtre automatique » décrit par Héron qui simulait l'activité d'un chantier naval, des horloges hydrauliques, un modèle du ciel utilisant le mouvement circulaire uniforme de l'eau. N'attachons pas toutefois une trop grande importance à ces « récréations de géomètre » (Plutarque) car on rejoindrait alors les discours de ceux qui, assez nombreux autour de Platon et d'Aristote, plus tard de Plutarque, s'efforcent de donner une image futile de la mécanique. Selon Plutarque, *Vie de Marcellus*, 14, Platon dédaignait ces applications pratiques et leur reprochait « de ruiner et de déprécier la

---

12. Th. Laqueur, *La Fabrique du sexe. Essai sur le corps et le genre en Occident*, Paris, Gallimard, 1992, p. 17.

géométrie » ; le même auteur prétend qu'Archimède lui-même « n'attachait pas d'importance à ce genre d'inventions, dont la plupart étaient à ses yeux de simples récréations géométriques. Mais autrefois le roi Hiéron s'y était intéressé et l'avait persuadé de détourner en partie sa science de l'abstrait vers le concret, de s'adresser aux sens et de donner, d'une façon ou d'une autre, des applications pratiques à la théorie, pour la faire mieux comprendre à la masse ».

En dehors d'Archimède, dont on a dit qu'il était en relation avec les savants alexandrins comme Ératosthène, les mécaniciens les plus célèbres du IIIe siècle sont établis à Alexandrie : Ctésibios d'Alexandrie, actif vers 270, et Philon de Byzance à la fin du siècle. Leurs travaux sont connus par Vitruve, dans le dernier tiers du Ier siècle avant J.-C., et par Héron d'Alexandrie (vers 60 ap. J.-C.). Ces mécaniciens éminents sont entourés de nombreux artisans capables de construire les machines conçues par eux, et de les améliorer. Il faut préciser en fait que bien des techniques mises en œuvre sont connues avant l'époque hellénistique : techniques de la poulie, du coin, du treuil et même de la vis.

Ctésibios d'Alexandrie notamment se voit attribuer par Vitruve de nombreuses inventions, parmi lesquelles on retiendra surtout une pompe aspirante et foulante, qui permet d'élever de l'eau, et ainsi de lutter contre l'incendie ou de faire fonctionner un orgue hydraulique ; elle nécessite la réalisation de cylindres bien polis et résistants et de pistons bien adaptés, à une époque où ces techniques ne sont pas parfaitement maîtrisées ; c'est donc la première apparition du système cylindre-piston, promis à un grand avenir dans toutes les machines à vapeur. Son orgue hydraulique est fondé sur le principe de l'incompressibilité de l'eau et de la compressibilité de l'air ; il impose d'accorder chaque tuyau sonore. Son horloge hydraulique, quant à elle, reprend une technique connue déjà dans l'Égypte ancienne et en Mésopotamie, mais Ctésibios a pu lui apporter des améliorations ; le système repose sur un flotteur en forme de dôme, nageant dans un vase cylindrique et soulevé par un filet d'eau ; le mouvement du flotteur est converti en indications horaires au moyen d'une tige verticale dont l'extrémité monte le long d'une échelle graduée. Les machines de guerre inventées par Ctésibios vont d'une machine qui permet au combattant de passer une muraille sans échelle jusqu'à une sorte d'arc se rapprochant de l'arbalète par l'utilisation de lames de ressort métalliques. L'*aérotone* est une machine à air comprimé, prévue pour tendre un ressort et lancer des projectiles. Cité souvent comme le fondateur de l'école des mécaniciens d'Alexandrie, Ctésibios mérite de toute évidence cette réputation par sa pompe aspirante et foulante qui marque une étape intéressante du développement de la mécanique.

La vie de Philon de Byzance nous est mal connue : dans la seconde moitié du IIIe siècle, il a vécu à Alexandrie mais aussi à Rhodes ; en outre, seule une partie de son œuvre est conservée. Certains de ses traités rassemblent les notions scientifiques nécessaires à la compréhension des techniques : *Traité des leviers*, et les *Roues qui se meuvent d'elles-mêmes*, ouvrage qui traite de la démultiplication grâce à des roues dentées. D'autres sont plus pratiques, comme les *Pneumatiques* qui présentent une série d'expériences amusantes concernant les liquides et les gaz.

Une part notable de son œuvre concerne enfin les techniques militaires : traités sur la *Poliorcétique*, les *Machines de guerre*, et les *Messagers secrets*. On ne distingue pas toujours, au total, ce qui revient à Philon de Byzance et à son homonyme d'Athènes, qui a rédigé aussi un traité de poliorcétique : pour la construction des fortifications, Philon de Byzance s'inspire des ingénieurs rhodiens ; le dessin de l'enceinte s'adapte au terrain, tracé à méandres en plaine, tracé en dents de scie sur les terrains accidentés avec des tours pentagonales régulières ; en avant du mur d'enceinte, Philon prévoit encore un fossé assez large (32 m) pour tenir éloignées les machines ennemies armées de catapultes. Pour l'attaque des places, Philon décrit tous les instruments d'escalade : échelles de cuir, crochets avec des cordes à nœuds, tortues d'osier couvertes de peaux, tours roulantes permettant de s'approcher des remparts ; dans tous les cas, le danger reste le feu, c'est pourquoi il recommande la mise en place de réserves d'eau sur la tour (Polybe IX, 41 rapporte que Philippe V prévoit des cuves d'eau sur les tours roulantes qu'il construit pour assiéger Échinos).

Un traité sur la *Construction des ports* peut être aussi son œuvre ou celle de Philon d'Athènes, à l'époque où les ports d'Alexandrie et de Rhodes font l'admiration du monde civilisé. Dans le traité des *Machines de jet,* il est le premier à essayer de définir des normes pour chaque pièce entrant dans la composition de ces appareils ; des tables prévoyaient ainsi les dimensions de chaque machine, le poids du boulet. Enfin son traité *Sur les clepsydres,* qui n'est conservé que dans une version arabe, permet de mesurer le temps par l'écoulement régulier de l'eau ; les appareils sont assortis de tout un jeu d'automates, avec des sonneries et des personnages, suivant une mode qui se prolongera jusqu'à l'époque moderne.

L'école des mécaniciens d'Alexandrie s'est ensuite développée après Philon de Byzance et jusqu'à Héron d'Alexandrie, qui vit sans doute au Ier siècle après J.-C., sans que soient connus les jalons reliant ces deux phases. D'autres cités, Rhodes par exemple, ont abrité des chercheurs, mais Alexandrie se distingue par un enseignement de mécanique qui exploite largement l'œuvre de Philon de Byzance réunie sous le titre de *Syntaxe mécanique.* Si Héron donne un lustre nouveau à l'École d'Alexandrie, c'est bien au IIIe siècle qu'elle s'est constituée et a attiré les spécialistes de tout le monde connu.

Des métropoles secondaires : Syracuse, Antioche, Pergame

A côté d'Athènes et d'Alexandrie, les autres villes grecques du monde méditerranéen semblent singulièrement effacées, surtout dans la première moitié du siècle. Édifiées comme capitales, Antioche et Pergame n'ont pas le même poids cependant, puisqu'il faut attendre 202 et surtout 188 pour voir le royaume de Pergame prendre une certaine ampleur.

Le cas de Syracuse est différent : vieille colonie corinthienne, elle a joué un rôle majeur dans la défense de l'hellénisme occidental face aux Carthaginois ; puis elle a connu bien des avatars avant d'être repeuplée par Timoléon. Dans le domaine intellectuel, c'est le déclin de Tarente qui favorise l'émergence de Syracuse. Au IVe siècle, Archytas avait su faire de Tarente, non seulement par son terroir agricole, par la production de pourpre, par le tissage, la céramique et par l'exportation de ses productions, mais aussi par sa propre action culturelle souvent inspirée du pythagorisme, la grande cité de l'Occident grec. Chef d'État, Archytas était en même temps philosophe, mathématicien ; c'est à lui et à Eudoxe de Cnide que Platon fait le reproche de ruiner la géométrie par leurs applications mécaniques de principes géométriques. Après lui, les menaces pressantes des Messapiens et des Lucaniens provoquent le déclin de Tarente qui survit difficilement malgré l'appui de princes venus de Grèce, et plus spécialement d'Épire, Alexandre le Molosse, puis Pyrrhos. La mort de ce dernier, en 272, provoque le rappel de la garnison épirote ; Tarente entre alors dans l'orbite de Rome. Le sort de l'hellénisme sicilien n'est guère meilleur : la première guerre punique marque la conquête de l'île par les Romains. Seule, Syracuse maintient son autonomie jusqu'au siège de 212.

La grande cité sicilienne connaît alors des heures glorieuses sous la tyrannie d'Agathoclès (317-289), devenu roi en 307/306, lorsque les diadoques prennent le titre royal à la suite d'Antigone le Borgne et de son fils Démétrios, « car il ne se croyait point inférieur aux autres, ni par l'étendue de ses États, ni par l'éclat de ses actions » (Diodore XX, 54). Agathoclès porte la guerre contre Carthage en Afrique. Après une courte période de démocratie qui ressemble fort à une oligarchie, et après le passage de Pyrrhos, Syracuse passe aux mains d'Hiéron II ; celui-ci est d'abord stratège avec les pleins pouvoirs, avant de devenir roi vers 270.

C'est sous son règne et avec sa protection qu'Archimède fait de Syracuse un centre important de recherches et d'enseignement en mathématiques et en mécanique appliquée. Archimède a sans doute fait un voyage à Alexandrie, mais il est revenu dans sa patrie, où il est « le parent et l'ami » du roi Hiéron, selon Plutarque, *Vie de Marcellus*, 14. Il est probable que Théocrite ait fait de même, tout en séjournant plus longtemps à Alexandrie. Il est alors plaisant de voir Théocrite tenter sa chance en bon courtisan auprès d'Hiéron, dans son idylle XVI, *Les Charites* ou *Hiéron,* vers 275, avant de s'adresser à un souverain plus généreux dans l'idylle XVII, *Éloge de Ptolémée*. La comparaison est révélatrice de la société de cour à Syracuse, dans les premières années du pouvoir d'Hiéron, qui n'est pas encore roi, mais qui reçoit des louanges comme Ptolémée II par la suite :

> Déjà, les Syracusains soulèvent par le milieu leurs lances,
> les bras chargés de boucliers d'osier ; au milieu d'eux,
> Hiéron, pareil aux héros de jadis, ceint son armure, et des
> crins de cheval ombragent son casque. [...] Puissent aussi
> les chanteurs porter la gloire altière d'Hiéron par-delà la mer
> de Scythie et là où, dans les larges murs qu'elle avait cimen-
> tés d'asphalte, régnait Sémiramis [c'est-à-dire Babylone,
> située, pensait-on, à l'autre extrémité du monde par rapport
> à Syracuse].

C'est assurément Archimède qui contribue le plus au
renom de Syracuse durant le IIIe siècle, plus comme mathématicien en fait que comme ingénieur. Il a laissé neuf ouvrages à peu près complets. On retiendra surtout les progrès
réalisés dans la géométrie de la sphère, du cylindre et des sec-
tions coniques. Il calcule le nombre π avec une belle précision (3,1416). En hydrostatique, il définit le principe qui porte
son nom : tout corps plongé dans un liquide subit une poussée
verticale, dirigée de bas en haut, égale au poids du fluide
déplacé et appliquée au centre de gravité de ce corps. Il réalise une démonstration méthodique des problèmes inclus dans
cette définition. On est donc loin du récit de Vitruve, *De l'Architecture* IX, Préface 9 *sq.*, qui montre Archimède bondis-
sant hors de sa baignoire et courant chez lui, nu, en criant
« Eurêka » (j'ai trouvé). Ses travaux sur les leviers ont pu
améliorer les techniques et, surtout, l'amener à dépasser le
stade expérimental pour construire de vraies démonstrations
scientifiques. C'est encore Plutarque, *Vie de Marcellus*, 14,
qui rapporte l'admiration d'Hiéron face à ces découvertes :

> Hiéron émerveillé lui demanda de passer à l'application et de
> lui faire voir une grande masse mue par une petite force.
> Archimède fit alors, à grand-peine et avec beaucoup de
> main-d'œuvre, tirer à terre un transport à trois voiles de la
> flotte royale, où il embarqua un nombreux équipage et le
> chargement ordinaire. Lui-même, assis à quelque distance,
> mit sans effort en mouvement, d'un geste tranquille de la
> main, une machine à plusieurs poulies, et tourna dans sa
> direction le vaisseau, qui courait facilement et sans heurt
> comme sur mer.

Si ses contemporains sont admiratifs, il faut dire qu'il n'y
a pas là d'invention nouvelle : le système des moufles était

déjà connu depuis longtemps et la traction de poids lourds résolue en bonne part.

On lui attribue aussi la mise au point de la « vis d'Archimède », un appareil pour élever l'eau, dont il se servit pour approvisionner un navire d'Hiéron II. Cette machine aurait été introduite en Égypte par le roi Ptolémée, sans doute Ptolémée III Évergète, pour l'irrigation.

Reste le récit du siège de Syracuse par Marcellus et la part prise par Archimède à la défense de la cité contre les Romains. Selon Bertrand Gille, à propos du récit de Plutarque, *Vie de Marcellus*, 15,

> il y a à la fois du Jules Verne et des détails probablement réels. Séparons. Les machines de jet sont en fait celles que l'on connaissait à cette époque. Elles étaient peut-être plus grandes et mieux construites, mieux conduites aussi. Pour la défense rapprochée, des « scorpions à bras », que notre traducteur moderne rend, sans doute un peu abusivement, par arbalètes, durent également exister. Il en est tout autrement pour les machines à soulever les navires. Sans doute, Archimède connaissait-il parfaitement, et Plutarque le souligne bien, la façon de soulever des poids énormes avec des forces réduites : ce fut là l'un des problèmes de tous nos mécaniciens d'Alexandrie. Mais de là à imaginer de très grandes machines pouvant fonctionner par-dessus les murailles, il y a un monde. Les poutres ne pouvaient alors être que des poutres composées, et les techniques d'assemblage de cette époque se trouvaient être telles qu'elles n'auraient pas résisté, même si le principe était bon, à des poids quelque peu considérables. L'utilisation de meurtrières situées au pied des remparts pour les attaques rapprochées semble plus intéressante [13].

Malgré tant d'ingéniosité, Marcellus prit la ville et Archimède périt.

Hiéron II est encore connu pour avoir, avec l'aide d'Archimède et d'Archias, ingénieur en constructions navales, fait construire un navire de taille exceptionnelle qu'il donna chargé de blé au roi Ptolémée III (Athénée V, 206 e).

La nouvelle capitale du royaume séleucide, Antioche sur

13. B. Gille, *Les Mécaniciens grecs. La naissance de la technologie*, Paris, Éd. du Seuil, 1980, p. 76.

l'Oronte, apparaît, en comparaison, étonnamment pauvre dans le domaine culturel ; c'est un trait qui a frappé les spécialistes de l'histoire de cette cité, comme G. Downey :

> Dans la période séleucide, il est embarrassant pour nous de ne pas entendre parler davantage de l'activité littéraire, philosophique et scientifique à Antioche. Les bibliothèques et les programmes de recherche des Attalides et des Ptolémées, aussi bien que les études philosophiques à Athènes, sont relativement bien connus et nous pouvons affirmer l'atmosphère intellectuelle de Pergame et Alexandrie beaucoup mieux que nous ne pouvons le faire pour la capitale séleucide. Nous avons de temps en temps des textes qui rapportent quelques informations sur les activités intellectuelles d'Antioche sous les Séleucides et dans les débuts de la période romaine. Nous connaissons au moins une bibliothèque publique à Antioche à l'époque séleucide, et nous avons les noms de quelques chercheurs et d'hommes de lettres à la cour royale, aussi bien que les noms – souvent les noms seulement – de natifs d'Antioche qui ont poursuivi leur carrière ailleurs ; mais le total de notre information n'est en aucune façon comparable à ce que nous savons d'autres régions dans le monde hellénistique [14].

Et l'auteur s'interroge, finalement, pour savoir si cette pauvreté des témoignages ne correspond pas au rôle inférieur joué par Antioche comme centre littéraire et scientifique par rapport à Alexandrie, à Athènes et à quelques autres centres à l'époque hellénistique.

De fait, il faut attendre le règne d'Antiochos III (223-187) pour trouver la première mention d'une bibliothèque à Antioche. Le roi engagea Euphorion de Chalcis d'Eubée, né vers 275, qui était un poète et un historien renommé, pour devenir responsable de la bibliothèque publique d'Antioche, selon la Souda, *s. v.* Euphorion. Mais on ne sait rien du bâtiment qui l'abritait ni du contenu de cette bibliothèque. Il est certes possible que la bibliothèque d'Antioche date d'une période plus ancienne. Dans l'entourage d'Antiochos le Grand vivent Hégésianax, poète, historien et grammairien, qui est l'un des « amis » (*philoi*) du roi et, sans doute, Apollophanes d'Antioche, philosophe stoïcien.

14. G. Downey, *A History of Antioch in Syria from Seleucus to the Arab Conquest*, Princeton University Press, 1961, p. 7

A l'époque du fondateur, Séleucos Ier, la statue la plus célèbre d'Antioche est celle de la Tychè de la cité, réalisée par Eutychidès de Sicyone, élève de Lysippe, sans doute entre 296 et 293. Cette statue de bronze représentait la déesse assise sur un rocher symbole du mont Silpius qui domine la ville. Divinité protectrice de la ville et du roi, elle est coiffée d'une couronne murale, pose le pied sur l'épaule d'un jeune homme nu, figé à mi-corps dans l'attitude du nageur et personnifiant l'Oronte. L'original n'a pas été conservé : une statuette de marbre du Vatican donne sans doute la meilleure copie de la statue d'Eutychidès, et le Louvre en possède une également. On attribue à Bryaxis l'Apollon citharède de Daphné, près d'Antioche, commandé vers 300 et dont les monnaies laissent entrevoir la majesté. Il fit aussi, selon Pline, un portrait de Séleucos Ier, dont une copie en bronze, provenant d'Herculanum, est conservée au musée de Naples.

La cité de Pergame, très connue par la beauté et la richesse de ses monuments, n'est dotée d'un magnifique ensemble monumental qu'au début du IIe siècle, sous le règne d'Eumène II (197-159). Au IIIe siècle, c'est une ville beaucoup plus modeste. Jusqu'en 281, Lysimaque y a déposé son trésor de guerre confié à l'eunuque Philétairos. Sa trahison et la proclamation de son indépendance entraînent un développement progressif de la ville, qui devient capitale des princes attalides.

Mais il serait excessif de négliger l'œuvre des prédécesseurs d'Eumène II, car ce sont eux qui créent peu à peu un puissant milieu artistique à Pergame, surtout dans la seconde moitié du IIIe siècle : architectes et sculpteurs y forment une véritable école qui rayonne au IIe siècle jusqu'à Athènes et à Delphes. Philétairos a fait construire sur l'acropole le temple d'Athéna de style dorique et le portique voisin avec des colonnes ioniques à l'étage. Plus au sud, dans le sanctuaire de Déméter, il élève un petit temple *in antis* avec un portique au nord et des gradins à l'est. Ce secteur est réaménagé à la fin du IIIe siècle, à la demande d'Apollonis de Cyzique, épouse d'Attale Ier : un double portique long de 85 mètres vient notamment border la terrasse au sud. En raison de la pente il faut l'implanter très en contrebas sur de solides fondations.

Attale Ier, après 230, fait construire le portique qui porte

son nom dans le sanctuaire d'Athéna, et l'aménagement
du théâtre débute avant 200. A la suite de sa victoire sur les
Galates, en 230, il fait encore édifier sur l'esplanade du sanctuaire d'Athéna le grand ex-voto, dont la reconstitution permet de placer au centre les statues en bronze représentant un
Gaulois se tuant debout sur le corps de sa femme qu'il vient
de poignarder (copie antique conservée à Rome au Musée
national), œuvre d'Épigonos de Pergame, alors qu'à gauche
figurait la statue du Gaulois mourant, remarquable de sobriété
et de réalisme (copie à Rome au musée du Capitole). De la
même période vient le groupe de Ménélas soutenant le corps
de Patrocle (réplique conservée à Florence), attribué à Antigonos de Carystos, et, vers 210-200, le groupe de Marsyas
pendu, promis à l'écorchement (réplique antique au Louvre),
et du bourreau scythe (réplique antique à Florence). La
valeur de ces artistes annonce l'admirable autel de Pergame
et sa frise ; réalisés par Eumène II, après 188 et l'institution
des Niképhoria, en l'honneur d'Athéna ; ils ont été restaurés
par le musée de Berlin.

Il est plus difficile de préciser les dates de la construction
de la bibliothèque sur l'acropole au nord du téménos
d'Athéna, au-dessus du théâtre. Est-elle seulement l'œuvre
d'Eumène II, après les agrandissements de son royaume ?
Ou est-elle antérieure ? Il est certain que cette bibliothèque
a joué par la suite un grand rôle jusqu'au jour où Marc
Antoine transfère 200 000 volumes de Pergame à Alexandrie. Pergame est aussi célèbre pour la mise au point du
parchemin comme support de l'écriture, en concurrence avec
le papyrus, sans doute au début du IIe siècle ; mais ce n'est
qu'au Bas-Empire que le parchemin connaît un succès quasi
total.

Dès lors le renom des princes attalides est célébré dans
le courant du IIIe siècle, non seulement pour leurs victoires
sur les Galates, dont le voisinage inquiète les cités grecques
d'Asie Mineure, mais aussi pour leur rôle de protecteurs
des arts et des lettres. En témoigne l'inscription gravée sur le
monument élevé à Délos à la gloire de Philétairos, vers 250 :

> O bienheureux, ô toi Philétairos, toi qui inspires, ô souverain,
> les aèdes divins et les sculpteurs aux mains habiles ; ils pro-
> clament ta grande force, les uns dans leurs hymnes, les autres

> en manifestant le talent de leurs mains, ils montrent comment, acceptant de jouer aux jeux d'Arès impétueux, avec les Galates durs au combat, tu les rejetas bien au-delà des frontières de ton pays. Sisicratès a consacré, pour t'honorer, ce monument digne d'être célébré par la postérité ; Héphaïstos, lui-même, s'il le voyait, n'en contesterait pas la valeur artistique [15].

Avoir retenu les exemples d'Athènes, d'Alexandrie, de Syracuse, d'Antioche et de Pergame ne signifie en rien que la culture grecque est concentrée dans ces seules grandes cités : Rhodes, Cos, Cnide, Pella auraient mérité d'être examinées aussi. L'important est surtout d'observer l'émergence de la civilisation hellénistique, au cours du grand IIIe siècle, à la suite de la conquête d'Alexandre. La langue grecque s'est imposée alors à l'ensemble du monde récemment conquis, d'Aï-Khanoum en Afghanistan jusqu'à la Haute-Égypte. Parallèlement, les Barbares ont pu faire connaître aux Grecs leur histoire, leurs traditions, leurs cultures et les Grecs ont souhaité les traduire et élargir ainsi le champ de leurs connaissances. C'est une communauté plus large numériquement et territorialement, mais aussi par l'apport des cultures voisines : les édits d'Asoka témoignent ainsi de la rencontre du bouddhisme avec la civilisation grecque. La science et la technique sont véritablement devenues internationales. La vie religieuse connaît, de la même façon, des apports mutuels de grande ampleur, entre religions grecque et égyptienne par exemple, mais avec des acquisitions plus importantes du côté grec que du côté indigène (chapitre 2).

Dans son étude sur les contacts entre Grecs et Barbares à l'époque hellénistique, Arnaldo Momigliano apporte, en ces termes, quelques nuances supplémentaires :

> … les Grecs avaient rarement la possibilité de contrôler ce que les autochtones leur disaient : ils ne connaissaient pas leur langue. D'un autre côté, étant bilingues, les autochtones avaient une conscience aiguë de ce que les Grecs désiraient entendre et s'exprimaient en conséquence. Les rapports existant entre les uns et les autres n'incitaient guère à la sincérité,

15. F. Durrbach, *Choix d'inscriptions de Délos*, Paris, 1921-1923, 31.

ni à une réelle compréhension. Quand on le pouvait, il n'était question que d'utopie et d'idéalisation. Mais quand on visait un but précis, propagande, adulation et accusations mutuelles l'emportaient. Malgré tout, le monde méditerranéen avait trouvé un langage commun et, avec lui, toute une littérature ouverte de façon exceptionnelle à toutes sortes de problèmes, de débats et de sentiments [16].

Or, cette communauté est une réalité nouvelle, née aux débuts de la période hellénistique, que l'hégémonie athénienne ou l'Empire achéménide n'avaient pu réaliser aux siècles précédents.

16. A. Momigliano, *Sagesses barbares. Les limites de l'hellénisation*, trad. fr. de l'éd. anglaise de 1976, Paris, Maspero, 1979, p. 19.

L'intervention romaine
230-188

Après le récit de l'humiliation imposée aux légions romaines par les Samnites aux Fourches Caudines en 321, Tite-Live imagine ce qu'aurait pu être un affrontement guerrier entre Alexandre le Grand et l'État romain, si le roi macédonien avait pu poursuivre vers l'Occident ses projets de conquête. Il en conclut que Rome aurait inévitablement triomphé :

> Ce qui semble le plus important, à la guerre, c'est le nombre et le courage des soldats, les qualités naturelles des généraux, et la fortune, puissante dans toutes les affaires humaines, mais surtout à la guerre. Pour qui considère ces éléments en détail et dans leur ensemble, ils garantissent que, comme devant les autres rois et les autres peuples, de même, devant Alexandre, l'Empire romain serait facilement resté invaincu [IX, 17, 3-4].

A l'évidence, Tite-Live écrit pour flatter le peuple romain du temps d'Auguste ; par ailleurs, il peut aisément imaginer ce qui ne s'est pas produit, présenter l'armée d'Alexandre comme dégénérée et ivre, ses succès s'expliquant par la faiblesse perse, puis louer la puissance romaine. Cependant, reconnaissons-le, tandis qu'Alexandre parcourait les pistes qui le conduisaient de Babylone aux rives de l'Indus, à cette même époque, la cité romaine affrontait les plus grandes difficultés, opposée aux Samnites pour la possession de l'Italie centrale. Elle en sort victorieuse à l'issue de la troisième guerre samnite qui s'achève en 291. Rome se lie alors avec le monde grec à travers les cités de Grande-Grèce, progressivement absorbées dans l'État romain, jusqu'à la cité de Tarente elle-même, en 272, après la mort de Pyrrhos et le repli de la garnison épirote. La Sicile hellénistique est, à son tour, réunie à Rome à l'issue de la première guerre punique (264-241), sauf Syracuse qui reste autonome sous l'autorité d'Hiéron II.

Par ces conquêtes, Rome est donc en contact avec la civilisation grecque ; la langue grecque est parlée dans la majeure partie des villes d'Italie du Sud, le port de Brundisium ouvre sur l'Adriatique où commerçants italiotes, tarentins et grecs ont d'anciennes habitudes d'échanges que les changements politiques n'ont pas interrompues. Et ce n'est pas un hasard si Plaute place sa comédie des *Ménechmes* précisément à Épidamne-Dyrrhachion, alors que l'un des jumeaux syracusains qu'il met en scène a été enlevé à Tarente.

A travers le récit des nouvelles relations qui se nouent progressivement entre Rome et le monde grec, il est surtout intéressant de préciser les mobiles de l'action romaine au-delà des mers Ionienne et Adriatique et d'observer, au moins brièvement, la pénétration de la culture grecque à Rome et dans l'Italie romaine. Les deux mouvements, à l'évidence, ne sont pas autonomes : l'intervention romaine à l'est de l'Adriatique favorise le développement de la culture grecque en Italie, tandis que l'acculturation de Rome par l'hellénisme oriente l'action politique de certains consuls romains vis-à-vis du monde grec. Mais cette histoire globale de l'intervention romaine en Grèce, qui s'efforce de distinguer dans les décisions strictement militaires ou politiques leur épaisseur culturelle, ne doit pas faire négliger, de notre point de vue, la frontière stricte qui existe entre les inclinations personnelles et les affaires de l'État, et même entre les sentiments et les comportements à l'égard des Grecs [1].

Les origines de l'intervention romaine en Grèce et ses premières manifestations (230-205)

Il ne saurait être question ici de reprendre dans le détail les études approfondies menées en particulier par Maurice

---

1. A ce sujet, voir notamment E.S. Gruen, *The Hellenistic World and the Coming of Rome*, Berkeley-Los Angeles, University of California Press, 1984, vol. 1.

Holleaux[2], mais plutôt de faire le point des dernières recherches dans ce domaine historiographique.

Après le retour de Pyrrhos en Épire puis en Macédoine et dans le Péloponnèse, la première manifestation concrète de relations entre Rome et le monde grec est la réception à Rome d'une ambassade envoyée par Ptolémée II, en 273, suivie par l'envoi d'une ambassade romaine à Alexandrie. Les événements ne sont connus que par des sources tardives[3]. Et il semble bien que cet échange d'ambassades n'ait eu, en fait, aucune conséquence politique : jusqu'en 202, Rome reste à l'écart des problèmes propres aux Lagides. On doit seulement retenir le parallélisme de deux systèmes moné-taires, marqués par des émissions d'argent, romaines et lagides, ceci durant une cinquantaine d'années, comme si les deux États souhaitaient ainsi favoriser les échanges, qui restent cependant encore bien modestes.

Valère Maxime VI, 6, 5 (repris par Dion Cassius, frag. 42) rapporte par ailleurs que les habitants d'Apollonia d'Illyrie ont envoyé, eux aussi, une ambassade à Rome ; mais les ambassadeurs ont été outragés par deux jeunes sénateurs ; le Sénat livre alors les coupables aux Apolloniates tout en prenant soin qu'un des questeurs raccompagne l'ambassade jusqu'à Brundisium. Maurice Holleaux souligne que l'initia-tive est purement apolloniate, et en rien romaine ; il date cette ambassade d'environ 266, et la met en rapport avec l'occupation de Brundisium par les Romains. Les modifi-cations de la situation politique en Grande-Grèce, après le repli épirote et la négociation entre Rome et Tarente, ont pu en effet transformer les conditions des échanges commer-ciaux entre Apollonia et la côte italienne et rendre nécessaire une démarche apolloniate à Rome, sans qu'il soit question d'un appel au secours[4]. Les fouilles d'Apollonia révèlent ainsi l'abondance de vaisselle italique aux IVe-IIIe siècles.

Près d'une génération plus tard, Rome aurait reçu un appel

---

2. M. Holleaux, *Rome, la Grèce et les Monarchies hellénistiques au IIIe siècle avant J.-C., op. cit.*

3. Tite-Live, *Per.* 14, emploie le terme de *societas* pour définir les nou-veaux rapports entre Rome et les Lagides ; Dion Cassius, fr. 41, parle d'une *homologia*, et Eutrope, II, 15, qualifie ces relations d'*amicitia*.

4. Je me permets de renvoyer, sur ce point, à ma thèse, *L'Épire, de la mort de Pyrrhos à la conquête romaine, op. cit.*, p. 83-85.

au secours des Acarnaniens de l'Ouest, menacés par les Étoliens ; cet épisode se situe vers 239 ou peu après, selon Justin, *Histoires philippiques* XXVIII, 1, 5-6 ; le Sénat aurait alors répondu par l'envoi d'une ambassade chargée de notifier aux Étoliens le respect de la liberté du seul peuple qui n'avait pas participé à la guerre de Troie. Là encore, Maurice Holleaux a mis en évidence le caractère très douteux de ces événements. Ainsi il parvient sans difficulté à montrer que, par la suite, Rome est l'alliée des Étoliens et l'adversaire des Acarnaniens, fidèles quant à eux à l'alliance macédonienne. Rappelons en outre que, vers 239, il n'existe aucun État acarnanien ; l'ambassade, si elle a existé, ne peut donc émaner que de particuliers. Maurice Holleaux préfère dès lors s'en tenir à l'affirmation de Polybe (II, 12, 7), selon laquelle la première ambassade romaine qui ait paru en Grèce fut celle qu'envoya le consul A. Postumius aux Étoliens et aux Achéens en 228, après la première guerre d'Illyrie.

La première guerre d'Illyrie

C'est donc pour lutter, non contre des Grecs, mais contre les Illyriens du royaume d'Agron et de Teuta que les Romains passent pour la première fois l'Adriatique, avec des forces armées imposantes, en 229. Les sources littéraires qui rapportent ces événements se limitent pratiquement à trois : Polybe II, 2-12, Appien, *Illyrikè*, 7-8, Dion Cassius, frag. 49 (= Zonaras VIII, 19). Appien et Dion Cassius présentent des versions assez voisines, provenant d'une source commune. Ils évoquent notamment la demande d'Issa qui souhaite la protection de Rome pour résister aux attaques illyriennes, alors que Polybe ne fait pas allusion à cet appel. Ce sont, en réalité, deux versions différentes – l'une exprimée par Polybe seul, « [représentant] d'une tradition romaine, qui peut bien être Fabius Pictor [5] » –, l'autre transmise par Appien et Dion Cassius, bien documentés, pour le second particulièrement, sur l'Illyrie.

Maurice Holleaux a écarté rapidement les deux derniers auteurs pour s'appuyer essentiellement sur Polybe, car,

5. F.W. Walbank, *A Historical Commentary on Polybius,* I, p. 153.

« influencés par les annalistes tardifs, [ils] ajoutent quelques détails qui sont hautement suspects ou franchement imaginaires ». Dès lors, rejetant toute idée de préméditation de la part du Sénat romain, il estime que la guerre est « née à l'improviste d'une cause purement fortuite, des violences intolérables des Illyriens et des injures de leur souveraine, Teuta ». « La guerre d'Illyrie, poursuit-il, n'a été en rien l'ouvrage des hommes d'État romains. Il n'y a nulle apparence qu'ils l'aient désirée, il est certain qu'ils ne l'ont pas cherchée. Ils l'ont dû, et non voulu faire ; elle leur a été imposée » [6].

Pour sa part, Gerold Walser a entrepris de démontrer que le récit de Polybe doit être considéré avec méfiance, car toute son introduction sur la puissance des Illyriens vise à souligner à quels dangereux adversaires les Romains vont se heurter et à quel point ceux-ci ont été les sauveurs des cités grecques [7]. Il rappelle en outre que, chez Appien, la guerre vient de la demande de secours d'Issa, adressée aux Romains et suivie de l'envoi d'une ambassade pour enquête, puis du meurtre de l'ambassadeur. De son côté, Polybe adopte l'interprétation de Fabius Pictor vis-à-vis de la politique extérieure de Rome : Rome ne commence une guerre qu'en état de légitime défense ; à l'inverse, Appien a utilisé un exposé grec qui liait ensemble les événements de Grèce du Nord et ceux de l'Adriatique, c'est-à-dire la guerre illyro-épirote et l'intervention romaine. C'est donc, avec Gerold Walser, une réhabilitation de la tradition qui a inspiré Appien et Dion Cassius, ceux que Maurice Holleaux écartait sans ménagement.

Pour comprendre la position de Maurice Holleaux, il faut se rappeler qu'il tient à réagir avec vigueur contre les théories excessives qui prêtaient sans nuance des visées impérialistes au Sénat romain dès une haute époque [8]. On doit aussi la replacer dans le contexte de son époque : ainsi il compare ce qu'il appelle la « question illyrienne » en 228 avec la

6. M. Holleaux, *Rome…, op. cit.,* p. 98-99.

7. G. Walser, « Die Ursachen des ersten römisch-illyrischen Krieges », *Historia,* II (1954), p. 308-318.

8. M. Holleaux répond spécialement à G. Colin, *Rome et la Grèce de 200 à 146 avant J.-C.,* Paris, 1905, dans sa thèse, *Rome…, op. cit.,* et à Th. Walek, « La politique romaine en Grèce et dans l'Orient hellénistique au IIIe siècle », *RPh,* 49 (1925), p. 28-54 et 118-142, dans son article qui porte le même titre dans *RPh,* 1926, p. 46-66 et 194-218, repris dans *Études…, op. cit.,* t. IV, p. 26-75.

« question albanaise » (au moins telle qu'elle était en 1913)
et il emploie le terme de « protectorat » pour désigner les
cités et les *ethnè* qui se sont donnés aux Romains, selon le
vocabulaire en usage dans la France du début du siècle, alors
qu'elle mettait au point le système destiné à régler ses rapports avec la Tunisie et le Maroc.

Les seuls textes littéraires sont insuffisants, de toute évidence, pour sortir de ces interprétations différentes sur l'origine de l'intervention romaine en 229. Néanmoins, à partir
d'autres documents, il est possible d'en préciser trois aspects.

C'est le cas notamment de la question du développement
de la flotte illyrienne et de la piraterie maritime en mer
Adriatique. Pour faire bref, toutes les indications convergent
pour ramener à la période proche de 230 la naissance d'une
importante piraterie illyrienne. En particulier, l'épigraphie
n'apporte aucun témoignage d'une activité de pirates illyriens dans les périodes antérieures, que ce soit à Issa ou à
Corcyre. C'est Agron qui pousse à la construction de *lemboi*
nombreux utilisés dans les raids de pillage lancés sur les
côtes d'Élide et de Messénie.

En second lieu, l'appel d'Issa à Rome présenté par Appien
et Dion Cassius comme la cause de l'intervention romaine,
s'il ne peut être démontré par la présentation d'un traité en
bonne et due forme, peut être justifié au regard des relations
commerciales étroites unissant Issa et la côte italienne,
comme l'indiquent les trouvailles de céramique d'Italie du
Sud et de vases apuliens, avant même 230. Les commerçants
italiens n'étaient pas seulement nombreux à Issa ; Polybe
précise qu'ils sont nombreux dans la région d'Onchesmos
et de Phoiniké, sans doute aussi dans les ports d'Apollonia et
d'Épidamne-Dyrrhachion. Les mauvais traitements dont ils
sont victimes, notamment lors de la prise de Phoiniké (230),
ne peuvent laisser indifférents les hommes politiques romains.
L'assassinat de l'ambassadeur romain et la piraterie s'ajoutent à l'appel d'Issa et aux difficultés des commerçants italiens pour déclencher l'intervention romaine.

Un dernier aspect de la première guerre d'Illyrie a retenu
l'attention, c'est la puissance des forces mises en mouvement par Rome : 200 navires, 20 000 fantassins et 2 000 che-
vaux, d'après Polybe II, 11, 1 et 7. Maurice Holleaux trouvait
cette armée disproportionnée avec ce que pouvaient repré-

senter les forces illyriennes, et il estimait que Rome avait envoyé une armée puissante pour dissuader les Macédoniens d'intervenir au côté des Illyriens de Teuta. C'est prêter au Sénat romain un manque complet d'informations sur la situation du royaume antigonide au printemps 229 : Démétrios II est en grande difficulté face aux Dardaniens et meurt vraisemblablement au combat. Tandis que la Macédoine est envahie par le nord, la Thessalie se révolte et les Étoliens cherchent à tirer profit de cette faiblesse sérieuse, l'héritier du trône étant mineur. Il est donc certain que le Sénat romain a dosé les forces d'intervention en tenant compte des capacités militaires des Illyriens ; les effectifs engagés par Teuta, dans l'été 230, en Chaonie, sur les côtes péloponnésiennes et face aux Dardaniens, étaient comparables à ceux qu'envoie Rome ; seule la flotte paraît numériquement excessive, face à des *lemboi* bien fragiles.

La guerre elle-même est brève : à l'automne 230, Teuta entreprend le siège d'Issa, reçoit l'ambassade romaine et fait assassiner le plus jeune des délégués du Sénat. Au printemps 229, la flotte illyrienne attaque Corcyre et tente de prendre par ruse Épidamne, qui réussit à refouler les assaillants. Les Corcyréens demandent alors de l'aide aux Achéens et aux Étoliens, de même qu'Épidamne et Apollonia ; mais les navires venus du sud sont défaits, et Corcyre doit accueillir une garnison illyrienne commandée par Démétrios de Pharos. De son côté, l'expédition romaine arrive trop tard pour sauver Corcyre.

Cependant Démétrios, trahissant la reine Teuta, livre la garnison illyrienne et l'île aux Romains. Corcyre « entre dans la foi des Romains » ; Apollonia et Épidamne, délivrées des assiégeants, font de même. Enfin l'infanterie romaine pénètre en Illyrie : les Parthins et les Atintanes envoient des délégations et entrent dans l'amitié romaine. Une escadre romaine va à Issa, contraint les Illyriens à lever le siège et Issa entre à son tour dans la foi du vainqueur. La fin de la campagne en revanche est plus difficile pour les Romains.

Au printemps 228, la paix est conclue ; du royaume de Teuta, il est fait trois parts : Démétrios de Pharos reçoit la région côtière au nord du royaume. L'intérieur est laissé à Pinnès, et Teuta, chassée de la régence, s'engage à ne pas envoyer plus de deux *lemboi* au sud du port de Lissos : il faut faire disparaître la piraterie entre les côtes d'Italie du Sud et les régions qui sont en face le long de l'Adriatique et de la mer Ionienne. La troisième part, qualifiée souvent à l'époque moderne de « protectorat » romain, comprend les cités de Corcyre, d'Apollonia et d'Épidamne et le territoire des deux *ethnè* Parthins et Atintanes : les premiers habitent la vallée moyenne du Shkumbi, les seconds la rive droite de l'Aôos ; il serait excessif toutefois d'y voir une volonté romaine de contrôler les voies de pénétration vers la Macédoine. La situation des peuples et des cités qui se sont donnés aux Romains (par la *deditio*) est assez claire du point de vue romain : les *dediticii* sont des sujets, mais les Grecs concernés n'ont certainement pas compris le sort que voulait leur imposer Rome. L'évacuation de toutes les troupes romaines de la rive orientale du canal d'Otrante permet à Appien d'employer exactement les termes de l'affranchissement, à propos de Corcyre et d'Apollonia : les Romains « les ont faits libres ». C'était certainement le sentiment des Corcyréens, des Apolloniates et des habitants d'Épidamne, débarrassés de la menace illyrienne.

Après le traité, le consul A. Postumius envoie une ambassade auprès des deux grands États fédéraux de Grèce centrale, les Étoliens et les Achéens, pour leur communiquer les clauses de la paix ; plus tard, depuis Rome part une ambassade qui se rend à Athènes et à Corinthe. Ensuite, Rome a d'autres préoccupations et disparaît de la scène grecque pour près de dix ans.

*L'Alliance hellénique et la guerre
contre Cléomène de Sparte*

Durant ces années, la Grèce connaît une réorganisation importante autour d'Antigone Dôsôn (229-221) qui a succédé à Démétrios II, en attendant la majorité de Philippe V, fils de Démétrios II. Ce nouveau roi repousse l'invasion dardanienne et reprend les zones thessaliennes passées aux Étoliens ; il effectue même, en 227, une expédition en Carie, sans doute après la victoire d'Attale Ier sur Antiochos Hiérax, mais elle semble rester sans lendemain. En Grèce centrale et méridionale, les Athéniens retrouvent leur liberté en achetant le départ des dernières garnisons macédoniennes (229). La Fédération achéenne, de son côté, poursuit son essor, après l'adhésion de Mégalopolis en 235, l'entrée d'Argos et le retour de Mégare. Mais le Péloponnèse est aussi secoué par les réformes de Cléomène III (235-222) à Sparte ; Agis IV avait échoué dans sa tentative de reconstitution du corps civique. Cléomène reprend le projet qui exige une redistribution foncière, et doit permettre aux Lacédémoniens de tenir une place nouvelle dans le Péloponnèse, en conflit certain avec la Fédération achéenne.

La guerre cléoménique éclate dès 229. Fort de ses succès militaires, Cléomène impose en 227 le recrutement parmi les périèques de nouveaux citoyens, pour disposer d'un corps civique de 4 000 citoyens dotés, chacun, d'un *kléros*. Plus qu'une innovation, c'est un retour à la tradition, mais ces dispositions inquiètent en particulier le *Koinon* achéen, dans la mesure où, dans bien des cités de cet État, les pauvres souhaitent bénéficier, eux aussi, d'une redistribution des terres et de l'élargissement du corps civique. Le risque de contagion émeut Aratos, le stratège achéen, d'autant que Cléomène obtient des ralliements à Argos et Corinthe.

Les Achéens ne peuvent accepter le démembrement de leur fédération ; Ptolémée III soutient la tentative de Cléomène ; il ne reste à Aratos qu'à opérer un retournement d'alliance : lui qui avait passé sa vie à combattre la présence antigonide dans le Péloponnèse, fait alliance paradoxalement avec Antigone Dôsôn au prix de la restitution de Corinthe au souverain antigonide. Dôsôn arrive ainsi dans le Péloponnèse au printemps 224, reprend Corinthe et chasse Cléomène d'Argos. En outre Antigone Dôsôn est proclamé *hégémon* de tous les alliés : il a su, en effet, recréer une Alliance hellénique, à l'image de la ligue de Corinthe organisée par Philippe II après Chéronée et de celle du Poliorcète. Cette alliance regroupe des fédérations – achéenne, épirote, phocidienne, béotienne, acarnanienne, locrienne (Oponte) – qui délèguent leurs députés au *synédrion* convoqué par le roi-*hégémon*. Dirigée initialement contre Cléomène de Sparte, l'Alliance hellénique encercle donc l'Étolie, qui demeure l'adversaire de la Macédoine ; mais rien ne permet de penser que le roi macédonien ait voulu faire de cette nouvelle alliance une machine de guerre contre Rome. Le rapprochement de Démétrios de Pharos et d'Antigone Dôsôn notamment ne permet pas de conclure à une telle politique d'hostilité envers Rome de la part du roi macédonien. Après une longue campagne en 223, la coalition formée autour du roi Antigone Dôsôn l'emporte sur Cléomène à la bataille de Sellasia (été 222).

C'en est fini de la réforme de Cléomène III à Sparte ; celui-ci se réfugie à Alexandrie, Sparte est occupée. Rappelé en Macédoine par une attaque illyrienne, Antigone Dôsôn meurt en 221, peu après Ptolémée III. Philippe V devient roi des Macédoniens (221-179).

La rivalité entre Antiochos III (223-187) et Ptolémée IV (221-204)

Le renouvellement des souverains hellénistiques est complet en très peu d'années : Antiochos III succède à son frère aîné, Séleucos III, assassiné après un règne de trois ans, tandis que Ptolémée IV remplace son père Ptolémée III Évergète en 221. Le jeune Antiochos a un début de règne difficile, avec la rébellion de Molon dans les satrapies orientales, puis celle d'Achaios qui se proclame roi en 220, sans provoquer de réactions brutales du roi légitime. Au cours de la quatrième guerre de Syrie, le roi séleucide tente, une nouvelle fois, de chasser les rois lagides de Syrie-Phénicie. En Égypte, Ptolémée IV, élève d'Ératosthène, se révèle peu compétent et sa jeunesse correspond à une période favorable pour une nouvelle tentative séleucide. Afin de résister à la poussée d'Antiochos III, le roi lagide doit faire appel aux indigènes pour renforcer son armée ; Sôsibios mobilise 20 000 indigènes équipés en hoplites ; mais des difficultés financières semblent affaiblir le gouvernement lagide, dues peut-être à une réduction des excédents exportables, donc à une réduction de la production céréalière de l'Égypte, après un siècle d'exploitation intensive. De plus, l'armée établie en Palestine est anéantie par la trahison de Théodote. En juin 217, la bataille de Raphia entre les deux armées séleucide et lagide s'achève par la débâcle de l'armée d'Antiochos III. Toute la Cœlé-Syrie regagne alors le royaume lagide. Succès militaire, cette bataille a des conséquences sérieuses en Égypte : le mécontentement populaire éclate au grand jour : révoltes contre le fisc et les agents royaux, rébellion durable de la Thébaïde ; le clergé égyptien est souvent le porte-parole des revendications et bénéficie de la faiblesse du pouvoir royal.

Humilié par son échec à Raphia, Antiochos III entreprend une guerre de quatre ans (216-213) pour éliminer l'usurpateur Achaios qui tient l'Asie Mineure, depuis Sardes ; il est finalement fait prisonnier et mis à mort en 213. Attale Ier, allié occasionnel d'Antiochos III, tire profit de la disparition d'Achaios et agrandit son royaume vers le sud.

Antiochos III se tourne alors vers les satrapies orientales, progressivement tentées par la sécession, à l'image de la Bactriane de Diodote II et Euthydème, et par le royaume parthe où règne alors Arsace II. Durant sept ans (212-205), Antiochos III parcourt l'Asie séleucide, au cours de ce qu'on appelle son Anabase [9] : l'Arménie d'abord, la Médie, le royaume parthe qui doit traiter mais n'est pas anéanti. Il assiège ensuite Euthydème dans Bactres durant deux ans, mais finit par traiter avec lui en reconnaissant l'indépendance du royaume de Bactriane. Après une campagne en Arachosie où il traite avec un prince indien, il prend le chemin du retour par le sud, jusqu'en Carmanie ; de là, Antiochos III passe en Arabie.

Le bilan de l'Anabase d'Antiochos III, surnommé dès lors le Grand, comme le Grand Roi achéménide, et par là suzerain des autres rois d'Arménie, de Parthie ou de Bactriane, semble finalement très mitigé ; au départ, le roi séleucide en espérait plus de profit. Comparé à un nouvel Alexandre, il a au moins tenté de retarder le mouvement de sécession des satrapies orientales, et sa victoire sur Achaios a rétabli l'autorité séleucide en Asie Mineure. Mais l'échec face au roi lagide laisse entières les revendications séleucides sur la Cœlé-Syrie.

La deuxième guerre d'Illyrie

Rome, aux prises avec les Gaulois, n'est pas intervenue dans les affaires grecques, même si elles ont tourné à l'avan-

---

9. S. Sherwin-White et A. Kuhrt, *From Samarkhand to Sardis, op. cit.,* et les remarques faites sur ce livre, ci-dessus, p. 35-36.

tage du roi antigonide. Ce sont les violations du traité de 228 par Démétrios de Pharos qui conduisent les Romains à traverser de nouveau l'Adriatique. On connaît mal les progrès de Démétrios : il semble avoir cherché à réunir son domaine et celui du jeune Pinnès, puis il s'efforce de détacher les Atintanes de l'amitié romaine ; par ailleurs, dans l'été 220, il expédie, avec Skerdilaïdas, 90 *lemboi* pour piller Pylos de Messénie. Dans l'été 219, alors qu'en Espagne l'opposition entre Rome et Carthage se précise, l'armée romaine traverse l'Adriatique et marche sur Dimalé qui est enlevée en sept jours, puis elle assiège Pharos, prise et ravagée. Le *statu quo ante* est dès lors restauré par Rome, qui quitte de nouveau totalement la rive orientale de l'Adriatique, au moment où s'ouvre la deuxième guerre punique.

La guerre des Alliés (220-217) et la première guerre de Macédoine (215-205)

Dès la mort d'Antigone Dôsôn, l'Étolie entre en guerre contre les Achéens, d'abord en Messénie, puis le conflit s'étend à l'Acarnanie et à l'Épire, parallèlement à la deuxième guerre d'Illyrie, rapidement menée par les Romains. Battus à Kaphyai, les Achéens demandent l'aide de l'Alliance hellénique, qui déclare la guerre aux Étoliens. Le sac de Dion et de Dodone par les Étoliens de Dorimachos entraîne en retour celui de Thermos, la capitale fédérale étolienne, en 218. La paix de Naupacte, en 217, laisse à chacun des belligérants ce qu'il possède, les Étoliens y perdent notamment Thèbes de Phthiotide, mais leur influence à Delphes reste entière.

Rome vient alors de subir la défaite du lac Trasimène. Démétrios de Pharos, chassé d'Illyrie par sa défaite, devient un conseiller écouté du jeune Philippe V et contribue à l'orienter vers les questions illyriennes. Skerdilaïdas quant à lui s'est taillé une principauté en Illyrie et reprend les actions de piraterie ; il intervient en Dassarétide jusqu'aux frontières macédoniennes. Philippe V réagit vigoureusement en repoussant Skerdilaïdas, puis, en 216, il tente par mer d'occuper Apollonia sur la côte adriatique ; il échoue par peur d'une intervention navale romaine. Mais cette tentative visait une cité protégée par Rome ; c'était de la part du roi macédonien la première tentative contre le « protectorat » romain, et une réédition de la politique menée par Cassandre dans ces régions un siècle plus tôt.

Après la défaite romaine à la bataille de Cannes (216), Hannibal et Philippe V concluent un traité qui lie les Macédoniens et leurs alliés à Carthage ; il prévoit qu'après la victoire de Carthage sur Rome « les Romains ne seront maîtres ni des Corcyréens, ni des Apolloniates, ni des Épidamniens, ni de Pharos, ni de Dimalé, ni des Parthins ni de l'Atintanie », selon Polybe VII, 9, 13-14 ; c'est pour Philippe V l'assurance d'obtenir par voie diplomatique ce qu'il n'a pu réaliser dans la campagne navale de 216, c'est-à-dire s'emparer du protectorat romain en Illyrie, et accéder aux grands ports de la côte adriatique. Ce traité provoque l'ouverture de la première guerre de Macédoine, mais l'état de guerre entre Romains et Macédoniens ne donne lieu qu'à des actions très limitées, en raison de la situation de Rome face à Hannibal et de l'intérêt uniquement illyrien de Philippe V, qui ne manifeste aucune velléité d'intervenir en Italie. En 214, le roi macédonien vient par mer assiéger Apollonia et prend Orikos. Puis le préteur M. Valérius Laevinus libère les deux villes, la flotte macédonienne est incendiée et Philippe V doit regagner la Macédoine par voie de terre. L'année suivante, Philippe V réussit à occuper le port de Lissos, qu'il a gagné par l'intérieur, en traversant les pays illyriens.

Ne pouvant intervenir en Grèce, Rome suscite donc des adversaires à la Macédoine en concluant une alliance avec les Étoliens (212), qui peuvent compter sur le soutien naval d'Attale Ier de Pergame en mer Égée ; le traité ne prévoit pas pour les Romains de conquêtes territoriales, laissées aux Étoliens, mais seulement des biens mobiliers. Seule intervention réelle de Rome : Égine est prise, puis achetée par Attale. En violation de leur alliance, épuisés, les Étoliens, qui ont supporté tout le poids de la guerre, concluent une paix séparée en 206 : ils doivent céder leurs possessions en Thessalie occidentale. Rome envoie dès lors une armée en Illyrie en 205, mais accepte de négocier la paix qui est conclue à Phoiniké : à cette occasion, elle retrouve ses protégés, sauf l'Atintanie cédée à Philippe. Paix durable, ou simple trêve laissant aux Romains le temps d'en finir avec Hannibal ? Rome garde sûrement rancune à Philippe V de son traité avec Hannibal, mais rien ne dénote encore en 205 une volonté romaine de conquête territoriale à l'est de l'Adriatique.

La deuxième guerre de Macédoine (200-197), prémices d'un impérialisme romain en Orient ?

Si la paix de Phoiniké a marqué la fin de la première guerre de Macédoine, rien n'est fini entre Carthage et Rome ; il faut attendre 204 pour voir Scipion porter la guerre en Afrique et 202 pour le voir victorieux à Zama face aux Carthaginois. Dans le monde hellénistique, à la même époque, ce sont les événements d'Alexandrie qui préoccupent le plus les autres grands royaumes : la mort prématurée de Ptolémée IV Philopatôr (205) et l'avènement d'un enfant de sept ans, Ptolémée V Épiphane, imposent une régence ; une révolte populaire, à Alexandrie, fait disparaître les ministres qui accaparent le pouvoir, notamment Agathoklès.

Antiochos III, qui a réorganisé solidement l'administration des provinces de son royaume, cherche à profiter de cette faiblesse pour s'emparer de cités liées aux Lagides, en Asie Mineure. Dans l'hiver 203-202, Philippe V conclut avec lui un traité de partage des possessions extérieures des Lagides, dont les clauses sont mal connues. Très vite, le roi séleucide se lance donc dans une cinquième guerre de Syrie et remporte une victoire décisive à Panion, en 200 : cette victoire marque la perte définitive de la Cœlé-Syrie par le royaume lagide, après un siècle de possession. Les Juifs changent donc de maître, sans en souffrir du vivant d'Antiochos III.

De son côté, Philippe V, respectueux des clauses de la paix de Phoiniké, entreprend de rattacher à son royaume des cités libres de la côte thrace, au grand mécontentement d'Attale et des Rhodiens. En 201, il fait campagne devant Samos, possession lagide, et il entre à Milet. Rhodes et Pergame lui déclarent la guerre ; le roi macédonien passe alors en Carie où il est bloqué par les flottes adverses. Rhodiens et Pergaméniens envoient une ambassade à Rome pour demander de l'aide contre Philippe V. En 200, le Macédonien regagne seul la Grèce et soutient l'Acarnanie contre Athènes, qui fait aussi appel aux Romains, comme l'attestent le décret en l'honneur de Képhisodôros [10] et le commentaire de Pausanias (I, 36, 5) sur son tombeau au cimetière du Céramique. Le Sénat romain envoie une première ambassade, qui invite Antiochos III à ne pas toucher à l'Égypte et qui somme Philippe V d'évacuer les possessions lagides qu'il avait occupées, au printemps 200. Le roi macédonien n'en tient aucun compte et, à l'automne, M. Æmilius Lepidus lui porte un ultimatum à Abydos, donc en Asie, le priant de ne faire la guerre à aucun État grec, sinon Rome interviendrait. Pour appuyer ses menaces, l'armée romaine débarque en Illyrie en octobre 200. La deuxième guerre de Macédoine commence.

Cette décision romaine est importante car elle manifeste un engagement beaucoup plus marqué dans les affaires grecques et, au-delà, dans celles du bassin oriental de la Méditerranée. De nombreuses études ont été consacrées aux origines de la deuxième guerre de Macédoine. La décision du Sénat romain correspond-elle à une volonté de conquête, à la naissance de l'impérialisme romain dans le monde grec ?

Elle étonne d'autant plus que Rome sort d'une terrible épreuve, la deuxième guerre punique, qui a provoqué des pertes énormes en vies humaines, des destructions considérables dans toute l'Italie et la trahison de la majeure partie de l'Italie méridionale jusqu'à la Campanie, ralliée bon gré mal gré aux Carthaginois. Une pause après la victoire de Zama paraissait s'imposer pour reconstruire l'État romain : Tite-Live (XXXI, 6, 3) nous donne des précisions supplémentaires lorsqu'il fait état d'un premier refus de la guerre de Macédoine par les Comices, en raison de la lassitude provoquée par la guerre précédente et du désir de paix que manifestaient les citoyens. Peu après, le nouveau consul P. Sulpicius Galba obtient un vote contraire qui engage Rome dans la guerre.

Quelles sont donc les causes de la deuxième guerre de Macédoine ? Il est d'abord possible d'éliminer une violation de la paix de Phoiniké par Philippe V, qui aurait fourni un *casus belli* excellent pour les partisans de la guerre à Rome. Certes, le roi macédonien poursuit des opérations de conquête, mais dans des régions qui ne sont pas concernées

---

10. L. Moretti, *Iscrizioni storiche ellenistiche*, *op. cit.*, I, n° 33, p. 74-79.

par la paix précédente. En revanche, il n'est pas invraisemblable qu'à Rome certains aient considéré la paix de Phoiniké, en 205, seulement comme une interruption temporaire de la guerre contre la Macédoine, rendue nécessaire par la lutte contre Hannibal. S'ajoutent surtout les ambassades rhodiennes, pergaméniennes et athéniennes demandant aide et assistance à Rome contre Philippe V. Ce sont des interventions qui ont compté dans la décision romaine. Faut-il y ajouter une inquiétude des Romains devant l'entente entre rois séleucide et antigonide pour le partage du royaume lagide ? Ce serait déjà prêter à Rome des préoccupations orientales, une conception globale du monde connu dont l'équilibre ne doit pas être rompu. Le Sénat aurait craint, par le partage du royaume de Ptolémée V, la constitution d'une puissance redoutable en Méditerranée orientale ? Toutefois, c'était ignorer la rivalité inévitable entre Philippe V et Antiochos III, et la promesse d'un conflit à venir qui pouvait faire le jeu d'une tierce puissance comme Rome.

A ces différents mobiles qui ont dû compter dans la décision romaine, il faut encore ajouter des préoccupations proprement romaines. Les uns peuvent souhaiter une nouvelle guerre pour ne pas avoir à démobiliser les vétérans qui ont servi au temps de la guerre punique. La Macédoine fournit en outre un nouvel adversaire, moins redoutable que Carthage, et laisse espérer un butin appréciable. Le consul P. Sulpicius Galba recrute ses légions parmi les volontaires de l'armée de Scipion. Le licenciement des armées aurait entraîné aussi une perte d'influence pour les chefs de guerre, dont certains, comme Scipion l'Africain, vivent comme des princes hellénistiques. D'autres encore, plus jeunes, peuvent espérer faire une brillante carrière grâce à une nouvelle guerre : soulignons de ce point de vue le rôle de M. Valérius Laevinus et de P. Sulpicius Galba, tous deux anciens chefs des opérations au cours de la première guerre de Macédoine, dans la décision romaine de rouvrir les hostilités. Enfin, il est assez vraisemblable que le retard dans la démobilisation des vétérans permettait de repousser la distribution de terres prélevées sur l'*ager publicus*, dont les revenus, notamment en Campanie, pouvaient profiter plus longtemps à quelques grandes familles sénatoriales. Il existe donc à Rome un parti de la guerre, composé de multiples sous-groupes, qui l'emporte en 200. A travers ce courant d'opinion apparaît un impérialisme romain, qui n'est pas absolument nouveau, car il s'est donné déjà libre cours vers l'ouest, en Espagne et en Afrique, contre Carthage, mais qui, pour la première fois, se tourne vers l'Orient et, pour commencer, vers la péninsule balkanique.

On a quelquefois évoqué le philhellénisme de certains Romains pour expliquer cet acharnement contre la Macédoine, dont l'affaiblissement permettait un retour à plus de liberté pour les cités et les différentes communautés grecques. C'est un thème qui apparaît fréquemment à l'issue de la deuxième guerre de Macédoine, et nous y reviendrons. Mais il n'est pas de nature à peser beaucoup dans la décision romaine. Il n'est que de rappeler, par exemple, la rudesse du traitement réservé aux États grecs dans le traité romano-étolien de 212.

Sans s'arrêter longuement sur les opérations militaires, il est bon de remarquer que la victoire romaine n'a pas été aussi facile et foudroyante qu'on le laisse souvent entendre, à la suite de Polybe, convaincu pour sa part de la supériorité des légions romaines sur la phalange macédonienne. La guerre commence à l'automne 200, la victoire de Cynoscéphales n'intervient qu'en juin 197, dans la troisième année de guerre. Il faut attendre le consul T. Quinctius Flamininus (198/97) pour voir les armées romaines progresser, d'abord grâce à l'aide de Charops l'Ancien qui leur permet de franchir l'obstacle décisif des gorges de l'Aôos. Le jeune consul est manifestement le représentant d'une nouvelle politique en Grèce, le défenseur de la « liberté des Grecs » ; c'est la thèse qu'il expose à Philippe V lorsque celui-ci tente des négociations en Locride en novembre 198 : son royaume doit être réduit à la seule Macédoine. Le sort de la guerre se joue à Cynoscéphales, en Thessalie, en juin 197, où Philippe V est sévèrement vaincu. C'en est fait de la grande Macédoine édifiée par Philippe II et ses successeurs. Le royaume est réduit, par le traité de paix conclu avec Rome, à la seule Macédoine ; toutes les conquêtes effectuées en Grèce sont évacuées.

La « liberté des Grecs » et le philhellénisme romain

« Le Sénat romain et le consul T. Quinctius, ayant vaincu
le roi Philippe et les Macédoniens, laissent libres, exempts de
garnisons, exempts de tributs, jouissant de leurs lois ances-
trales, les Corinthiens, les Phocidiens, les Locriens, les
Eubéens, les Achéens Phthiotes, les Magnètes, les Thessaliens, les Perrhèbes. » Aux concours Isthmiques de l'été 196,
la proclamation par Flamininus de la « liberté des Grecs » dut
être répétée deux fois, nous dit Polybe XVIII, 46, tant étaient
grands les hurlements de joie. Reconnaissons d'emblée
cependant que le sénatus-consulte transmis par le proconsul
n'est pas sans équivoques – c'est un compromis entre Flamininus et les dix légats du Sénat – et que, si les Corinthiens, les
Eubéens et les Magnètes retrouvent leur liberté, des troupes
romaines campent encore sur l'Acrocorinthe, à Chalcis et à
Démétrias. On ne peut donc s'en tenir à cette proclamation, et
il faut chercher à expliquer l'usage de ce slogan, la « liberté
des Grecs », qui devient alors un thème fréquent de la propagande et de la politique extérieure romaines.

Quelles en sont les origines ? A l'époque des diadoques, de
telles déclarations sont fréquentes, puisqu'elles contribuent
à la revendication de l'héritage exclusif d'Alexandre : en
319/18, Polyperchon, le régent des jeunes rois de Macédoine, promulgue un édit restaurant les Grecs dans leurs
constitutions du temps de Philippe II et d'Alexandre, ce qui
revient en fait à renverser les oligarchies mises en place
par Antipatros ; le même slogan en faveur de la « liberté
des Grecs » est repris trois ans plus tard par le vieil ennemi
de Polyperchon, Antigone le Borgne, qui, après s'être récon-
cilié avec lui, cherche à faire alliance contre Cassandre (Diodore XIX, 61-62). Même chose lors du pacte de 311, qui est
accompagné de lettres qu'Antigone le Borgne adresse personnellement aux cités grecques afin de recueillir les bénéfices de cette propagande [11] ; de fait, à cette date, un décret

---

11. C.B. Welles, *Royal Correspondence in the Hellenistic Period*,
op. cit., n° 1 ; J.-M. Bertrand (éd.), *Inscriptions historiques grecques*,
Paris, Les Belles Lettres, 1992, p. 148-150.

fameux de la ville de Skepsis fait mention de la liberté et de l'autonomie acquises et organise un culte en l'honneur d'Antigone[12]. Même chose encore en 309/308, lorsque Ptolémée et Démétrios Poliorcète concluent une alliance défensive, dans le but de « libérer toute la Grèce ».

Il est évident qu'il ne faut pas prendre au mot ce slogan, au-delà de sa répétition incessante – notre information toutefois devient lacunaire avec l'interruption du récit de Diodore après 301. Les termes « liberté » ou « autonomie » ne sont d'ailleurs jamais précisés ; en outre, le sort des cités tient plus de la liberté surveillée, tant elles paraissent soumises non seulement au hasard des armes, mais aussi au bon vouloir de leurs libérateurs : ainsi Skepsis disparaît-elle à l'occasion d'un synœcisme fondant Antigoneia de Troade, par la volonté de ce même roi, Antigone le Borgne, à qui elle conférait des honneurs divins en échange de sa « liberté ». Pour Polybe (XV, 24, 4), les souverains n'ont que le mot liberté à la bouche au début de leur règne, mais bientôt ils réduisent en servitude ceux qui les ont crus.

Faut-il pourtant remonter aussi loin afin d'expliquer le geste du proconsul T. Quinctius Flamininus aux jeux Isthmiques de 196 ? Selon certains historiens – en particulier E. Badian[13] –, on trouverait des exemples analogues lors de l'intervention romaine en Sicile, et il est peu probable que des modèles idéologiques discrédités depuis longtemps aient servi de base à la politique étrangère de Rome en 196.

De son côté, E.S. Gruen développe une argumentation très différente[14] : l'inspiration du Sénat et de Flamininus est bien grecque, on ne peut en douter, car, dans le monde romain, les références à la *libertas* en relation avec la vie diplomatique sont exceptionnelles. D'autre part, lorsque Flamininus intervient devant la foule rassemblée à l'Isthme, voilà quatre années que Rome lutte au côté d'alliés grecs, et c'est assez pour faire connaissance avec les conventions de leur langage diplomatique. Enfin, selon Polybe (XVIII, 11, 4), le message

12. Ch. Habicht, « Gottmenschentum und griechische Städte », *loc. cit.*, p. 42-44 ; J.-M. Bertrand, *op. cit.*, p. 150-151.

13. E. Badian, *Foreign Clientelae (264-70 a. C.)*, Oxford, Clarendon Press, 1958, p. 33-43.

14. E.S. Gruen, *The Hellenistic World and the Coming of Rome, op. cit.*, vol. 1, p. 132-157.

des Grecs au Sénat romain stipule que la liberté (*eleutheria*) est la seule issue acceptable de la guerre. Le Sénat, les diplomates romains connaissent donc bien ce slogan concernant la « liberté des Grecs ». Ils le reprennent à leur compte, non pas tant par machiavélisme ou par cynisme, mais « parce qu'ils s'adaptent naturellement aux catégories mentales des Grecs » (E.S. Gruen).

L'explication, toutefois, peut sembler un peu courte si on ne la replace pas dans son contexte, qui est celui de l'essor du philhellénisme romain.

De nombreux aristocrates romains du IIIe siècle sont philhellènes, si l'on entend par là ceux qui lisent, écrivent ou parlent grec, et sont sensibles à la culture grecque, à la *paideia*, à laquelle ils reconnaissent un rôle essentiel dans la formation individuelle et dans l'histoire de la pensée. Le mot « philhellène » apparaît peu au IIIe siècle – Flamininus par exemple n'est jamais désigné comme tel –, il nous vient surtout d'auteurs modernes comme Theodor Mommsen, à la faveur de l'actualité retrouvée lors de la guerre d'indépendance grecque de 1821-1829. Mais si notre documentation est silencieuse sur cette notion, les interrogations sur le rôle du philhellénisme dans la politique extérieure romaine restent parfaitement légitimes : l'attirance pour la culture grecque peut-elle expliquer en partie l'intervention romaine ? Quels sont les rapports entre les composantes culturelle et politique du philhellénisme ?

L'assimilation de la culture grecque par les aristocrates romains est assez rapide au cours du IIIe siècle. Certes, les résultats initiaux n'ont pas toujours été convaincants : s'adressant aux habitants de Tarente en 282, L. Postumius Megellus s'était attiré les quolibets de la foule, puis des insultes qui, dit-on, contribuèrent à provoquer la guerre qui suivit (Appien, *Samn.*, 7, 2). Mais peu à peu, l'apprentissage du grec ou les talents des traducteurs aidant, les problèmes de compréhension linguistique s'estompent. La séduction de l'hellénisme prend alors d'autres formes : revendication par les Romains d'ancêtres grecs ou troyens ; adoption de *cognomina* grecs : Philo, Sophus, Philippus, Philus ; vol d'objets d'art à Tarente et surtout lors de la prise de Syracuse par Marcellus, en 212 ; envoi d'ambassades à Delphes, notamment après le désastre de Cannes (216). Selon Tite-

Live (XXIII, 11, 4), Q. Fabius Pictor, qui dirige la mission de 216, traduit les vers grecs de l'oracle et les lit à son retour à Rome. Ce même Fabius Pictor écrit une *Histoire de Rome* – en grec –, l'une des sources majeures de Polybe : les modèles historiographiques à l'époque sont grecs. Gardons-nous bien sûr de brosser un tableau sans contrastes de l'attrait exercé par la *paideia*. Les résistances sont nombreuses, mais elles se manifestent surtout légèrement après notre période, en particulier lorsque Caton l'Ancien devient censeur, en 184.

Dès lors, quels sont les liens entre le philhellénisme – ou l'antihellénisme – de certains Romains et la politique extérieure de Rome ? Selon E.S. Gruen, il existe une frontière stricte entre les inclinations personnelles et les affaires de l'État, et même entre les sentiments et les comportements à l'égard des Grecs. L'exemple qu'il développe, celui de Flamininus, est convaincant : voilà un homme dont le philhellénisme ne fait pas de doute, « Grec de langage et de parler », écrit Plutarque, mais dont l'action, sans être « machiavélique », tient autant de la *Realpolitik* que de la *philodoxia*. Il parvient à concilier le principe de la liberté des Grecs et la réalité de l'hégémonie romaine, en particulier lorsqu'il convoque à Corinthe un congrès panhellénique (printemps 195) et affecte habilement de laisser aux Grecs la décision de la guerre contre le Spartiate Nabis qui occupe Argos.

Le fossé entre les intérêts culturels privés et les affaires de l'État doit donc être pris en compte : l'idée que le philhellénisme de certains hommes puisse être le ressort de la politique étrangère n'a aucun sens pour un Romain. En revanche, il est vrai que des Romains, également philhellènes, peuvent promouvoir des politiques opposées vis-à-vis des États grecs, au lendemain de la défaite de Philippe V. Le contraste entre les choix de Flamininus et ceux de Scipion l'Africain est évident. Le premier, tenant de la « liberté des Grecs », s'empresse de négocier avec Nabis, tyran de Sparte, sans porter à son terme la guerre contre lui faute de temps – et peut-être par crainte de laisser à son successeur une victoire qu'il avait déjà assurée (Tite-Live XXXIV, 33, 9-14) ; il ordonne ensuite l'évacuation de la Grèce par toutes les légions (été 194). De son côté, Scipion l'Africain, réélu consul cette même année, désapprouve ce retrait des troupes romaines, notamment en raison des craintes suscitées par la politique séleucide et, surtout, par l'installation d'Hannibal en Asie. C'est justement à Scipion que J.-L. Ferrary attribue la conception d'une *Realpolitik,* prête à sacrifier toute la propagande de libération auprès des États grecs à la stratégie nécessaire contre Antiochos III [15].

La guerre contre Antiochos III (192-188) : Rome et les grandes monarchies hellénistiques

Après sa grande expédition à travers les satrapies orientales, son Anabase (212-205), Antiochos III a conquis la Cœlé-Syrie sur son voisin lagide à la bataille de Panion, en 200. La deuxième guerre de Macédoine lui donne l'occasion de s'en prendre au royaume de Pergame, avec l'aide de Prusias Ier de Bithynie et malgré les démarches diplomatiques de Rome. Antiochos III manifeste par là la volonté de récupérer l'héritage de Séleucos Ier en Asie Mineure ; cette revendication n'est formulée qu'à propos de la Thrace, mais elle est aussi valable pour Pergame, ce qui explique, par réaction, l'attachement pergaménien à la cause romaine. En 197, en particulier, les forces d'Antiochos III prennent le contrôle d'Éphèse et atteignent les Détroits, alors que Flamininus est vainqueur à Cynoscéphales et que les Rhodiens protestent contre les progrès séleucides. L'année suivante, en 196, les forces séleucides traversent les Détroits et portent la guerre en Thrace, pour récupérer les terres jadis propriété de Séleucos Ier. Aux concours Isthmiques de 196, l'ambassade séleucide se voit ordonner par les délégués romains de respecter l'autonomie des cités grecques et d'évacuer l'Europe. Lors de la rencontre de Lysimacheia avec le délégué romain L. Cornelius Lentulus, Antiochos maintient sa position de maître de l'Asie qui n'a pas de conseils à recevoir des maîtres de l'Italie, terre dont il ne s'occupe point lui-même. Rome n'a pas brandi d'ultimatum contre le Séleucide, comme

15. J.-L. Ferrary, *Philhellénisme et Impérialisme. Aspects idéologiques de la conquête romaine du monde hellénistique de la seconde guerre de Macédoine à la guerre contre Mithridate*, École française de Rome, 1988, p. 111.

précédemment contre Philippe V, mais la tension subsiste entre les deux puissances, d'autant que Rome est poussée à agir par les Pergaméniens, les Rhodiens, les gens de Smyrne et de Lampsaque. Sur un point, tout de même, Antiochos III répond aux vœux des commissaires romains : il conclut la paix avec Ptolémée V, dont les possessions extérieures se réduisent à celles de Chypre et de la Cyrénaïque, et donne sa fille Cléopatre en mariage au jeune roi.

En Grèce même, Flamininus est retardé par les difficultés péloponnésiennes dans son désir d'évacuer les légions romaines et de laisser la liberté aux Grecs. Nabis, qualifié de tyran par Polybe et de roi (*basileus*) par les Déliens, règne sur Sparte et a réussi à arracher Argos aux Achéens. Ses réformes sociales inquiètent les possédants. Une guerre sévère est menée par les Grecs et Philippe V, assistés par l'armée romaine ; au terme de la campagne, Flamininus traite seul avec Nabis. Celui-ci doit libérer Argos, mais le Romain le laisse régner sur Sparte, ce qui ne satisfait pas la Fédération achéenne qui rêve de réaliser à son profit l'unification du Péloponnèse.

Le retard dans l'évacuation de la Grèce par les légions romaines, justifié par cette guerre contre Nabis, s'explique aussi par les divergences au sein du Sénat sur le danger que représente le roi séleucide. Son installation en Thrace et sur les Détroits ne remet pas en cause le règlement des affaires grecques, mais certains craignent une alliance entre Antiochos III et Philippe V, malgré le traité d'alliance qui unit ce dernier et Rome depuis 196. L'arrivée d'Hannibal à Éphèse à la fin de l'été 195 n'est pas de nature à bien disposer les Romains à l'égard du roi séleucide qui accorde l'hospitalité au pire ennemi de Rome ; la réaction à Rome est la réélection au consulat de Scipion l'Africain, hostile à l'évacuation des légions stationnées en Grèce. Cependant, le Sénat ne suit pas le vainqueur de Carthage lorsqu'il revendique la « province » de Macédoine : en 194, il laisse au contraire appliquer la politique de Flamininus, c'est-à-dire le retrait romain de Grèce et la liberté des Grecs.

La rupture entre Rome et le roi séleucide se produit deux ans plus tard. Elle justifie *a posteriori* les choix politiques de Scipion. Et pourtant, ni Rome, ni Antiochos n'ont paru souhaiter cette issue. Les responsabilités sont davantage à

chercher en Grèce et chez leurs alliés : les Étoliens ont très
mal accepté les rebuffades de Flamininus qui leur refuse tout
profit à la suite de la défaite macédonienne, après Cynoscéphales. Alliés de Rome dans la première guerre de Macédoine, ils ont rompu l'alliance par la paix séparée de 206 et
Rome ne leur a pas pardonné cette trahison.

Eumène II de Pergame souhaite aussi entraver tout accom-
modement entre Romains et Séleucides. Une tentative est
pourtant faite en 193 de régler le contentieux entre eux ; une
ambassade séleucide vient à Rome, c'est Flamininus qui
est chargé de la recevoir et de lui transmettre les conditions
romaines à l'établissement de relations d'amitié : si Antiochos se retire de Thrace, Rome se désintéresse de l'Asie ; à
l'inverse, si Antiochos se maintient en Thrace, Rome poursuit sa politique d'intervention dans les affaires des cités
grecques d'Asie. De longues négociations se prolongent
sur ces bases qui peuvent donner lieu à des concessions
mutuelles. Elles n'aboutissent pas, du fait de l'ajournement
souhaité par Antiochos et du rôle d'Eumène II qui pousse la
délégation romaine à l'intransigeance.

L'agitation en Grèce justifie sans doute l'attitude d'Antiochos qui attend de mesurer les effets d'une explosion en
Grèce européenne ; les Étoliens, épaulés par Nabis de Sparte,
cherchent à attirer Philippe V et Antiochos III dans leur lutte
contre l'ordre établi par Rome. Flamininus, venu en Grèce,
tente de régler les conflits, entre Achéens de Philopoimen et
Nabis, entre Thessaliens de Magnésie et Philippe V sur le sort
du port de Démétrias. Une ambassade d'Antiochos auprès
des Étoliens laisse croire à ceux-ci que le soutien du
royaume séleucide leur est acquis, alors qu'Antiochos ne fait
que de vagues promesses d'aide lorsque les Étoliens auront,
eux-mêmes, fait la preuve de leur efficacité dans la réorganisation de la Grèce. En 192, les Étoliens entrent en guerre ; ils
s'emparent de Démétrias, le roi de Pergame Eumène prend
Chalcis d'Eubée. Par ailleurs Nabis est assassiné et Sparte
adhère au *Koinon* achéen. Pressé par l'insistance étolienne,
Antiochos III finit par répondre favorablement à la demande
d'intervention en Grèce, où la présence romaine est alors très
faible.

Mais le débarquement à Démétrias de 10 000 soldats séleucides, en octobre 192, déçoit vivement les espoirs des Éto-

liens. Nommé *stratège autocratôr,* Antiochos prend Chalcis et n'obtient le ralliement que des Éléens, des Béotiens, d'Amynandros l'Athamane. L'attitude épirote est très révélatrice de l'embarras de nombreux États grecs : Charops l'Ancien tente de camoufler son ambassade à Chalcis, auprès d'Antiochos, derrière une démarche religieuse destinée à solliciter la reconnaissance des Naïa de Dodone comme concours stéphanites, et son message est le suivant : l'Épire est prête à ouvrir ses portes aux armées séleucides ; villes et ports se donneront à Antiochos, s'il vient en force s'établir dans le pays ; mais si ses plans sont autres, s'il ne peut garantir la sécurité de l'Épire, alors qu'Antiochos comprenne la situation particulière de cet État, le plus proche du voisin romain, et qu'il le laisse garder sa neutralité ; celle-ci ne doit pas être comprise comme une marque d'hostilité à l'égard du roi séleucide, mais seulement comme une mesure de sauvegarde imposée par la situation particulière de l'Épire, à proximité immédiate des côtes italiennes. Ce parti des hésitants est majoritaire en Grèce, tandis qu'Achéens, Romains et Macédoniens de Philippe V constituent une alliance solide.

Le plan d'Hannibal conseillait à Antiochos de placer la flotte séleucide au large de Corcyre et les forces terrestres dans la région de Byllis, au nord de la vallée de l'Aôos. Il n'est pas suivi. Les 20 000 hommes de l'armée consulaire, débarqués sur la côte ionienne, gagnent la Thessalie pour rejoindre les troupes de Philippe V. Établies aux Thermopyles, comme en 480, pour fermer l'accès à la Grèce centrale, les troupes séleucides sont tournées par les sentiers de montagne, mal défendus par les Étoliens. Antiochos s'enfuit avec seulement 500 hommes, au printemps 191.

A Rome, le parti de Scipion l'Africain l'emporte. Son frère est élu consul pour 190, et reçoit la « province » de Grèce. Mais c'est en fait sous le commandement de Scipion l'Africain que l'armée gagne les Détroits, à travers l'Épire et la Macédoine, pour passer en Asie. La maîtrise de la mer Égée reste finalement à la flotte romaine, assistée par les flottes de Rhodes et de Pergame. Antiochos perd toute la Thrace et se replie en Asie Mineure. La bataille décisive intervient à Magnésie du Sipyle, au début 189. Malgré sa supériorité numérique (72 000 hommes face aux 30 000 Romains), l'armée séleucide est vaincue. Aux préliminaires de paix à

Sardes, les Romains dictent leurs conditions : Antiochos doit renoncer à toute l'Asie Mineure jusqu'au Taurus et prévoir le versement d'une indemnité de guerre de 15 000 talents.

Pour achever la guerre en Grèce contre les Étoliens, Rome doit encore tenir compte des demandes de ses alliés : Philippe V, qui a repris Démétrias et l'Achaïe, qui réalise enfin, l'unité du Péloponnèse par absorption de l'Élide et de la Messénie. Au printemps 189, le nouveau consul M. Fulvius Nobilior assiège Ambracie, cité qui appartient aux Étoliens ; l'ancienne capitale de Pyrrhos finit par capituler et elle subit un pillage méthodique des œuvres d'art qui sont transportées en Italie. Après Magnésie du Sipyle, les Étoliens doivent accepter la paix avec Rome, qui leur impose mêmes amis et mêmes ennemis que pour elle-même et l'abandon de possessions extérieures.

Après une expédition cruelle contre les Galates, menée par le consul Cn. Manlius Vulso, Rome conclut la paix d'Apamée avec le roi séleucide en 188. Cet accord confirme l'abandon de l'Asie Mineure jusqu'au Taurus, la renonciation à toute intervention militaire vers l'ouest, le paiement d'une lourde indemnité de guerre. Le royaume séleucide est donc chassé de la mer Égée et repoussé vers l'Asie. Les possessions qui lui ont été arrachées sont partagées entre Rhodes et le royaume de Pergame : aux Rhodiens, la Lycie et la Carie jusqu'au Méandre ; à Eumène II, le contrôle de l'Hellespont et un vaste domaine asiatique de la Phrygie hellespontique à la Pamphylie. La liberté est reconnue aux cités grecques qui ont résisté à Antiochos ou qui se sont données aux Romains. Les pertes pour le royaume séleucide sont énormes ; bien entendu, cette constatation n'empêche en rien le roi de participer, après Magnésie du Sipyle, à des fêtes religieuses babyloniennes ; on devrait même dire qu'il a d'autant plus de raisons de souligner sa présence dans le sanctuaire de l'Ésagila qu'il vient de subir un grave revers ; mais ce désir de paraître serein face à la défaite ne doit pas cacher la réalité d'une amputation importante du royaume séleucide.

A l'issue de cette première campagne romaine en Asie, le panorama politique a beaucoup changé dans le monde grec. Parmi les royaumes issus du partage de l'empire d'Alexandre, deux ont subi des défaites cuisantes face aux Romains : la Macédoine de Philippe V retrouve un certain rôle en Grèce, mais dans la mouvance romaine, elle demeure donc très réduite ; l'État séleucide, agrandi en Cœlé-Syrie, sort très affaibli de la guerre d'Antiochos III contre Rome. L'Égypte brille par son absence totale dans les événements du début du IIe siècle et ne tire aucun bénéfice de la défaite séleucide ; très diminué par la crise dynastique et l'agitation indigène, le royaume lagide n'est plus en état de jouer un rôle majeur en Méditerranée orientale, même si sa longévité pourrait, à première vue, témoigner de sa solidité. En revanche, Rome favorise la croissance du royaume pergaménien, qui sépare les royaumes antigonide et séleucide et contient le danger galate. Rome ne garde rien pour elle-même, n'annexe aucun territoire, mais règle le sort des territoires conquis en maître absolu. Les relations nouvelles qui sont ainsi créées par les succès romains sont celles qui unissent un État patron à des États clients [16]. Si Rome n'applique pas encore un impérialisme conquérant dans l'Orient hellénistique, sa politique témoigne déjà d'une volonté de puissance qui ne supporte aucune concurrence.

16. Sur ces notions, voir E.S. Gruen, *The Hellenistic World and the Coming of Rome, op. cit.,* vol. 1.

Conclusion

De toute évidence, la paix d'Apamée, en 188, ne marque pas, pour toutes les régions du monde grec, un changement radical, à l'exception notable de l'Asie Mineure, des royaumes attalide et séleucide, de la cité rhodienne, qui se voient punis ou récompensés par la puissance romaine triomphante. Pour la Grèce propre, et surtout pour la Macédoine et l'Épire, le vrai tournant se situe vingt ans plus tard, à la fin de la troisième guerre de Macédoine (168/67).

Nous avons néanmoins retenu cette année 188 comme limite inférieure de cet essai, dans la mesure où il est suivi, dans la même collection, par l'étude réalisée par Claude Vial sur *Les Grecs, de la paix d'Apamée à la bataille d'Actium (188-31)*. Elle traite de la vie des Grecs durant cette seconde partie de la période hellénistique, avec une approche parfois différente mais complémentaire de celle qui a été la nôtre ici ; certains problèmes, comme ceux des contacts de cultures, qui se posaient au IIIe siècle, ne sont pas réglés définitivement au début du IIe siècle. Comme le notait déjà Édouard Will : « L'histoire politique du monde hellénistique ne s'interrompt pas en 188/87. Elle ne s'interrompt pas davantage en 168/67, à la disparition du royaume de Macédoine, ni même en 146 avec la fin des libertés grecques, ni même en 133 avec la fin du royaume de Pergame ; seule l'élimination de l'Empire lagide y met un terme en 31 [1]. »

On peut sans doute admettre que la coupure nécessaire qui a été retenue correspond à la transition entre les deux phases de l'époque hellénistique, très souvent marquées dans l'histoire des cités grecques : après un IIIe siècle de relative prospérité qui a profité à une classe moyenne nombreuse et

1. Éd. Will, in avant-propos d'Éd. Will, Cl. Mossé, P. Goukowsky, *Le Monde grec et l'Orient*, *op. cit.*, II, p. 5-6.

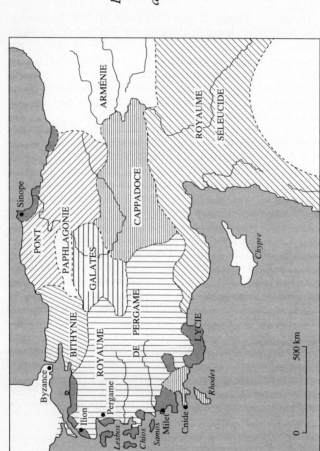

L'Asie Mineure
après la paix
d'Apamée (188)

active dans la vie des cités, les guerres du début du IIe siècle favorisent la concentration des fortunes entre les mains d'une minorité de riches notables, qui prennent en main la vie politique de leurs cités. Mais nous parlons bien de transition, plus que de rupture, car, sauf exceptions, ce passage est lent et progressif durant la première moitié du IIe siècle. C'est à travers le livre de Claude Vial que le lecteur pourra mesurer les transformations de la société grecque jusqu'à la bataille d'Actium. Le phénomène dominant dans toute cette période qui suit la conquête d'Alexandre est, sans aucun doute, celui de la rencontre de la civilisation grecque avec d'autres cultures qui lui sont étrangères. Il soulève tous les problèmes de la pénétration de la culture grecque dans des milieux allogènes : on parle de contacts, d'influences, d'hellénisation, mais il reste à chercher à comprendre comment se vit, dans la pratique quotidienne, cette rencontre qui concerne l'individu, la famille avant même les communautés civiques ou ethniques (éducation, rôle du gymnase, mariages mixtes, concurrence professionnelle). L'adoption de la langue dominante, le bilinguisme superficiel ou profond s'accompagnent souvent, de la part des Grecs, du mépris pour les langues étrangères, ce qui les amène à se priver d'une découverte réelle de la culture du conquis. En outre, si l'acculturation grecque est importante pour une partie des populations dominées, on aurait tort de penser que le mouvement a été à sens unique : le colon grec trop isolé, le clérouque établi en milieu indigène, aussi bien en Haute-Égypte qu'en Bactriane, est progressivement absorbé par la population locale, notamment lorsqu'il s'agit de la vie religieuse de l'Égypte. Malheureusement, la documentation est souvent réduite pour mesurer l'impact de cette rencontre de cultures différentes, en dehors de l'Égypte, mais une attention vigilante aux différents stades de l'acculturation, aux différents milieux considérés, comme aux périodes successives, doit permettre de nuancer les réalités vécues.

L'élargissement du monde grec a, d'autre part, mis rapidement les États issus du démembrement de l'empire d'Alexandre en contact avec de nouvelles puissances, comme les conquérants parthes en Orient et les Romains en Occident. Les uns et les autres sont évidemment sensibles à l'attrait de *la Civilisation*, celle des Grecs, et on sait en particulier l'emprise de la culture grecque sur nombre de notables romains, avant que se manifeste une violente réaction, sous l'influence de Caton l'Ancien, au début du IIᵉ siècle.

De nouvelles règles dans les relations internationales se mettent en place et la guerre prend, du côté romain, un aspect d'anéantissement plus total qu'auparavant ; les royaumes hellénistiques donnent alors une impression d'impuissance en face du rouleau compresseur des légions romaines.

Au sein du monde hellénistique lui-même, bien des domaines mériteraient de nouvelles études. Maintenant que l'idée d'un déclin irrémédiable des cités après Chéronée (338) est peu à peu abandonnée, une étude attentive de la vie intérieure de celles-ci reste globalement à faire, notamment à partir de la documentation épigraphique : comment fonctionnent les institutions, quelle est la composition du corps civique, la place faite aux notables et à la classe moyenne ? La notion d'évergétisme doit-elle être modulée suivant les périodes, avec une première étape durant laquelle le bienfaiteur est un citoyen qui remplit avec dévouement les charges que l'Assemblée populaire lui confie et qui rend compte de son mandat suivant la tradition démocratique, puis une seconde période où l'évergétisme est de plus en plus le fait de quelques riches notables qui s'approprient la gestion de la vie de leur cité ? Quelle place faut-il faire à l'évergétisme royal et comment celui-ci conduit-il au culte du souverain ?

Le rôle des pays de l'*ethnos* a été souligné, dans le chapitre 5. C'est une forme d'organisation de la vie collective qui a été peu étudiée pendant longtemps, comme si, sorti du monde des *poleis*, on ne pouvait plus être au sein du monde grec. Il est temps, maintenant, de chercher à comprendre les causes du dynamisme de ces *ethnè*, souvent regroupés au sein de monarchies nationales, comme en Macédoine et en Épire ; il est temps aussi de s'intéresser aux États fédéraux, qui regroupent cités ou *ethnè*, de chercher à analyser les étapes de leur formation, les causes de leur succès, le fonctionnement de leurs institutions aux différents niveaux de la vie locale et fédérale.

La naissance de royautés personnelles, notamment dans les pays de la conquête, en Égypte lagide comme en Asie séleucide, offre des perspectives de recherche importantes :

comment s'est constitué ce type de monarchie, quels sont les apports grecs et macédoniens, le rôle des traditions indigènes en Égypte comme dans l'ancien Empire achéménide ? Quelle est la nature du pouvoir royal et comment évolue-t-il, depuis son émergence, lorsqu'il s'appuie uniquement sur les colons gréco-macédoniens, jusqu'à ses prolongements dans lesquels l'élément autochtone revendique progressivement sa place ? Quelle image du roi se fait-on parmi les colons et dans les milieux indigènes : roi des Macédoniens *et* pharaon ? Enfin, il est légitime de chercher à connaître comment ce type de royauté a pu contribuer à préparer la genèse du principat romain, qui éclot à l'époque augustéenne.

La haute période hellénistique a donc vu se mettre en place une *oikouménè* plus vaste et mieux connue grâce aux travaux scientifiques développés notamment à Alexandrie. C'est au sein de ce monde que se façonne la civilisation hellénistique et elle s'impose pratiquement à tout le bassin méditerranéen, puis au-delà vers l'Orient. Elle touche à tous les aspects de la vie de l'esprit, aussi bien dans la vie artistique que dans le domaine intellectuel. Il est nécessaire d'observer s'il s'agit d'une culture monolithique qui s'impose d'un bout à l'autre du monde connu ou, à l'inverse, comment se dessinent des originalités régionales. L'attention portée aux marges est souvent la plus prometteuse, car c'est là que prennent naissance des formes mixtes, comme l'art du Gandhara dans l'Inde du Nord-Ouest. C'est là aussi que se rencontrent le bouddhisme et l'hellénisme, ce dont témoigne le XIIIe édit d'Asoka.

Période vivante, bouillonnante même par la mise au point de nouvelles formes d'exploitation des richesses de la terre, par la recherche scientifique, le souci de conservation des écrits de tout le monde connu, la haute époque hellénistique voit se structurer de nouvelles formes de vie politique, dont certaines marquent profondément l'Empire romain, sous l'ombre immense du Conquérant, creuset d'identité, source de légitimité.

Annexes

Tableaux généalogiques

1. FAMILLE des ARGÉADES

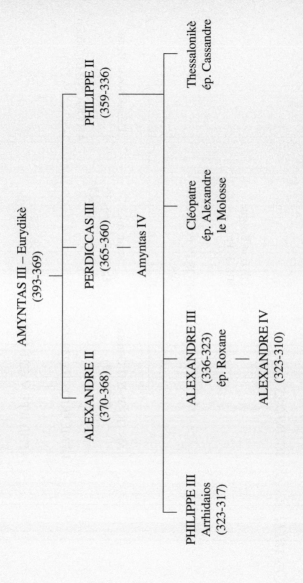

2. FAMILLE des ANTIGONIDES

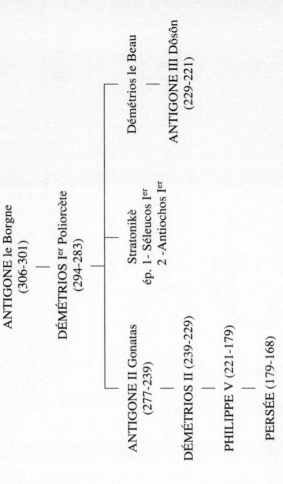

ANTIGONE le Borgne
(306-301)
|
DÉMÉTRIOS Ier Poliorcète
(294-283)

Démétrios le Beau
|
ANTIGONE III Dôsôn
(229-221)

Stratonikè
ép. 1 - Séleucos Ier
2 - Antiochos Ier

ANTIGONE II Gonatas
(277-239)
|
DÉMÉTRIOS II (239-229)
|
PHILIPPE V (221-179)
|
PERSÉE (179-168)

3. FAMILLE des LAGIDES

Lagos
|
PTOLÉMÉE Ier Sôter
(306-283)
|
PTOLÉMÉE II Philadelphe
(285-246)
|
PTOLÉMÉE III Évergète
(246-221)
|
PTOLÉMÉE IV Philopator
(221-205)
|
PTOLÉMÉE V Épiphane
(205-180)

4. FAMILLE des SÉLEUCIDES

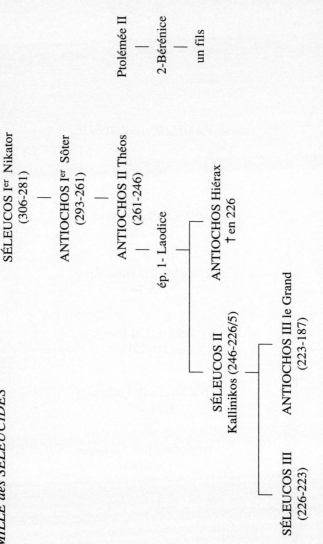

5. *FAMILLE des ÉACIDES*

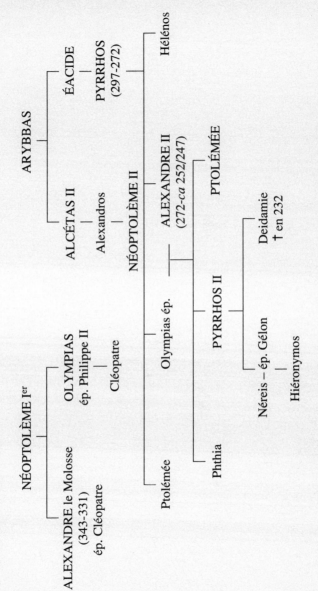

Chronologie
de la période hellénistique
323-188

323	Mort d'Alexandre le Grand (13 juin); naissance d'Alexandre IV (août); début de la guerre lamiaque.
322	Batailles de Crannon et d'Amorgos. Mort de Démosthène, d'Hypéride et d'Aristote. Ophellas conquiert Cyrène pour Ptolémée.
321	Conférence de Triparadisos, après la mort de Cratère et de Perdiccas. Antigone le Borgne stratège d'Asie.
320-318	Ptolémée conquiert la Cœlé-Syrie.
319	Mort d'Antipatros; Polyperchon lui succède en Grèce. Démade est exécuté par Cassandre.
318	Mort de Phocion; Cassandre occupe le Pirée.
317	Olympias fait exécuter Philippe III Arrhidaïos. Cassandre établit Démétrios de Phalère au gouvernement oligarchique d'Athènes. Agathoclès prend le pouvoir à Syracuse.
316	Mort d'Olympias et d'Eumène de Cardia.
315	Antigone le Borgne s'empare de la Cœlé-Syrie.
315-311	Guerre de Ptolémée, Lysimaque et Cassandre contre Antigone le Borgne; Ptolémée occupe Chypre.
314	Cassandre prend Épidamne et Apollonia sur la côte adriatique.
312	Victoire de Gaza remportée par Ptolémée sur Démétrios Poliorcète.
311	Démétrios regagne la Cœlé-Syrie; la paix est conclue sans Séleucos.
310-307	Agathoclès de Syracuse assiège Carthage.
310	Cassandre fait périr Roxane et Alexandre IV.
307	Démétrios Poliorcète conquiert Athènes et en chasse Démétrios de Phalère.
306	Victoire navale de Démétrios sur la flotte de Ptolémée à Salamine de Chypre. Antigone le Borgne et Démétrios Poliorcète prennent le titre de roi. Paix entre Agathoclès et Carthage.

305-304	Siège de Rhodes par Démétrios Poliorcète. Les autres Diadoques prennent le titre royal.
303-302	Cléonymos de Sparte intervient en faveur de Tarente.
301	Bataille d'Ipsos ; victoire de Séleucos Ier, Cassandre et Lysimaque sur Antigone le Borgne, qui est tué, et sur son fils Démétrios Poliorcète.
300	Fondation d'Antioche sur l'Oronte.
299-298	Agathoclès prend Corcyre.
297	Mort de Cassandre ; rétablissement de Pyrrhos en Épire.
295	Pyrrhos épouse Lanassa, fille d'Agathoclès, et reçoit Corcyre en dot. Séleucos prend la Cilicie, Lysimaque l'Ionie à Démétrios Poliorcète.
294	Démétrios Poliorcète occupe Athènes et devient roi en Macédoine.
294/93	Antiochos Ier est corégent au côté de son père Séleucos Ier.
293	Fondation de Démétrias en Thessalie.
292	Mort de Ménandre.
290	Démétrios occupe Corcyre et épouse Lanassa.
289	Mort d'Agathoclès de Syracuse.
288	Pyrrhos et Lysimaque se partagent la Macédoine.
287/86	La ville d'Athènes se libère de la garnison macédonienne. Ptolémée occupe Tyr, Sidon et les Cyclades.
285	Démétrios est prisonnier de Séleucos Ier ; Lysimaque est seul roi de Macédoine, Ptolémée II est corégent au côté de son père Ptolémée Ier.
284	Lysimaque conquiert la Macédoine occidentale que tenait Pyrrhos.
283	Mort de Ptolémée Ier et de Démétrios Poliorcète.
281	Bataille de Couroupédion, mort de Lysimaque ; assassinat de Séleucos Ier par Ptolémée Kéraunos.
280	Renouveau du *Koinon* achéen ; Pyrrhos passe en Italie à l'appel de Tarente.
279	Invasion celte à travers la Macédoine jusqu'à Delphes, mort de Ptolémée Kéraunos ; les *Ptolemaia* d'Alexandrie.
278	Ptolémée II s'empare de Milet ; Pyrrhos passe en Sicile.
277	Bataille de Lysimacheia ; Antigone Gonatas roi de Macédoine.
276	Mariage d'Antigone Gonatas avec Phila, fille d'Antiochos Ier, et alliance durable entre Séleucides et Antigonides.
275	Pyrrhos rentre d'Italie en Épire.
274-271	Première guerre de Syrie, de Ptolémée II contre Antiochos Ier.

274	Pyrrhos occupe temporairement la Macédoine.
273	Ambassade égyptienne à Rome.
272	Mort de Pyrrhos à Argos ; Tarente aux Romains.
270	Mort d'Arsinoé Philadelphe. Mort d'Épicure.
270/68-215	Hiéron II, roi de Syracuse.
269-237	Règne d'Asoka en Inde septentrionale.
267-262	Guerre de Chrémonidès et victoire d'Antigone Gonatas.
265	Mort d'Areus, roi de Sparte.
264	Début de la première guerre punique.
263	Mort de Zénon de Kition.
262	Bataille navale de Cos ; avènement d'Eumène (Ier) de Pergame.
261	Mort d'Antiochos Ier, avènement d'Antiochos II Théos. Victoire de Sardes remportée par Eumène de Pergame sur les troupes séleucides.
260-253	Deuxième guerre de Syrie.
258 ou 256 ?	Bataille navale d'Andros, victoire de Gonatas sur la flotte lagide.
253-252	Révolte d'Alexandre de Corinthe contre Antigone Gonatas ; partage de l'Acarnanie entre l'Étolie et Alexandre II d'Épire. Paix entre Ptolémée II et Antiochos II.
251	Aratos fait entrer Sicyone dans le *Koinon* achéen.
249	Mort d'Alexandre de Corinthe.
246	Mort de Ptolémée II et d'Antiochos II ; avènement de Ptolémée III et Séleucos II.
246-241	Troisième guerre de Syrie : Ptolémée III s'empare de Séleucie de Piérie.
245	Victoire étolienne en Béotie.
244-241	Agis IV, roi de Sparte ; tentative de réformes mais échec.
243	Aratos libère Corinthe des Macédoniens.
241	Avènement d'Attale Ier de Pergame, vainqueur des Galates ; début de la guerre fratricide entre Séleucos II et Antiochos Hiérax ; bataille d'Ancyre qui est un succès des Galates sur Antiochos Hiérax.
239	Mort d'Antigone Gonatas ; avènement de Démétrios II ; Diodote de Bactriane devient roi indépendant des Séleucides ; Arsace conquiert la satrapie séleucide de Parthie.
235	Mégalopolis rejoint le *Koinon* achéen.
232	Fin de la dynastie éacide en Épire : mort de Déidamie à Ambracie.
230	Guerre illyro-épirote : prise de Phoiniké par les Illyriens.

229	Mort de Démétrios II ; avènement d'Antigone Dôsôn ; Argos adhère au *Koinon* achéen ; Athènes recouvre son indépendance.
229-228	Première guerre d'Illyrie, opposant Rome aux Illyriens.
227	Réformes de Cléomène III à Sparte. Antigone Dôsôn en Carie. Séisme à Rhodes.
225	Avènement de Séleucos III, tué en 223.
224	Nouvelle ligue des Hellènes contre Cléomène, autour d'Antigone Dôsôn.
223	Avènement d'Antiochos III.
222	Bataille de Sellasia, Cléomène III se retire en Égypte.
221	Avènement de Ptolémée IV Philopator.
221-179	Règne de Philippe V en Macédoine.
221-217	Quatrième guerre de Syrie.
220-217	Guerre des Alliés en Grèce, qui oppose Macédoniens, Achéens et Épirotes aux Étoliens et Spartiates.
219	Deuxième guerre d'Illyrie.
219-202	Deuxième guerre punique.
217	Paix de Naupacte qui met fin à la guerre des Alliés ; bataille de Raphia.
215-205	Première guerre de Macédoine opposant Rome à la Macédoine.
212	Traité d'alliance entre Rome et les Étoliens ; chute de Syracuse malgré Archimède.
212-205	Expédition (ou *Anabase*) d'Antiochos III en Iran, Bactriane et Inde.
211	Attale Ier s'allie aux Romains contre Philippe V.
206	Paix séparée des Étoliens avec la Macédoine.
205	Paix de Phoiniké qui met fin à la première guerre de Macédoine.
205-180	Ptolémée V Épiphane.
201-195	Cinquième guerre de Syrie.
200	Bataille de Panion, la Palestine est occupée par Antiochos III.
200-197	Deuxième guerre de Macédoine.
197	Bataille de Cynoscéphales ; avènement d'Eumène II de Pergame.
196	Flamininus proclame la liberté des Grecs aux concours Isthmiques.
195	Guerre contre Nabis.
192-189	Guerre antiochique (ou étolo-syrienne).
191	Antiochos III est vaincu aux Thermopyles.
189	Victoire romaine à Magnésie du Sipyle.
188	Paix d'Apamée. Pergame reçoit une grande partie de l'Asie Mineure séleucide.

Sources
et bibliographie

Sources

Les œuvres contemporaines sont très largement perdues et ne survivent le plus souvent que sous forme de fragments, à l'exception de quelques œuvres des derniers orateurs athéniens (Démosthène, Hypéride) et d'une partie de l'*Histoire* de Polybe. Mais même les œuvres aujourd'hui disparues ont contribué à l'information d'auteurs plus tardifs : c'est vrai pour les historiens contemporains et compagnons d'Alexandre, notamment Ptolémée, comme pour Timée de Tauroménion, Hiéronymos de Cardia, Douris de Samos, Phylarque.

Parmi les auteurs plus tardifs, on peut recueillir des informations empruntées aux écrivains contemporains des événements rapportés chez Tite-Live qui a copieusement utilisé Polybe, ce qui est bien utile pour tous les livres perdus de l'auteur grec, chez Appien dans ses livres consacrés aux affaires illyriennes et aux affaires syriennes (*Illyrika, Syriaka*), Diodore de Sicile, Strabon, Plutarque, Trogue-Pompée et Justin, Pausanias, Polyen, Dion Cassius et le résumé rédigé au XIIᵉ siècle par Johannès Zonaras.

La pauvreté des sources littéraires explique l'importance des **documents épigraphiques** pour mieux connaître l'histoire de cette période ; tous les aspects de cette histoire sont éclairés par les inscriptions ; l'histoire de la cité athénienne serait très imprécise dans la première moitié du IIIᵉ siècle sans la série de décrets retrouvés sur pierre ; ce n'est qu'en 1978 que Leslie Shear a fait connaître le décret de Kallias de Sphettos qui nous apprend beaucoup sur la vie des Athéniens, sur les effets cruels de la coupure entre la ville et le port du Pirée, entre la ville et son territoire contrôlé par des garnisons macédoniennes établies dans les forteresses, également sur la politique des rois lagides en Grèce centrale dès 286. La vie sociale est certainement le domaine le plus concerné par le matériel épigraphique, qui témoigne de la pratique de l'évergétisme à travers les décrets honorifiques que les bienfaiteurs se font décerner, mais aussi de la généralisation de l'esclavage et des décisions d'affranchissement dont bénéficie un petit nombre de ces êtres réduits en servitude.

Sources littéraires

Appien, *Appiani Historia romana,* éd. Mendelssohn, revue par P. Viereck, Leipzig, Teubner, 1905, 2 vol.

Athénée de Naucratis, *Deipnosophistes,* éd. G. Kaibel, Leipzig, Teubner, 1873-1890, 3 vol. ; livres I-II, CUF, t. I, 19.

Démocharès, éd. F. Jacoby, *FGrH* II, 75.

Pseudo-Démosthène, *Sur le traité avec Alexandre,* texte établi et traduit par M. Croiset, in *Harangues,* t. II, Paris, CUF, 1959, p. 162-172.

Diodore de Sicile, *Bibliothèque historique,* livres XVII et XVIII, texte établi et traduit par P. Goukowsky, Paris, CUF, 1976 et 1978 ; livre XIX, texte établi et traduit par F. Bizière, Paris, CUF, 1975.

Diyllos d'Athènes, éd. F. Jacoby, *FGrH* II, A 73, et II, C 73.

Douris de Samos, éd. F. Jacoby, *FGrH* II, A 81 ; II B, p. 115 *sq.*

Étienne de Byzance, *Ethnika,* éd. A. Meineke, repr. Graz, 1958.

Eusèbe de Césarée, éd. A. Schoene, Berlin, Weidmann, 1855-1875, 2 vol. ; *Version arménienne,* éd. J. Karst, Leipzig, 1911.

Frontin, *Stratagèmes,* éd. G. Gundermann, Leipzig, Teubner, 1888.

Galien, *Sur les procédures anatomiques.,* éd. G. Kuhn, Leipzig, 1821-1833 ; trad. fr. C. Daremberg, Paris, 1854.

Hiéronymos de Cardia, éd. F. Jacoby, *FGrH,* n° 154.

Ménandre, *Le Dyscolos,* Paris, CUF, 1963.

–, *La Samienne,* Paris, CUF, 1971.

Nicolas de Damas, éd. F. Jacoby, *FGrH,* n° 90.

Pausanias, *La Périégèse,* éd. F. Spiro, Leipzig, Teubner, 1903, 3 vol.

Phylarque, F. Jacoby, *FGrH,* n° 81.

Pline l'Ancien, éd. C. Mayhoff, Leipzig, Teubner, 1892-1909, 5 vol. (1967).

Plutarque, *Vies de Démétrios, Pyrrhos, Flamininus,* éd. R. Flacelière, Paris, CUF, 1966-1969.

Polybe, *Histoire,* éd. Th. Büttner-Wobst, Leipzig, Teubner, 1882-1904, 5 vol. ; trad. fr. D. Roussel, Paris, Gallimard, coll. « La Pléiade », 1970 ; livres I-XII, trad. P. Pédech *et al.,* Paris, CUF.

Polyen, éd. J. Melber, Leipzig, Teubner, 1887.

Strabon, éd. A. Meineke, Leipzig, Teubner, 1852, 3 vol. ; l'éd. CUF est presque complète maintenant.

Théocrite, *Éloge de Ptolémée,* texte établi et traduit par Ph.-E. Legrand, Paris, CUF, 1960, p. 141-151.

Timée de Tauroménion, éd. F. Jacoby, *FGrH* III, B 566.

Tite-Live, éd. W. Weissenborn et H.J. Müller, Teubner, 1891-1894 ; partiellement publié dans la CUF.

Trogue-Pompée et Justin, éd. O. Seel, Leipzig, Teubner, 1935 ; éd. sans apparat critique, trad. fr. E. Chambry et L. Thely-Chambry, Paris, Garnier, s. d., 2 vol.

Africa T.W., *Phylarchus and the Spartan revolution*, Berkeley-Los Angeles, 1961.

Hornblower J., *Hieronymus of Cardia*, Oxford, 1981.

Marasco G., *Democare di Leuconoe. Politica e cultura in Atene fra IV e III sec. a. C.*, Florence, 1984.

Pédech P., *Historiens compagnons d'Alexandre, Callisthène, Onésicrite, Néarque, Ptolémée, Aristobule*, Paris, Les Belles Lettres, 1984.

–, *Trois Historiens méconnus, Théopompe, Douris, Phylarque*, Paris, Les Belles Lettres, 1989.

Walbank F. W., *A Historical Commentary on Polybius*, Oxford, Clarendon Press, 1957, 1967 et 1979, 3 vol.

Sources épigraphiques

Austin M., *The Hellenistic World from Alexander to the Roman Conquest : A Selection of Ancient Sources in Translation*, Cambridge, Cambridge University Press, 1981.

Bloch J., *Les Inscriptions d'Asoka*, Paris, 1950, p. 125-131 (pour le XIIIe édit).

Burstein S.M., *The Hellenistic Age from the Battle of Ipsos to the Death of Kleopatra VII*, Cambrige, Cambridge University Press, 1985.

Dittenberger W., *Sylloge Inscriptionum graecarum*, 3e éd. Leipzig, 1917, 4 vol. (repr. G. Olms, Hildesheim, 1960).

Inscriptiones graecae, I-XIV, publiées par l'Académie de Berlin.

Inscriptions historiques grecques, traduites et commentées par J.-M. Bertrand, Paris, Les Belles Lettres, coll. « La Roue à livres/Documents », 1992.

Institut Fernand-Courby, *Nouveaux Choix d'inscriptions grecques*, Paris, Les Belles Lettres, 1971.

Le Guen-Pollet B., *La Vie religieuse dans le monde grec du Ve au IIIe siècle avant notre ère. Choix de documents épigraphiques traduits et commentés*, Toulouse, Presses universitaires du Mirail, 1991.

Moretti L., *Iscrizioni storiche ellenistiche*, Florence, La Nuova Italia, I, 1967 ; II, 1975.

Pouilloux J., *Choix d'inscriptions grecques,* Paris, Les Belles Lettres, 1960.

Schmitt H.H., *Die Staatsverträge des Altertums,* III, *Die Verträge der griechisch-römischen Welt von 338 bis 200 v. Chr.,* Munich, Beck, 1969.

Welles C.B., *Royal Correspondence in the Hellenistic Period : A Study in Greek Epigraphy,* New Haven, Yale University Press, 1934 ; réimp. Chicago, 1974.

Sources numismatiques

Morkholm O., *Early Hellenistic Coinage from the Accession of Alexander to the Peace of Apamea,* Cambridge, Cambridge University Press, 1991.

Picard O., *Chalcis et la Confédération eubéenne. Études de numismatique et d'histoire,* BEFAR 234 (BEFAR = « Bibliothèque des Écoles françaises d'Athènes et de Rome »), Paris, De Boccard, 1979.

Robert L., *Études de numismatique grecque,* Paris, Collège de France, 1951.

–, *Monnaies antiques en Troade,* Genève, Droz, 1966.

Ouvrages généraux

Bengtson H., *Die Strategie in der hellenistischen Zeit : Ein Beitrag zum antiken Staatsrecht,* Munich, Beck, 1937-1952, 3 vol.

–, *Griechische Geschichte : von den Anfängen bis in die römische Kaiserzeit,* 4ᵉ éd. Munich, Beck, 1969.

Chamoux F., *La Civilisation hellénistique,* Paris, Arthaud, 1981.

Charbonneaux J., Martin R. et Villard F., *La Grèce hellénistique,* Paris, Gallimard, coll. « L'Univers des formes », 1970.

Green P., *Alexander to Actium. The Historical Evolution of the Hellenistic Age,* Berkeley-Los Angeles, University of California Press, 1990.

Gruen E.S., *The Hellenistic World and the Coming of Rome,* Berkeley-Los Angeles, University of California Press, 1984, 2 vol.

Lloyd G.E.R., *La Science grecque après Aristote,* Paris, La Découverte, 1990 ; rééd. augm. sous le titre *Une histoire de la science grecque,* Paris, Éd. du Seuil, coll. « Points Sciences », 1993.

Momigliano A., *Sagesses barbares. Les limites de l'hellénisation,* trad. fr. de l'éd. anglaise de 1976, Paris, Maspero, 1979.

Nicolet Cl., *Rome et la Conquête du monde méditerranéen (264-27 avant J.-C.)*, I, 1977 ; II, 2ᵉ éd. 1989, Paris, PUF, coll. « Nouvelle Clio » nᵒˢ 8 et 8 *bis*.

Pollitt J. J., *Art in the Hellenistic Age*, Cambridge, Cambridge University Press, 1990.

Préaux Cl., *Le Monde hellénistique. La Grèce et l'Orient (323-146 av. J.-C.)*, Paris, PUF, coll. « Nouvelle Clio » nᵒˢ 6 et 6 *bis*, 2ᵉ éd. 1988, 2 vol.

Rostovtseff M., *Histoire économique et sociale du monde hellénistique*, Paris, Robert Laffont, 1989, trad. fr. de l'éd. anglaise de 1941 avec une introduction de Jean Andreau.

Sirinelli J., *Les Enfants d'Alexandre. La littérature et la pensée grecques, 334 av. J.-C.-519 ap. J.-C.*, Paris, Fayard, 1993.

Walbank F.W., Astin A.E., Frederiksen M.W. et Ogilvie R.M. (éd.), *Cambridge Ancient History*, vol. VII, 1ʳᵉ partie, *The Hellenistic World*, 2ᵉ éd. Cambridge, Cambridge University Press, 1984.

Will Éd., *Histoire politique du monde hellénistique (323-30 av. J.-C.)*, Presses universitaires de Nancy, 1966-1967, 2 vol. ; 2ᵉ éd. rev. et augm. 1979-1982.

–, Mossé Cl. et Goukowsky P., *Le Monde grec et l'Orient*, t. 2, *Le IVᵉ Siècle et l'Époque hellénistique*, Paris, PUF, 3ᵉ éd. 1990.

Chapitre 1
Aperçu de l'histoire politique du monde grec

Bengtson H., *Die Diadochen. Die Nachfolger Alexanders 323-281 v. Chr.*, Munich, Beck, 1987.

Berve H., *Die Herrschaft des Agathokles*, Munich, Beck, 1953.

–, *König Hieron II*, Munich, Beck, 1959.

–, *Die Tyrannis bei den Griechen*, Munich, Beck, 1967, 2 vol.

Billows R. A., *Antigonos the One-Eyed and the Creation of the Hellenistic State*, Berkeley, University of California Press, 1990.

Briant P., *Antigone le Borgne : les débuts de sa carrière et les problèmes de l'assemblée macédonienne*, Annales littéraires de l'Université de Besançon, vol. 152, Paris, Les Belles Lettres, 1973.

–, « D'Alexandre le Grand aux diadoques : le cas d'Eumène de Cardia », *REA*, 74 (1972), p. 32-73, et *REA*, 75 (1973), p. 43-81.

Engel R., *Untersuchungen zum Machtaufstieg des Antigonos I. Monophtalmos : Ein Beitrag zur Geschichte der frühen Diadochenzeit*, Kallmünz, Regensburg, Lassleben, 1977.

Flacelière R., *Les Aitoliens à Delphes. Contribution à l'histoire de la Grèce centrale au IIIᵉ siècle av. J-C.*, Paris, BEFAR 143, De Boccard, 1937.

Gruen E.S., « The Coronation of the Diadochoi », in J.W. Eadie et J. Ober (éd.), *The Craft of the Ancient Historian : Essays in Honor of Chester G. Starr*, Londres, Lanham Md., 1985.

Heinen H., *Untersuchungen zur hellenistischen Geschichte des 3. Jahrhunderts v. Chr., zur Geschichte des Zeit des Ptolemaios Keraunos und zum chremonideischen Krieg* (*Historia…*, Einzelschriften, Heft 20), Wiesbaden, Steiner, 1972.

Lepore E., « Leostene e le origini della guerra lamiaca », *Parola del Passato*, X (1955), p. 161-185.

Seibert J., *Das Zeitalter der Diadochen*, Darmstadt, Wissenschaftliche Buchgesellschaft, 1983.

Tarn W.W., *Antigonos Gonatas*, Oxford, Clarendon Press, 1913.

Walbank F.W., *Aratos of Sicyon,* Cambridge, Cambridge University Press, 1933.

–, *A Historical Commentary on Polybius,* Oxford, Clarendon Press, 1957-1979, 3 vol.

Wehrli C., *Antigone et Démétrios,* Genève, Droz, 1969.

Chapitre 2
Réflexions sur les problèmes de l'identité dans le monde grec au IIIᵉ siècle

Cerfaux L. et Tondriau J., *Le Culte des souverains dans la civilisation gréco-romaine*, Paris, Desclée, coll. « Bibliothèque de théologie », 1957.

Garlan Y., *Recherches de poliorcétique grecque,* Paris, BEFAR 223, De Boccard, 1974.

Goukowsky P., *Essai sur les origines du mythe d'Alexandre (336-270 av. J.-C.),* Publications de l'Université de Nancy-II, 1978-1981, 2 vol.

Habicht Ch., « Gottmenschentum und griechische Städte », *Zetemata* 14, 2ᵉ éd. Munich, Beck, 1970.

Kern O., *Die Religion der Griechen,* III, Berlin, Weidmansche Verlagsbuchhandlung, 1938.

Nilsson M.P., *Geschichte der griechischen Religion,* II² (Handbuch der Altertumswissenschaft), Munich, Beck, 1961.

Schubart W., « Das Königsbild des Hellenismus », *Die Antike* 13 (1937), p. 272-288.

Stewart A., *Faces of Power. Alexander's Image and Hellenistic Politics*, Berkeley-Los Angeles-Oxford, University of California Press, 1993. (On lira avec profit le compte rendu rédigé par Éd. Will et qu'il a bien voulu me communiquer, dans *Gnomon* [à paraître], qui marque bien les limites de cet ouvrage, où l'au-

teur applique parfois abusivement les données des actuelles
« sciences de l'homme ».)

Taeger F., *Charisma. Studien zur Geschichte des antiken Herr-scherkultes*, Stuttgart, 1957.

Chapitre 3
L'invention du monde ?

André J.-M. et Baslez M.-Fr., *Voyager dans l'Antiquité*, Paris, Fayard, 1993.

Berthold R.M., *Rhodes in the Hellenistic Age*, Ithaca, N.Y., Cornell University Press, 1984.

Bogaert R., *Banques et Banquiers dans les cités grecques*, Leyde, Sijthoff, 1968.

Finley M.I., *L'Économie antique*, Paris, Éd. de Minuit, 1975.

Préaux Cl., *L'Économie royale des Lagides,* Bruxelles, Éd. de la Fondation égyptologique Reine Élisabeth, 1939.

–, « De la Grèce classique à l'Égypte hellénistique. La banque-témoin », *Chronique d'Égypte*, 33 (1958), p. 243-255.

Jacob Ch., *Géographie et Ethnographie en Grèce ancienne*, Paris, Armand Colin, coll. « Cursus », 1991.

Chapitre 4
La Grèce des cités

Ferguson W.S., *Hellenistic Athens : An Historical Essay*, Londres, Macmillan, 1911.

Gauthier Ph., *Symbola. Les étrangers et la justice dans les cités grecques,* Nancy, Annales de l'Est, 1972.

–, « La réunification d'Athènes en 281 », *REG* 92 (1979), p. 348-399.

–, *Les Cités grecques et leurs bienfaiteurs (IVᵉ-Iᵉʳ siècle av. J.-C.). Contribution à l'histoire des institutions*, *BCH* Suppl. 12, Paris, De Boccard, 1985.

Habicht Ch., « Gottmenschentum und griechische Städte », *Zete-mata* 14, 2ᵉ éd. Munich, Beck, 1970.

–, *Untersuchungen zur politischen Geschichte Athens im 3. Jahr-hundert v. Chr.*, *Vestigia* 30, Munich, Beck, 1979.

–, *Studien zur Geschichte Athens in hellenistischer Zeit*, Göttingen, Vandenbroeck und Ruprecht, 1982.

Jones A.H.M., *The Greek City from Alexander to Justinian,* Oxford, Clarendon Press, 1940.

Shear T.L. Jr., *Kallias of Sphettos and the Revolt of Athens in 286 B.C.*, *Hesperia* Suppl. 17, 1978.

Shimron B., *Late Sparta : the Spartan Revolution, 243-146 B.C.*, Buffalo, State University of New York, 1972.

Will Éd., « *Poleis* hellénistiques : deux notes », *Échos du monde classique/Classical Views*, XXXII, 1988, p. 329-352.

Chapitre 5
La Grèce des ethnè

Albanien, Schätze aus dem Land der Skipetaren, Mayence, Ph. von Zabern, 1988.

Antonetti Cl., *Les Étoliens. Image et religion*, Annales littéraires de l'Université de Besançon, 405, Paris, Les Belles Lettres, 1990.

Cabanes P., *L'Épire, de la mort de Pyrrhos à la conquête romaine (272-167)*, Annales littéraires de l'Université de Besançon, 186, Paris, Les Belles Lettres, 1976.

–, « Le pouvoir local au sein des États fédéraux : Épire, Acarnanie, Étolie », in *La Béotie antique*, Paris, Éd. du CNRS, 1985, p. 343-357.

–, *Les Illyriens, de Bardylis à Genthios (IVe-IIe siècle av. J.-C.)*, Paris, Sedes, 1988.

–, « Cité et *ethnos* dans la Grèce ancienne », in *Mélanges Pierre Lévêque,* II, 1989 (Annales littéraires de l'Université de Besançon, 377), p. 63-82.

Errington M., *Geschichte Makedoniens*, Munich, Beck, 1986.

Hammond N.G.L., *Epirus, the Geography, the Ancients Remains, the History and the Topography of Epirus and adjacent Areas,* Oxford, Clarendon Press, 1967.

– et Walbank F.W., *A History of Macedonia,* III, *336-167 B.C.*, Oxford, Clarendon Press, 1988.

Illyrie (L') méridionale et l'Épire dans l'Antiquité. Actes du colloque international de Clermont-Ferrand, réunis par P. Cabanes, Clermont-Ferrand, Adosa, 1988.

Illyrie (L') méridionale et l'Épire dans l'Antiquité II. Actes du 2e colloque international de Clermont-Ferrand, réunis par P. Cabanes, Paris, De Boccard, 1993.

Islami S. *et al., Les Illyriens*, Tirana, Centre de recherches archéologiques, 1985.

Larsen J.A.O., *Representative Government in Greek and Roman History,* Berkeley-Los Angeles, University of California Press, 1966.

–, *Greek Federal States,* Oxford, Clarendon Press, 1968.

Lévêque P., *Pyrrhos*, BEFAR 185, Paris, De Boccard, 1957.

Lucas G., *Les Cités antiques de la haute vallée du Titarèse*, Lyon, thèse dactylographiée, 1992.

Nachtergael G., *Les Galates en Grèce et les Sôteria de Delphes*, Bruxelles, Académie royale de Belgique, Mémoires de la classe des Lettres, 2e série, t. 63, fasc. 1, 1977.

Roesch P., *Études béotiennes*, Paris, De Boccard, 1982.

Wilkes J., *The Illyrians*, Oxford, Blackwell, 1992.

Chapitre 6
Les grands royaumes hellénistiques

Bar-Kochva B., *The Seleucid Army : Organisation and Tactics in the Great Campaigns*, Cambridge, Cambridge University Press, 1976.

Bernard, P., *Fouilles d'Aï-Khanoum*, I, Paris, De Boccard, 1973.

Bevan Ed., *Histoire des Lagides*, Paris, Payot, 1934.

Bikerman E., *Institutions des Séleucides*, Paris, Geuthner, 1938.

Bouché-Leclercq A., *Histoire des Séleucides*, Paris, 1913-1914.

Briant P., *Rois, Tribut et Paysans*, Paris, Les Belles Lettres, 1982.

Cohen G.M., *The Seleucid Colonies : Studies in Founding, Administration and Organisation* (*Historia...*, Einzelschriften, Heft 30), Wiesbaden, Steiner, 1978.

Crawford D., « The Good Official of Ptolemaic Egypt », in *Das Ptolemäische Ägypten. Akten des internationalen Symposions 27-29 September 1976 in Berlin*, éd. H. Maehler et V.M. Strocka, Mayence, Ph. von Zabern, 1978.

Hansen E.V., *The Attalids of Pergamon*, Cornell University Press, 1947, rééd. 1972.

Kuhrt A. et Sherwin-White S. (éd.), *Hellenism in the East*, Berkeley-Londres, Duckworth, 1987.

Launey M., *Recherches sur les armées hellénistiques*, BEFAR 169, Addenda et mise à jour en postface par Y. Garlan, Ph. Gauthier, Cl. Orrieux, Paris, De Boccard, 1949-1987, 2 vol.

Leriche P., *Fouilles d'Aï-Khanoum*, V, *Les Remparts et les Monuments associés*, Paris, De Boccard, 1986.

–, « Urbanisme défensif et occupation du territoire en Syrie hellénistique », in *Sociétés urbaines, Sociétés rurales dans l'Asie Mineure et la Syrie hellénistiques et romaines*, Strasbourg, AECR, 1987, p. 57-79.

Le Roy Ch., « La formation d'une société provinciale en Asie Mineure : l'exemple lycien », in *Sociétés urbaines, Sociétés rurales dans l'Asie Mineure et la Syrie hellénistiques et romaines*, Strasbourg, AECR, 1987, p. 41-47.

McShane R.B., *The Foreign Policy of the Attalids of Pergamum*, Urbana, University of Illinois Press, 1964.

Orrieux Cl., *Les Papyrus de Zénon. L'horizon d'un Grec en Égypte au IIIᵉ siècle av. J.-C.*, Paris, Macula, 1983.

–, *Zénon de Caunos, parépidémos, et le Destin grec*, Paris, Les Belles Lettres, 1985.

Rapin Cl., *Fouilles d'Aï-Khanoum, VIII, La Trésorerie du palais hellénistique*, Paris, De Boccard, 1992.

Samuel A.E., « The Ptolemies and the Ideology of Kingship », in Peter Green, *Hellenistic History and Culture*, Berkeley, 1993, p. 168-192.

Sherwin-White S. et Kuhrt A., *From Samarkhand to Sardis. A New Approach to the Seleucid Empire*, Berkeley-Los Angeles, University of California Press, 1993.

Topoi, IV/2 (1994), p. 431-610 : ce fascicule de la revue contient une série de communications présentées à un séminaire de l'Institut F.-Courby, à Lyon, sur le livre de S. Sherwin-White et A. Kuhrt ; on signalera notamment les interventions d'Éd. Will (p. 433-447), P. Briant (p. 455-467), G. Le Rider (p. 469-471), P. Bernard (p. 473-511), P. Leriche (p. 531-54).

Schmitt H.H., *Untersuchungen zur Geschichte Antiochos des Grossen und seiner Zeit* (*Historia…*, Einzelschriften, Heft 6), Wiesbaden, Steiner, 1964 (compte rendu par Éd. Will, *RPh* 40, 1966, p. 284-294).

Veuve S., *Fouilles d'Aï-Khanoum, VI, Le Gymnase*, Paris, De Boccard, 1987.

Will Éd., « Pour une "Anthropologie coloniale" du monde hellénistique », in J.W. Eadie et J. Ober (éd.), *The Craft of the Ancient Historian : Essays in Honor of Chester G. Starr*, Londres, Lanham Md., 1985, p. 273-301.

Chapitre 7
Les grandes métropoles

Bernand A., *Alexandrie la Grande*, Paris, Arthaud, 1967.

Blum R., *Kallimachos und die Literaturverzeichnung bei den Griechen. Untersuchungen zur Geschichte der Bio-bibliographie*, Francfort-sur-le-Main, Buchändler Vereinigung GmbH, 1977.

Canfora L., « Le Biblioteche ellenistiche », in Cavallo G. (éd.), *Le Biblioteche nel mondo antico e medievale*, Rome-Bari, Laterza, 1988, p. 3-28.

–, *La Véritable Histoire de la Bibliothèque d'Alexandrie*, trad. fr. Paris, Desjonquères, 1988.

Cynisme (Le) ancien et ses prolongements, Actes du colloque international de 1991 réunis par M.-O. et R. Goulet, Paris, PUF, 1993.

Downey G., *A History of Antioch in Syria from Seleucus to the Arab Conquest*, Princeton, Princeton University Press, 1961.

–, *Ancient Antioch*, Princeton, Princeton University Press, 1963.

Dumont J.-P., *Les Sceptiques grecs*, Paris, PUF, rééd. 1989.

Festugière A.-J., *Épicure et ses dieux*, Paris, PUF, 1946.

–, *La Vie spirituelle en Grèce à l'époque hellénistique*, Paris, Picard, 1977.

Finley M.I., *La Sicile antique : des origines à l'époque byzantine*, Paris, Macula, 1986.

Fraser P.M., *Ptolemaic Alexandria*, Oxford, Clarendon Press, 1972, 3 vol.

Gille B., *Les Mécaniciens grecs. La naissance de la technologie*, Paris, Éd. du Seuil, 1980.

Gomme A.W. et Sandbach F.H., *Menander : A Commentary*, Oxford, Oxford University Press, 1973.

Heath T.L., *A History of Greek Mathematics*, Oxford, Clarendon Press, 1921, 2 vol.

Jacob Ch. et Polignac F. de, *Alexandrie IIIe siècle av. J.-C.*, Paris, Autrement, série « Mémoires », n° 19, 1992.

Jacob Ch. (éd.), « Les bibliothèques d'Alexandrie », *Préfaces*, n° 12, mars-avril 1989 (en particulier les contributions de L. Canfora, Cl. Orrieux et de F. de Polignac).

Long A.A., *Hellenistic Philosophy*, Londres, Duckworth, 1974, 2e éd. 1986.

Meillier C., *Callimaque et son temps,* Publications de l'Université de Lille III, 1979.

Mélèze-Modrzejewski J., *Les Juifs d'Égypte (de Ramsès II à Hadrien)*, Paris, Errance, 1991.

Stoïciens (Les), textes traduits et annotés par É. Bréhier et P.-M. Schuhl, Paris, Gallimard, coll. « La Pléiade », 1962.

Tcherikover V., *Hellenistic Civilisation and the Jews,* trad. S. Applebaum, Philadelphie, The Jewish Publication Society of America, 1966.

Wehrli F., *Demetrios von Phaleron*, Bâle, 2e éd. 1968.

Will Éd. et Orrieux Cl., *Ioudaïsmos-Hellénismos : essai sur le judaïsme judéen à l'époque hellénistique*, Presses universitaires de Nancy, 1986.

Chapitre 8
L'intervention romaine

Aymard A., *Les Premiers Rapports de Rome et de la confédération achaienne (198-189 av. J.-C.)*, Bordeaux, Féret et Fils, 1938.

Badian E., *Foreign Clientelae (264-70 B.C.)*, Oxford, Clarendon Press, 1958.

–, « Notes on Roman Policy in Illyria (230-201 B.C.) », in *Studies in Greek and Roman History*, Oxford, Blackwell, 1964.

Cabanes P., « Notes sur les origines de l'intervention romaine sur la rive orientale de la mer Adriatique (229-228 avant J.-C.) », *L'Adriatico tra Mediterraneo e penisola balcanica nell' antichita*, Tarente, Istituto per la storia e l'archeologia della Magna Grecia, 1983, p. 187-204.

Colin G., *Rome et la Grèce de 200 à 146 avant J.-C.*, BEFAR 94, Paris, De Boccard, 1905.

Deininger J., *Der politische Widerstand gegen Rom in Griechenland, 217-86 v. Chr.*, Berlin, De Gruyter, 1971.

Ferrary J.-L., *Philhellénisme et Impérialisme. Aspects idéologiques de la conquête romaine du monde hellénistique de la seconde guerre de Macédoine à la guerre contre Mithridate*, École française de Rome, 1988.

Holleaux M., *Rome, la Grèce et les Monarchies hellénistiques au IIIe siècle avant J.-C.*, BEFAR 124, Paris, De Boccard, 1921 ; réimpr. 1969.

–, *Études d'épigraphie et d'histoire grecques*, réunies par L. Robert, Paris, Maisonneuve, 1938-1969, 6 vol.

Le Bohec S., *Antigone Dôsôn, roi de Macédoine*, Presses universitaires de Nancy, 1993.

Oost S.I., *Roman Policy in Epirus and Acarnania in the Age of the Roman Conquest of Greece*, Dallas, Southern Methodist University Press, 1954.

Veyne P., « Y a-t-il eu un impérialisme romain ? », *MEFRA*, 87 (1975), p. 793-855.

Walbank F.W., *Philip V of Macedon*, Cambridge, Cambridge University Press, 1940 ; rééd. 1967.

Walser G., « Die Ursachen des ersten römisch-illyrischen Krieges », *Historia*, II (1954), p. 308-318.

Index des noms
de divinités

Index des noms
de personnes

Index des noms
géographiques

Table

Table des cartes

RÉALISATION : PAO ÉDITIONS DU SEUIL
IMPRESSION : IMP. HÉRISSEY, ÉVREUX (EURE)
DÉPÔT LÉGAL : OCTOBRE 1995. N° 13130 (70748)

Collection Points

SÉRIE HISTOIRE

DERNIERS TITRES PARUS